W0300763

Les semaines miracle

Sept bonds de développement mental prévisibles, liés à l'âge de votre bébé

Hetty van de Rijt

et

Frans Plooij

postface

Pr. Serge Lebovici

Kiddy World Promotions

Dessins : Jan Jutte et John Coulter

Édition originale néerlandaise :
OEI, IK GROEI!
Kosmos Z&K uitgevers

Traduit de l'anglais par Marie-France Girod
à la demande expresse des auteurs :
WHY THEY CRY
Thorson's, a division of Harper Collins UK

© Kiddy World Promotions B.V.

ISBN 978-90-79208-03-6

Sites Web :
www.oeiikgroei.nl
www.thewonderweeks.com

v. 0909

Kiddy World Promotions B.V.
Zijpendaalseweg 73
6814 CE Arnhem
The Netherlands

À nos enfants, Xaviera et Marco,
et à nos petits-enfants,
Thomas, Victoria et Sarah,
qui nous ont tellement appris.

Sommaire

introduction

Pour tous les parents, un bébé qui pleure peut être un véritable cauchemar. Ceux qui sont passés par là peuvent témoigner du stress, du désespoir et de l'inquiétude que suscite une crise de larmes prolongée. La plupart se font du souci et se posent des questions. Leur bébé serait-il malade ? Quelque chose irait-il de travers ? De temps en temps, ils trouvent une explication qui, bonne ou mauvaise, a le mérite de les satisfaire. Bien sûr, tous les bébés pleurent parfois pour des raisons décelables : inconfort, faim, fatigue excessive après une longue journée. Le plus souvent, néanmoins, il n'y a pas d'explication et ils font le dos rond en attendant que l'orage passe.

Généralement, ces cris sont source de tracas, de fatigue, d'exaspération, de culpabilité, voire d'une manifestation d'agressivité. Ils peuvent même provoquer des frictions entre les parents, surtout si ceux-ci sont en désaccord sur la façon d'y faire face. Et quand en plus tout le monde – famille, amis, voisins, étrangers – se mêle de donner des conseils bien intentionnés, mais malvenus, cela ne fait qu'aggraver les choses. Ce n'est pas avec des phrases comme : « Laissez-le pleurer, c'est bon pour ses poumons » que les parents vont résoudre le problème. Il ne disparaîtra pas pour autant.

Bonne nouvelle : il y a une raison à ses pleurs

Cela fait vingt-cinq ans que nous étudions le développement des bébés et l'attitude des mères – ou des personnes qui jouent ce rôle – face à cette évolution. Notre travail de recherche a été entièrement effectué dans le cadre familial. Nous avons observé la mère et l'enfant au cours de leurs activités quotidiennes et réuni des informations de toute sorte, complétées par des interviews.

Il résulte de ces travaux que tous les parents, à un moment ou à un autre, sont aux prises avec les pleurs incessants d'un bébé. En fait, nous avons découvert avec étonnement qu'au même âge, tous les bébés normaux et en bonne santé pleurent plus et se montrent plus pénibles, plus exigeants et plus « crampons », au risque de mettre toute la maisonnée au bord du désespoir. *Nous sommes maintenant capables de prédire, pratiquement à une semaine près, à quel moment les parents peuvent s'attendre à ce que leur bébé passe par une de ces « périodes crampons ».*

Au cours de ces périodes, le bébé pleure pour une simple et unique raison. Il est en train de subir, dans le cours de son développement, des changements drastiques qui le perturbent. Ces changements lui permettent d'acquérir de nouvelles compétences. En cela, ils devraient être un sujet de réjouissance. Ils montrent, en effet, que ce petit bonhomme est en train de faire d'extraordinaires progrès. Mais pour lui, ils sont proprement déroutants. Il est pris par surprise – tout a changé d'un jour à l'autre. C'est exactement comme s'il était entré dans un monde entièrement nouveau.

On sait que le développement physique de l'enfant progresse selon ce que nous appelons communément des « poussées de croissance ». L'enfant pourra rester sans grandir pendant un certain temps et prendre plusieurs millimètres en une seule nuit. Des recherches récentes ont montré qu'il en va de même, à peu de choses près, avec son développement mental. Des études neurologiques ont révélé qu'il y a au moins six âges au cours desquels des changements majeurs et tout à fait spectaculaires se produisent dans le cerveau de l'enfant avant 18 mois. Parallèlement, chacun d'eux est suivi, peu de temps après, d'un bond en avant dans son développement mental. On a de bonnes raisons de penser que, même si on ne les a pas encore étudiés en laboratoire, ces bonds en avant neurologiques sont en réalité un peu plus nombreux.

Nous sommes certains, pour notre part, que chaque bébé accomplit au cours de la première année de sa vie sept bonds en avant majeurs. Tel est le thème de cet ouvrage. Il expose le rôle que joue chacun d'entre eux dans la manière dont votre bébé comprend le monde et comment, grâce à cette compréhension, l'enfant va élaborer les nouvelles compétences dont il a besoin à chaque étape de son développement.

Qu'est-ce que cela signifie pour mon bébé et moi ?

Pour vous, qui allez avoir ou venez d'avoir un enfant, cela veut dire qu'en comprenant à quoi correspondent les bonds en avant dans son développement, vous l'aiderez à franchir ces étapes souvent perturbantes qui scandent sa toute jeune existence. Vous saisirez mieux son mode de pensée et les raisons de certains de ses actes. Vous serez à même de lui fournir le genre d'aide dont il a exactement besoin et l'environnement qui lui permettra de tirer le meilleur profit de chaque bond en avant.

Ce livre n'a toutefois rien d'un manuel destiné à faire de votre bébé un petit génie, car nous sommes intimement persuadés que chaque enfant a son intelligence propre et que chacun est unique. Il a pour but de vous aider à comprendre et à prendre soin du vôtre quand il se montre difficile, et à profiter de lui au maximum à mesure qu'il grandit. Il traite des joies et des peines qui accompagnent au jour le jour le développement du bébé.

Pour l'utiliser au mieux, il suffit de :

- ❑ un (ou deux) parent(s) aimant(s). Si, dans le corps du livre, nous nous référons seulement à la mère, c'est uniquement dans un but de simplification. Cela inclut bien entendu toute personne qui s'occupe principalement de l'enfant, père, grands-parents et autres ;
- ❑ un bébé actif, qui s'exprime et qui pousse bien ;

❑ une dose de patience, variable selon les personnes ;
❑ et la volonté d'accompagner le développement de votre bébé.

Le contenu de ce livre

Le chapitre 1 (« Comment votre bébé grandit-il ? ») fait état de certaines des recherches sur lesquelles se fonde cet ouvrage et explique de quelle manière elles s'appliquent à votre bébé. Vous découvrirez comment l'enfant grandit en faisant littéralement des « bonds en avant » dans son développement mental, précédés par des périodes orageuses au cours desquelles il faudra vous attendre à ce que votre bébé se montre capricieux, crampon ou lunatique.

Le chapitre 2 (« À la naissance : comment fait-il sa toute première expérience du monde ? ») vous explique à quoi ressemble l'univers d'un nouveau-né et de quelle façon il perçoit les innombrables sensations nouvelles de son environnement. Vous apprendrez comment la nature l'a équipé pour faire face aux défis de l'existence et combien le contact physique est important pour son développement futur.

Les chapitres suivants traitent des sept grands bonds en avant de son développement – respectivement à 5, 8, 12, 19, 26, 37 et 46 semaines. Dans chacun d'entre eux, vous découvrirez quels signes révèlent qu'un bond en avant majeur est en train de se produire. Vous trouverez l'explication des changements dans sa façon de percevoir à cet âge et de la manière dont il va les utiliser pour se développer.

Des *check-lists* accompagnent chaque chapitre. Grâce à elles, vous pourrez garder la trace de ce que votre bébé choisit de faire au moment où chaque nouvel aspect du monde s'ouvre à lui et où il manifeste ses nouvelles compétences. Chaque chapitre comporte aussi des jeux adaptés à son âge, qui utilisent ses compétences du moment.

Vous trouverez dans ce livre :

Un soutien dans les moments difficiles

Il vous soutiendra durant les périodes où vous devrez faire face aux pleurs de votre bébé. Il est rassurant de savoir que vous n'êtes pas seule, qu'il y a une cause à ces pleurs, qu'une période crampon ne dépasse jamais quelques semaines, voire quelques jours. Vous partagerez l'expérience d'autres mamans lorsque leur bébé avait le même âge que le vôtre. Vous vous apercevrez que toutes les mères sont aux prises avec des sentiments d'anxiété, d'exaspération, de joie et toute une gamme d'émotions.

De la confiance en vous

Vous prendrez conscience que les sentiments d'anxiété, de colère et de joie sont partie intégrante du processus et qu'ils vont aider à affermir les progrès en cours de votre bébé. Vous comprendrez que vous êtes seule capable de deviner à tout moment ses besoins. Personne ne peut vous dicter votre attitude. L'expert, c'est vous. Vous êtes la personne la plus autorisée pour savoir ce qu'il convient de faire, car c'est vous qui le connaissez le mieux.

Une aide pour mieux comprendre votre bébé

Vous découvrirez par quoi passe votre bébé au cours de chaque période crampon. Vous saurez pourquoi il se montre difficile lorsqu'il est sur le point d'acquérir de nouvelles compétences et que les changements en cours dans son système nerveux commencent à le perturber. Une fois que vous l'aurez compris, son attitude vous préoccupera moins et vous lui en voudrez moins. En vous tranquillisant, ce livre vous permettra de l'aider au cours de chacune de ces périodes crampons.

Des idées pour aider votre bébé à jouer et à apprendre

Après chaque période crampon, votre bébé sera capable d'acquérir de nouvelles compétences. Il apprendra plus vite, plus facilement et de manière plus amusante si vous l'y aidez. Nous vous donnons des conseils pour mieux « déchiffrer » votre bébé et deviner ce qui le préoccupe à cet âge. Différentes idées de jeux, d'activités et de jouets vous sont également proposées. Vous choisirez ceux qui lui conviendront le mieux personnellement.

Un compte rendu personnalisé du développement de votre bébé

Les semaines miracle accompagne l'évolution de votre enfant. Vous pourrez suivre ses périodes crampons et ses progrès et ajouter vos propres remarques. Ainsi, vous établirez le tableau de son évolution personnelle au cours de la première année de son existence.

Cet ouvrage ne se contente pas de vous aider à comprendre les « problèmes » de votre bébé et à participer à ses progrès. Il vous donne aussi l'occasion de comparer votre expérience avec celles des autres mères dont les commentaires sont inclus dans ces pages. En ce sens, c'est un livre fait « par les mamans, pour les mamans ».

Au fil des ans, nous avons demandé à de nombreuses jeunes mamans de noter les progrès de leur bébé et de consigner leurs pensées, leurs sentiments et leurs observations sur son comportement au jour le jour. Les extraits de journaux intimes que vous trouverez inclus dans ce livre en sont un modeste échantillon. Ils sont tirés de rapports hebdomadaires sur quinze bébés – huit filles et sept garçons. Vous verrez grandir votre bébé aux côtés des petits membres de ce groupe d'étude, et vous pourrez rapprocher vos observations de celles des autres mamans.

Nous espérons que vous aurez l'esprit plus tranquille, que vous aurez plus confiance en vous-même, en votre capacité à élever votre bébé. Notre souhait le plus cher est que notre ouvrage soit pour vous un ami sûr et un guide indispensable au cours de cette première année, cruciale dans la vie de votre tout-petit.

chapitre 1

Comment votre bébé grandit-il ?

Pour des parents, regarder grandir leur tout-petit est l'une des expériences les plus passionnantes et les plus gratifiantes qui soient. Ils prennent acte de toutes les « premières fois » de leur bébé et se font une fête de ces moments précieux : la première fois qu'il s'assoit, qu'il rampe, qu'il mange tout seul à la cuillère, son premier mot...

Mais vous êtes-vous jamais demandé par quel processus l'esprit de votre bébé était à même d'apprendre tout cela ? Nous savons que sa perception du monde évolue avec lui, dans la mesure où nous le constatons *de visu*. Un beau jour, en effet, il va soudain se révéler capable de jouer avec nous à « coucou, le voilà ! » ou de reconnaître la voix de sa grand-mère au téléphone. Ces instants-là, tout aussi remarquables que la première fois où il se traîne à quatre pattes, sont aussi beaucoup plus mystérieux, dans la mesure où ils impliquent des changements cérébraux qui restent invisibles à nos yeux. Or, son cerveau se développe aussi rapidement que son petit corps potelé.

En même temps qu'ils s'émerveillent, tous les parents découvrent, tôt ou tard, que la première année de la vie n'est pas toujours un lit de roses. Le bonheur qu'ils éprouvent à suivre l'évolution de leur tout-petit et à partager sa joie de découvrir le monde ne les empêche pas de constater de temps en temps que, du jour au lendemain, leur bout de chou heureux de vivre devient d'une humeur noire. Parfois, Bébé est aussi changeant qu'un ciel de mars.

Par moments, la vie avec un bébé peut être particulièrement éprouvante. Rares sont les parents qui ne peuvent se remémorer d'inexplicables épisodes de pleurs et d'interminables « périodes crampons ». Dans ces moments-là, ils n'en peuvent plus, car ils cherchent en vain à comprendre ce qui ne va pas chez leur enfant. Ils dépensent des trésors d'imagination et de tendresse pour le calmer ou lui rendre sa joie de vivre. En vain.

S'il pleure et se cramponne à vous, c'est peut-être tout simplement qu'il est dur de grandir

Depuis trente-cinq ans que nous étudions les interactions mère-bébé, nous avons pu mettre en évidence les périodes durant lesquelles les mères rapportent que leur tout-petit est « difficile », en nous fondant sur des observations objectives, des comptes rendus individuels et des bandes vidéo. Ces périodes difficiles sont caractérisées par les trois C : le bébé crie, se montre capricieux et crampon. Ces passages pénibles sont toujours suivis d'une période au cours de laquelle l'enfant commence à faire un bond en avant considérable dans son développement.

Nous savons parfaitement que la croissance physique d'un enfant procède par ce que l'on appelle communément « poussées de croissance ». Il va rester quelque temps sans grandir et prendre plusieurs millimètres d'un jour sur l'autre. Son développement mental évolue à quelque chose près de la même manière.

Les études neurologiques effectuées récemment sur la croissance et le développement du cerveau lui-même viennent étayer nos observations des interactions mère-bébé. Même si l'étude des changements physiques qui accompagnent les modifications du cerveau en est encore à ses balbutiements, on a pu montrer qu'à sept des dix âges « difficiles » que nous avons identifiés au cours des vingt premiers mois, des changements majeurs se produisent dans le cerveau. Chacun d'entre eux est suivi peu après d'un bond en avant dans le développement mental analogue à celui que nous décrivons dans ces pages. Les études d'autres âges décisifs devraient parvenir à des résultats similaires.

Si vous réfléchissez à ce qui arrive à votre bébé, vous comprendrez combien tout cela peut être difficile à vivre pour lui. Pas étonnant qu'il se sente de temps à temps désorienté face aux innombrables changements qu'il doit subir au cours de sa première année... C'est dur de grandir !

Un pas en arrière, un bond en avant

Notre ouvrage met en lumière les sept bonds en avant fondamentaux que, selon nous, tous les bébés connaissent au cours de leur première année. Grâce à chacun de ces bonds, votre tout-petit est à même d'assimiler les informations d'une nouvelle manière. Il va les mettre à profit pour faire évoluer les compétences dont il a besoin pour grandir, physiquement mais aussi mentalement, et pour devenir un adulte en pleine possession de ses moyens.

Invariablement, ce que nous appelons une « période crampon » précède chacun de ces bonds. Il s'agit d'une phase au cours de laquelle le bébé exige un surcroît d'attention de la part de sa mère ou de la personne qui joue ce rôle auprès de lui. Si extraordinaire que cela paraisse, au cours de leur première année, tous les bébés traversent ces périodes difficiles au même moment, à une ou deux semaines près.

Il ne faut pas confondre ces sept bonds en avant dans le développement mental du bébé avec les poussées de croissance physique, même s'il leur arrive de coïncider. La plupart des étapes courantes de la première année, comme les poussées dentaires, ne sont pas non plus en relation avec eux.

En revanche, les étapes du développement mental peuvent se refléter dans le développement physique, sans pour autant s'y limiter.

Que se passe-t-il quand votre bébé fait un bond en avant ?

Peu de temps après chaque bond, le bébé connaît un changement extrêmement soudain et rapide, lié à des modifications de son système nerveux, principalement au niveau du cerveau, et accompagné parfois par une certaine évolution physique. C'est ce que dans ce livre nous appelons le « grand changement ». Chaque grand changement apporte au bébé quelque chose d'autre et modifie sa perception du monde. Et cette nouvelle forme de perception lui fournit en même temps les moyens d'acquérir des compétences appropriées à ce « nouveau monde ». Vers 8 semaines, par exemple, le grand changement qui se produit dans son cerveau permet au bébé de percevoir pour la première fois des schémas simples.

Une fois passée la période de trouble qui accompagne toujours un grand changement, vous remarquerez que de nouveaux comportements se font jour chez votre tout-petit. À 8 semaines, pour reprendre cet exemple, il va brusquement montrer de l'intérêt pour les formes, les schémas et les structures qu'il peut repérer, comme les boîtes de conserves sur les rayons d'un supermarché ou les barreaux de son lit. Tout son comportement reflète son développement. Il peut commencer à acquérir un certain contrôle corporel, dans la mesure où il se rend maintenant compte que les mouvements de ses bras et de ses jambes suivent des schémas bien précis et où il va s'efforcer de les contrôler. Ainsi le grand changement affecte-t-il la perception des sensations à l'intérieur comme à l'extérieur de son corps.

Comment repérer un grand changement ?

Le signe annonciateur d'un grand changement – ce que nous appelons « les nuages d'orage qui s'amoncellent » – est la brusque et inexplicable modification du comportement de votre bébé. Parfois, c'est à croire qu'une méchante fée l'a échangé avec un autre. Il est devenu crampon, alors que ce n'était pas le cas les semaines précédentes. Il a des crises de pleurs que vous seriez bien en peine d'expliquer. Bref, tout ceci est préoccupant, surtout la première fois. En fait, c'est parfaitement normal, mais quand leur bébé se montre plus difficile et plus exigeant, la plupart des mamans se demandent s'il ne couve pas une maladie, à moins qu'elles ne soient agacées par cette attitude qu'elles ne comprennent pas.

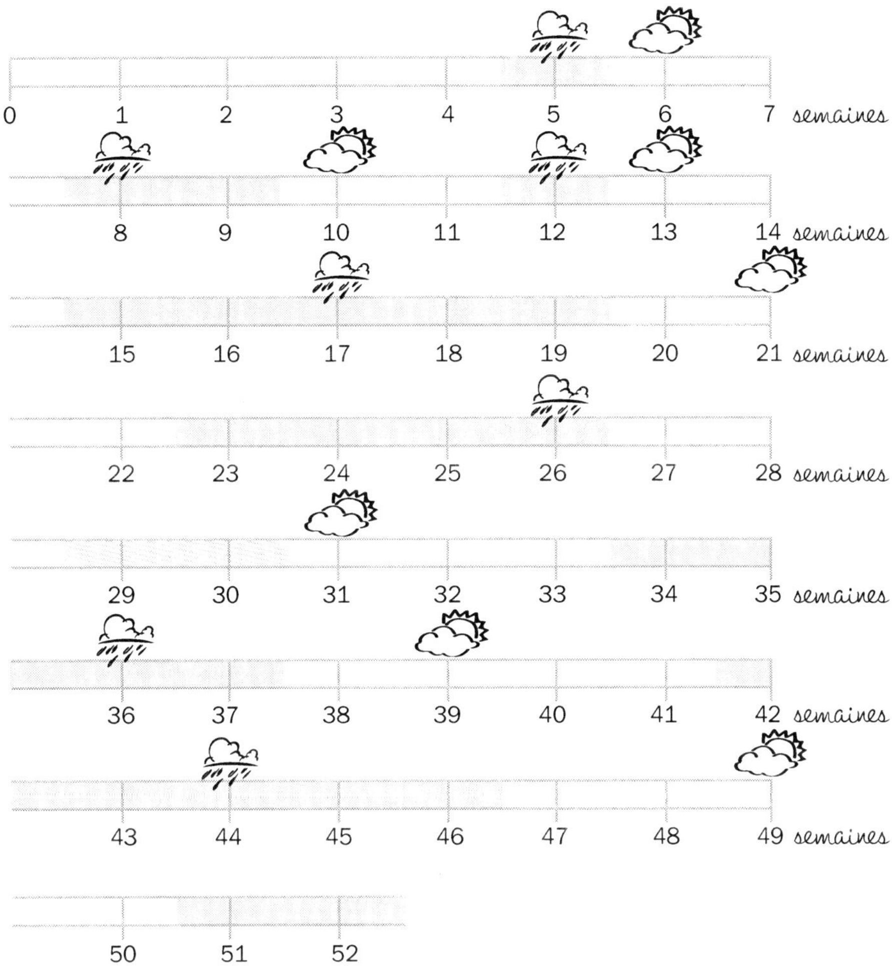

Actuellement, votre bébé risque d'être plus crampon.

Votre bébé est vraisemblablement en train de passer par une phase à peu près calme.

Il y a de fortes chances pour qu'autour de cette semaine une « période orageuse » ait lieu.

Il y a de fortes chances pour qu'autour de cette semaine votre bébé vous montre son côté ensoleillé.

Vers 29 ou 30 semaines, une attitude crampon et irritable n'est pas un signe annonciateur d'un autre bond en avant. Votre bébé a tout simplement découvert que sa maman peut s'en aller en le laissant derrière elle. Aussi curieux que cela paraisse, il s'agit là d'un progrès, d'une nouvelle compétence : il apprend ce qu'est la distance.

Aucun bébé n'y échappe

À chaque grand changement dans leur développement, tous les bébés connaissent une période crampon, ceux qui sont habituellement calmes et faciles à vivre comme les plus coléreux. Bien sûr, les bébés difficiles ont plus de mal à faire face que les autres. C'est aussi le cas de leurs mères, dans la mesure où ils réclament un surcroît d'attention et se montrent encore plus exigeants. Ces tout-petits sont ceux qui manifestent le plus grand besoin de leur mère, qui vont courir le plus de risque d'entrer en conflit avec elle et qui manifestent le plus grand désir d'apprendre.

À quel âge ces périodes crampons débutent-elles ?

Ces périodes se déroulent à peu près au même âge pour tous les bébés, c'est-à-dire à 5, 8, 12, 15, 23, 34 et 42 semaines, devançant les sept bonds en avant correspondants. Il peut y avoir des variations d'une ou deux semaines dans leur déclenchement, mais elles auront lieu, c'est une certitude.

Nous nous sommes limités dans cet ouvrage à la période de développement qui couvre la première année de l'enfant. Le schéma restera néanmoins valable lorsque votre bébé commencera à marcher. Il connaîtra trois autres bonds avant d'atteindre 18 mois – à 55, 64 et 75 semaines –, et au cours de l'enfance d'autres ont été mises en évidence.

Quelle est la durée des périodes crampons ?

Au tout début, elles ne durent guère – quelques jours, généralement, quoiqu'elles paraissent interminables aux parents angoissés par les pleurs inexplicables de leur nourrisson. De même, les intervalles entre ces périodes sont courts, trois ou quatre semaines en moyenne.

Par la suite, quand le bébé subit des changements plus complexes, il lui faut plus de temps pour les assimiler, et les périodes crampons peuvent durer de une à six semaines. Il n'y a toutefois pas de règle. Les bébés sont tous différents. Certains acceptent mieux le changement, et certains changements sont mieux vécus que d'autres. Mais tous, à des degrés divers, seront perturbés au moment où ces grands changements interviendront dans leur existence.

Et les bébés prématurés ou nés après terme ?

Étant donné que chaque grand changement est intimement lié à des modifications dans le système nerveux du bébé lors de son développement, la nature a programmé les grandes étapes de celui-ci à dater de la conception. Pour notre part, nous nous en sommes tenus à l'usage courant qui compte à partir du jour de la naissance. Les âges que nous donnons pour ces changements sont donc valables pour les bébés nés à terme. Si votre bébé est prématuré ou né après terme, il vous faudra effectuer les corrections nécessaires. Par exemple, si votre bébé est né avec deux semaines de retard, il connaîtra probablement sa première période crampon deux semaines avant la date que nous donnons. S'il est né quatre semaines avant terme, elle se produira quatre semaines plus tard, à neuf semaines d'âge. Et ainsi de suite pour les sept bonds en avant.

Ce n'est pas drôle pour Bébé non plus, alors compatissez !

Ces grands changements représentent toujours un choc pour le bébé, car ils mettent sens dessus dessous le monde qui lui est devenu familier. Rien d'étonnant, en vérité. Mettez-vous à sa place : imaginez qu'à votre réveil, vous vous retrouviez soudain sur une planète inconnue, où rien ne ressemble à ce que vous connaissez. Que feriez-vous ?

Vous vous tourneriez de l'autre côté et vous rendormiriez ? Non, bien sûr.

Vous vous sentiriez en appétit pour un bon repas ? Non, bien sûr.

Vous auriez envie de vous cramponner à quelqu'un de rassurant ? Oui, évidemment.

C'est exactement le cas de votre tout-petit.

Votre bébé « retourne à sa base »

La personne qu'il connaît le mieux, c'est vous. C'est en vous qu'il a le plus confiance, vous qu'il connaît depuis le plus longtemps. Que son monde vienne à être chamboulé et il est complètement perdu. Il va pleurer, parfois sans s'arrêter, et rien ne lui plaira plus que de se faire promener dans vos bras toute la journée. Au fur et à mesure qu'il grandira, il fera tout pour rester dans vos jupes, quitte à s'accrocher à vous comme à une bouée de sauvetage. Il risque aussi de vouloir que vous le traitiez comme s'il était encore un nouveau-né. Autant de signes qui révèlent son besoin de réconfort et de sécurité. C'est sa façon à lui de se rassurer. En quelque sorte, il retourne à « sa base » – autrement dit, il se cramponne à sa maman.

Ses premiers essais pour maîtriser de nouvelles compétences

Face à ce bout de chou brusquement devenu un vrai petit crampon, vous risquez de vous inquiéter ou même de vous irriter. Vous avez envie de savoir ce qui se passe. Et puis, vous avez hâte qu'il redevienne comme avant. Votre première réaction sera de l'observer d'encore plus près. Ce sera certainement pour vous l'occasion de découvrir qu'il en sait plus que vous ne le pensiez. Peut-être remarquerez-vous qu'il s'essaie à des choses que vous ne l'avez jamais vu faire auparavant. À ce moment, vous commencerez à envisager que votre bébé est en train de changer. Lui, le savait depuis quelque temps déjà...

Chaque changement lui ouvre un nouveau monde

Chaque grand changement est unique. Il fournit au bébé une nouvelle forme de perception et celle-ci lui permet à son tour d'acquérir un nouvel ensemble de compétences appropriées au monde où il se trouve à ce stade de son développement. Et jamais, même avec les encouragements de la plus enthousiaste des mamans, il n'aurait pu acquérir ces savoir-faire à un âge plus précoce.

Nous décrivons dans cet ouvrage les changements que votre bébé subit au niveau de la perception lors de chaque bond en avant dans son développement, ainsi que les compétences qui lui deviennent alors accessibles. Comme vous le remarquerez, chaque nouveau « monde » s'édifie sur les fondations du précédent. Et chacun est riche en nouveautés pour le tout-petit. Certaines de ces compétences sont entièrement nouvelles pour lui, d'autres représenteront simplement un progrès par rapport à celles qu'il possède déjà.

Il n'existe pas deux bébés identiques. Chacun a ses préférences, son caractère, ses caractéristiques physiques. En fonction de cela, il choisit ce qui l'intéresse personnellement dans chaque nouveau monde. Là où un bébé va essayer un peu de tout, un autre se consacrera à une seule compétence. Ce sont ces différences qui font qu'aucun bébé ne ressemble à un autre. Pour peu que vous observiez votre enfant avec attention et intérêt, vous verrez émerger sa personnalité propre au fil des jours.

Aider votre bébé à apprendre en jouant

Vous êtes la mieux placée pour lui fournir les objets qu'il peut manipuler et qui correspondent à ses besoins. Personne ne le connaît mieux que vous. C'est pourquoi vous pouvez tirer le meilleur de lui-même. Si vous réagissez positivement à ce qu'il essaye de vous faire comprendre, vous l'aiderez à faire des progrès. Il est certain qu'il aimera un certain nombre de jeux, d'activités et de jouets qui ne vous enthousiasmeront pas et réciproquement. N'oubliez pas : aucune maman non plus ne ressemble à une autre. Vous pouvez également l'encourager quand son intérêt s'émousse ou qu'il abandonne trop facilement. Si vous l'aidez, apprendre en jouant lui paraîtra beaucoup plus intéressant et aussi beaucoup plus amusant.

Rompre avec les vieilles habitudes et établir de nouvelles règles

Quand votre bébé apprend quelque chose de neuf, il doit souvent rompre avec une vieille habitude par la même occasion. Dès qu'il saura ramper, il pourra aller chercher ses jouets. Dès qu'il sera bien assuré sur ses jambes, il ne pourra plus s'attendre à ce qu'on le porte aussi souvent qu'avant. Chaque bond en avant dans son développement le rend plus capable, plus indépendant.

Le « temps choisi » : une notion que la nature ignore

Si l'on permet au bébé de décider du moment et de la façon dont il préfère qu'on s'occupe de lui, il y a de fortes chances pour que ses choix varient d'une semaine sur l'autre. Au moment où se produit un grand changement, il va passer par les étapes suivantes :

- ❑ un besoin de se cramponner à sa maman ;
- ❑ un besoin d'acquérir de nouvelles compétences en jouant avec sa maman ;
- ❑ un besoin de jouer seul.

C'est pourquoi, en décidant des moments où il va jouer, on va à l'encontre du processus naturel. Si vous voulez que votre bébé participe totalement, vous devez battre le fer tant qu'il est chaud – c'est-à-dire quand il y est prêt... Dans notre existence survoltée, l'idée de « temps choisi » a fait son chemin. Il s'agit de prévoir un peu de temps, dans un planning surchargé, pour se consacrer à ses enfants. Malheureusement, il est impossible de programmer le moment où l'on va jouer avec un bébé. Il risque même de ne pas s'apercevoir que vous lui consacrez votre « temps choisi ». Avec les bébés, les moments de tendresse, de satisfaction, de gratification ou au contraire les mauvais moments surviennent toujours à l'improviste.

C'est à ce moment-là que peuvent naître des difficultés d'adaptation mutuelle entre la mère et le tout-petit. Souvent, la différence est grande entre ce que veut le bébé et ce que sa mère veut, ou croit être bon pour lui. Résultat : un risque de colère et de ressentiment des deux côtés. Une fois que vous aurez pris conscience des nouvelles compétences auxquelles votre bébé s'exerce, vous serez mieux à même d'établir les règles adaptées à chaque étape de son développement et de les moduler au fur et à mesure qu'il grandit.

Un répit après le bond en avant

La période pénible cesse aussi soudainement qu'elle a débuté. La plupart des mères en profitent pour souffler. Elles ne sont plus sous pression et elles peuvent mieux apprécier leur bébé, devenu plus indépendant et souvent très occupé à mettre en pratique ses compétences toutes neuves. Il est aussi beaucoup plus enjoué. Malheureusement, cette phase de paix relative est de courte durée. Ce n'est que le calme qui précède l'orage, car la nature ne permet aux bébés qu'un bref moment de repos.

Comment utiliser ce livre

Dans chaque chapitre, vous pourrez noter dans le détail l'évolution de votre propre bébé. Nombreuses sont les mamans qui souhaitent pouvoir un peu plus tard se remémorer tous les événements, toutes les émotions de ces premières années d'une importance cruciale. Certaines tiennent un journal, ce qui est effectivement une jolie façon de les noter, mais toutes n'ont pas le temps ou l'envie d'écrire. Elles comptent sur leur mémoire et sont déçues, plus tard, de voir qu'elle leur fait défaut.

Nous avons intégré dans chaque chapitre des *check-lists* qui vont vous permettre de noter les centres d'intérêt et les progrès de votre bébé, ainsi qu'un espace pour noter vos propres réflexions et commentaires sur sa personnalité naissante. Il suffit souvent de quelques phrases clés pour, plus tard, libérer le flot des souvenirs. Ainsi pouvez-vous facilement faire de ce livre un *unique journal de croissance* de votre bébé.

Dans le prochain chapitre, « À la naissance : comment fait-il sa première expérience du monde ? », vous découvrirez que la nature a merveilleusement équipé le nouveau-né pour sa vie toute neuve et que le contact physique y joue un rôle crucial. Il est important de le savoir, car cela vous aidera à faire connaissance avec ce petit être, à découvrir ses désirs et ses besoins, et à comprendre ce qu'il va vivre lorsqu'il accomplira son premier bond en avant.

Les chapitres qui suivent accompagnent le développement de votre enfant au cours des cinquante-deux premières semaines de son existence. Il y connaîtra, nous l'avons vu, sept grands changements, qui, chacun, lui permettront de faire un bond en avant dans son développement. Chacun de ces bonds fait l'objet d'un chapitre particulier, divisé en quatre sections :

• **Les nuages d'orage s'amoncellent : les signes annonciateurs d'un grand changement** vous montre comment réagit un bébé désorienté par les changements qu'il subit. Les témoignages des autres mamans qui sont passées par là vous réconforteront dans ces périodes de perturbation.

Vous y trouverez également une partie intitulée : *Comment savoir que le moment de grandir est venu ?* Vous pourrez y noter les signes avant-coureurs d'un grand changement que vous aurez remarqués chez votre bébé.

• **Le grand changement : le monde de...** vous expose les nouvelles aptitudes que votre bébé va acquérir au cours de ce bond en avant. À chaque fois, c'est un monde nouveau, porteur de multiples découvertes et de nouvelles compétences, qui s'offre à lui.

Vous y trouverez une section intitulée *Comment votre bébé explore-t-il le nouveau monde de... ?*, avec une liste extensive des compétences caractéristiques que les bébés sont capables de développer lors de ce bond en avant. Mais n'oubliez pas qu'aucun bébé ne fera tout ce qui est marqué sur cette liste. Certains feront seulement preuve de quelques-unes de ces compétences. Vous devrez peut-être attendre quelques semaines ou quelques mois avant de voir se manifester les autres. Leur nombre ne compte pas. Votre bébé choisit les activités qui lui conviennent le mieux à cet âge. Même les bébés ont leurs préférences ! Au fur et à mesure que vous cocherez ou surlignerez celles de votre tout-petit, vous découvrirez ce qui le rend unique.

• **Comment aider votre bébé à acquérir de nouvelles compétences** vous proposera des jeux, des activités et des jouets appropriés à chaque étape de son développement. Ils l'aideront à mieux prendre conscience du monde qui l'entoure et à en tirer un meilleur parti. Et ils vous permettront de profiter au mieux du temps que vous passerez à jouer ensemble.

- **Un répit avant le bond en avant** vous permettra enfin d'envisager à quel moment il va redevenir plus indépendant et plus enjoué. D'après les témoignages des autres mères, c'est souvent un moment privilégié pour le bébé comme pour ses parents, car eux et lui sont maintenant à même d'apprécier les nouveaux acquis qui lui permettent de découvrir et d'apprécier son monde.

Nous avons conçu cet ouvrage pour que vous puissiez le consulter à tout moment de l'évolution de votre enfant, lorsque vous cherchez à mieux comprendre où il en est. Il n'est pas essentiel de le lire de la première à la dernière page. Si votre bébé n'est plus un nouveau-né, vous pouvez vous reporter directement aux chapitres qui le concernent.

Notre souhait est que vous utilisiez ces connaissances pour comprendre ce que vit votre tout-petit lors des étapes de son développement, pour l'aider dans les moments difficiles et l'encourager à avancer, dans cette période essentielle, sur le chemin de ses premiers pas. Et surtout, nous espérons que vous partagerez avec lui les joies et les peines de la croissance.

Photographie

Je m'appelle ________________________________

Date de naissance ___________________________

Heure de naissance __________________________

Lieu de naissance ___________________________

Je pesais __________________________________

Je mesurais ________________________________

Notes _____________________________________

____

____

____

chapitre 2

Nouveau-né : comment fait-il sa toute première expérience du monde ?

Tous les parents, penchés sur le visage de leur nouveau-né, s'interrogen passe-t-il dans cette petite tête ? La plupart du temps, on dirait que le bébé, ouvrant sur eux de grands yeux étonnés, est en train de se dire : « Quel monde étrange et merveilleux ! »

C'est vrai, l'univers du nouveau-né est un tourbillon de sensations surprenantes. Tout est si nouveau, la lumière, les sons, les odeurs, les sensations sur sa peau douce, qu'il ne peut encore faire la différence entre ces éléments.

Parfois, pelotonné contre la poitrine de sa maman, il se sent dans un univers douillet. Son petit estomac est bien rempli et, autour de lui, le murmure des voix l'entraîne vers le sommeil. Parfois, au contraire, tout va mal et il en ignore la raison. *Quelque chose* est mouillé, ou bien il y a cette sensation de froid, ou de faim, ou encore trop de bruit, trop de lumière, bref, il est affreusement malheureux. Que faire ? Rien, sinon pleurer.

Le bébé va passer les cinq premières semaines de sa vie à se familiariser avec le monde qui l'entoure et à établir avec vous une relation unique, extrêmement intime, avant de connaître le premier grand bond dans son développement.

Mais avant cette étape des cinq semaines, vous devez savoir à quoi ressemble le monde dans lequel il vit. Pour l'aider à affronter les défis qui l'attendent, il vous faut comprendre l'importance du contact physique avec lui. Et apprendre à vous en servir.

Déjà, il perçoit énormément de choses

Dès l'instant où il vient au monde, le bébé s'intéresse à ce qui l'entoure. Il s'approprie son environnement par le regard et par l'ouïe. Il essaye de fixer ce qu'il voit et parfois, c'est un terrible effort ; il louche, il tremble, il déglutit. Quand il vous regarde, souvent, il donne l'impression d'éprouver un intérêt extraordinaire à votre égard.

À la naissance, le bébé a une excellente mémoire. Il reconnaît très vite les voix, les gens et même certains jouets, par exemple un petit animal suspendu au-dessus de lui. Il anticipe aussi les moments qui reviennent régulièrement dans sa journée : l'heure du bain, du biberon, de la promenade, des câlins.

Déjà, il essaye d'imiter vos expressions. Tirez-lui la langue pendant que vous lui parlez gentiment, ou bien ouvrez grand la bouche, comme si vous alliez vous mettre à crier. Vérifiez bien qu'il vous regarde à ce moment-là et laissez-lui le temps de réagir. Par rapport à nos critères d'adultes, la plupart des mouvements d'un bébé sont lents. Il a besoin de quelques secondes avant de réagir.

Votre bébé sait exprimer ce qu'il ressent. Il vous fait comprendre s'il est heureux, surpris ou en colère, en modifiant légèrement son murmure, son babil, ses pleurs et en utilisant le langage corporel. Très vite, vous apprendrez à déchiffrer ces informations. D'ailleurs, il va très clairement vous faire savoir qu'il s'attend à ce que vous le compreniez. Si vous restez sourde à sa demande, il attend un petit peu, puis réagit par des pleurs furieux ou déchirants.

Dès maintenant, votre nouveau-né a aussi ses préférences. Généralement, il préfère les gens aux jouets. Vous vous apercevrez aussi que si vous lui proposez deux objets pour jouer, il choisit l'un des deux en fixant son regard sur lui.

Il réagit vite aux encouragements. Dites-lui qu'il sent bon, qu'il est beau, qu'il fait des progrès. Il adore les compliments. N'hésitez surtout pas à en abuser !

Ses sens sont en état de marche

Le bébé voit, entend, sent, goûte et touche beaucoup de choses. Il est capable de mémoriser ces sensations, mais la perception qu'il en a à la naissance va beaucoup évoluer par la suite.

À la naissance, le nouveau-né vit dans un monde à lui

Il ne fait pas la différence entre ses sens

À la naissance, les nourrissons sont incapables d'exploiter les signaux que leurs sens envoient au cerveau, contrairement aux adultes. Autrement dit, ils ne peuvent distinguer entre leurs sens, et l'expérience qu'ils font du monde n'a rien à voir avec la nôtre. Notre nez sent un parfum, nos yeux voient la fleur d'où il émane, nos doigts touchent ses pétales veloutés, nos oreilles entendent l'abeille qui s'en approche en bourdonnant et quand nous goûterons du miel, nous saurons d'où il vient. Nous savons à quoi correspond

(Suite à la page 27)

Dans quelle mesure les sens du nouveau-né fonctionnent-ils ?

Que voit-il ?

Il y a encore peu de temps, les scientifiques et les médecins croyaient les nouveau-nés incapables de voir, et certains le pensent encore. C'est absurde. Les mères, elles, ont toujours pensé le contraire et il se révèle qu'elles ont raison. La vision du nouveau-né est excellente. Simplement, elle n'est nette que dans un champ de 20, 25 cm. Au-delà, sans doute, il voit flou. Parfois, aussi, il a du mal à fixer un objet avec les deux yeux, mais une fois que c'est fait, il peut consacrer toute son attention à cette activité, au point, même, de ne plus bouger quelques instants. S'il est très éveillé, il suit un jouet du regard ou de la tête, ou des deux à la fois. Quelle que soit la trajectoire de l'objet, horizontale ou verticale, l'important, c'est de le manipuler lentement, consciemment. Si Bébé lâche prise au bout de quelques instants, accrochez de nouveau son regard et recommencez, plus lentement encore.

L'objet qu'il suivra le plus facilement, c'est une forme avec les caractéristiques de base de la figure humaine : deux ronds en haut pour les yeux, un plus bas pour la bouche. À peine âgés d'une heure, les bébés manifestent cette capacité. Beaucoup ont les yeux grand ouverts et sont déjà très éveillés. Ce regard fascine souvent les parents. Il est possible qu'à cet âge si précoce, le bébé s'attache à tout ce qui rappelle, même vaguement, la figure humaine.

Montrez-lui des objets de couleur vive, de préférence à des objets ennuyeux et sans relief. Sa couleur favorite, c'est le rouge. Les contrastes tranchés l'intéressent tout particulièrement : il accordera plus longtemps son attention à un objet rayé de rouge et de blanc qu'à un objet avec des rayures vertes et bleues. C'est à cause de leur vif contraste que les objets avec des rayures noires et blanches retiennent le plus longtemps son attention.

Qu'entend-il ?

Le nouveau-né distingue déjà différents sons et, peu de temps après la naissance, il va reconnaître votre voix. La musique, le ronflement d'un moteur, un martèlement rythmé sont susceptibles de lui plaire. C'est normal, au fond, puisque ces bruits lui sont familiers. Dans l'utérus, le cœur, les veines, l'estomac, les poumons, les intestins l'entouraient d'un concert permanent de battements, pulsations, gargouillis, et autres sifflements. La plupart des voix humaines, aussi, l'intéressent et le rassurent. C'est inné chez lui. *Grosso modo*, un bébé se sentira à l'aise dans un environnement proche de celui de la grossesse. Il ne faut donc pas s'étonner s'il est perturbé par le calme de sa chambre, alors que sa mère l'a porté dans un environnement particulièrement bruyant.

Le bébé sait faire la différence entre une voix grave et une voix haut perchée. Un son aigu va tout de suite attirer son attention. Nous le sentons instinctivement. C'est pourquoi nous lui parlons « bébé ». Il ne faut donc pas avoir honte de nos « gouzi-gouzi ». Bébé n'aime pas non plus les bruits soudains et violents, car là aussi, il fait très bien la différence avec les sons légers. S'il fait partie de ces bébés qui s'effraient facilement, il faut surtout veiller à ne pas lui faire peur.

Quel genre d'odeurs aime-t-il ?

Le nouveau-né est particulièrement sensible aux odeurs. Les odeurs fortes ou piquantes ne lui plaisent pas, et il va y réagir violemment, en se détournant de la source ou même en se mettant à pleurer.

Il sait faire la différence entre votre odeur corporelle, celle du lait maternel et l'odeur des autres femmes. Présentez-lui des vêtements déjà portés par différentes personnes : il se tournera vers les vôtres.

(suite)

Dans quelle mesure les sens du nouveau-né fonctionnent-ils ? (suite)

Quelles sont les saveurs qu'il préfère ?

Dès maintenant, il sait aussi distinguer entre des saveurs différentes. Il préfère nettement le sucré et va se détourner de ce qui est aigre ou acide. Quant à ce qui est amer, il va se hâter de le recracher.

Que sent-il sur sa peau ?

Le bébé est sensible à tous les changements de température. Il est sensible à la chaleur, ce qui lui est bien utile quand il cherche à téter. En effet, le mamelon est plus chaud que le reste du sein. Lorsqu'on ne le lui met pas dans la bouche, le bébé peut le localiser en bougeant la tête vers l'endroit qui irradie le plus de chaleur. Évidemment, mieux vaut qu'il n'y ait pas trop de distance entre le sein et son visage pour qu'il y parvienne.

Le bébé est aussi sensible au froid. Attention, s'il se refroidit, il ne pourra pas se réchauffer, car à cet âge, il ne peut frissonner pour se réchauffer et contrôler ainsi la température de son corps. Ses parents doivent veiller à ce qu'il reste au chaud. Il n'est pas raisonnable, par exemple, de l'emmener faire une longue promenade dans la neige, même s'il est très chaudement couvert. Il risque d'avoir très froid et de donner des signes d'hypothermie. Si, par hasard, cela vous arrive et que votre bébé manifeste des signes de détresse, hâtez-vous de regagner un abri confortable.

Bébé a une grande sensibilité au toucher de la peau. Il aime qu'on le touche, soit avec fermeté, soit avec douceur. À vous de trouver ce qu'il préfère. Généralement, il apprécie un massage corporel dans une pièce à bonne température. La meilleure distraction, le meilleur réconfort pour lui, c'est le contact physique, sous toutes ses formes. Vous saurez vite ce qui l'endort ou le tient éveillé. À vous de faire le meilleur usage de ces connaissances quand le besoin s'en fait sentir.

chacun de nos sens. Nous comprenons les messages qu'ils envoient et nous savons à quoi nous attendre.

Pour le bébé, en revanche, le monde est un tout, un méli-mélo de sensations qu'un seul petit changement modifie aussitôt considérablement. Il les reçoit parfaitement, mais sans les différencier, sans savoir que son univers est fait de signaux envoyés par des sens particuliers qui véhiculent chacun son propre message. Il ne sait pas encore faire la différence entre lui et son environnement. Il n'a pas encore conscience qu'il est une petite personne indépendante.

Même son monde et son corps ne font qu'un

Le nouveau-né est donc aussi incapable de faire la différence entre les sensations issues de son corps et celles issues de l'extérieur que de distinguer entre ses sens. Pour lui, son corps et le monde extérieur ne font qu'un. Ce qui se passe au-dehors se passe aussi dans son corps. Le monde n'est qu'une immense sensation, mélange d'odeurs, de couleurs, de goûts, de sons et de câlins. Ce que ressent son corps est ressenti par tout le reste, choses et gens. Son monde s'ennuie, son monde a faim, son monde a chaud, il est mouillé, fatigué, bon à manger.

C'est cette absence de différenciation entre le bébé et le monde extérieur qui rend souvent difficile la recherche de l'origine de ses pleurs. Ce peut être n'importe quoi, ce qui ne facilite pas la tâche des parents !

Le nouveau-né a tout ce qu'il faut pour survivre dans son monde

Si vous étiez à sa place, vous seriez tout aussi incapable d'agir de façon indépendante. Il faudrait d'abord que vous progressiez dans votre développement physique et mental. Vous devriez savoir, par exemple, que vous avez des mains pour attraper les objets, que votre mère a des seins et vous une bouche pour sucer le mamelon. Tant que l'on ignore ce genre de choses, on ne peut agir de manière délibérée.

Cela ne signifie pas, néanmoins, que le nouveau-né est totalement incapable de réagir au monde tel qu'il le perçoit. Il est fort heureusement spécialement équipé pour compenser ces déficits relatifs et pour passer ce cap initial.

Ses réflexes lui indiquent ce qu'il doit faire

Quand il est allongé sur le ventre, le nouveau-né va automatiquement tourner sa tête sur le côté pour pouvoir respirer à son aise. C'est purement un geste réflexe. Il ne pense pas : « Je vais tourner la tête. » Il le fait. Dès qu'il va apprendre à penser et à réagir, le réflexe disparaîtra. C'est un système parfaitement au point.

À la naissance, le bébé tourne aussi la tête en direction d'un bruit. Cette réaction automatique fait en sorte qu'il porte son attention vers ce centre d'intérêt à proximité. On l'a longtemps négligée parce que le nouveau-né ne réagit pas instantanément au son : il lui faut cinq à sept secondes pour commencer à bouger la tête et trois à quatre secondes supplémentaires pour terminer le mouvement. Cette réaction disparaît entre la cinquième et la huitième semaine après la naissance.

Le bébé a un *réflexe de succion.* Dès que la bouche d'un bébé affamé vient au contact d'un objet, elle se referme sur lui et il se met à téter. Grâce à ce réflexe, qui disparaîtra lui aussi dès qu'il n'en aura plus besoin, le nouveau-né a une incroyable capacité de succion.

Il a aussi un *réflexe de préhension.* Si vous voulez que votre bébé agrippe votre doigt, il vous suffit de caresser la paume de sa main. Si vous lui caressez la plante des pieds, il fera la même chose avec ses orteils. On pense que ce réflexe date des temps préhistoriques. Chez les hominidés, la mère avait le corps encore recouvert d'une importante pilosité et les bébés pouvaient, grâce à ce réflexe, s'y agripper juste après la naissance. Votre bébé se servira de ce réflexe durant les deux premiers mois de sa vie, notamment quand il sentira que vous voulez le poser quelque part alors qu'il a envie de rester dans vos bras.

Quand il a peur, il présente le réflexe dit *réflexe de Moro*. Il arque le dos, rejette la tête en arrière et agite les bras et les jambes, d'abord vers l'extérieur, puis vers l'intérieur, avant de les croiser sur son torse. Il donne l'impression de vouloir se retenir à quelque chose au cours d'une chute.

Votre bébé manifestera un grand nombre de réflexes caractéristiques du nouveau-né, qui disparaîtront pour être remplacés par des réactions volontaires. D'autres réflexes automatiques lui seront acquis pour toujours : respirer, éternuer, tousser, cligner des yeux, réagir à un coup sec sur le genou, retirer brusquement sa main en touchant une surface brûlante.

Sa seule façon d'appeler à l'aide : pleurer

Votre nouveau-né dispose des réflexes ci-dessus pour rétablir une situation devenue inconfortable pour lui. Or, ceci n'est pas toujours facile. Mettons qu'il ait trop chaud, ou trop froid, ou qu'il se sente mal à l'aise, ou encore qu'il s'ennuie. Dans ce cas, il réagit en utilisant une autre stratégie. Il se met automatiquement à pleurer jusqu'à ce que quelqu'un d'autre remette les choses en ordre. Il est encore incapable de le faire sans l'aide des adultes. S'ils refusent de venir à son secours, il va continuer à pleurer, jusqu'à l'épuisement.

Il a commencé à avoir ces accès de pleurs au début de la deuxième semaine. Il a hurlé nuit et jour et pourtant, il se nourrissait sans problème et il se développait régulièrement. Quand je l'ai conduit chez le pédiatre pour la visite de contrôle, j'ai émis l'idée que peut-être il s'ennuyait. Impossible, a dit le pédiatre, les bébés n'ouvrent pas les yeux pendant les dix premiers jours et même s'ils étaient ouverts, il ne verrait rien. Malgré tout, j'ai déposé un hochet dans son couffin, la semaine dernière. Et ça semble marcher. Il pleure beaucoup moins, c'est sûr. Donc il s'ennuyait vraiment !

La maman de Paul, 4e semaine

Les bébés s'ennuient, eux aussi

Ce minuscule être vivant n'est pas encore capable de s'amuser tout seul. Les nouveau-nés, surtout quand ils sont vifs et coléreux, ne se privent pas de faire savoir qu'il leur faut de l'action sitôt qu'ils ouvrent un oeil. Voici donc quelques idées pour occuper le vôtre :

- Explorez la maison avec lui. Donnez-lui l'occasion de voir, d'entendre, de toucher ce qui l'intéresse. En même temps, dites-lui de quoi il s'agit : il aime entendre le son de votre voix. Faites en sorte qu'il puisse sentir, toucher, entendre, voir un maximum d'objets. Très vite, il va en reconnaître certains.
- Votre bébé adore entendre le son de votre voix, mais si vous gardez en même temps la radio allumée, il aura du mal à se concentrer exclusivement sur elle. Les bébés sont capables de différencier les voix quand ils les entendent séparément, mais pas quand ils les entendent simultanément.
- Veillez à ce que votre bébé ait toujours un objet intéressant dans son champ de vision quand il est éveillé. À cet âge, il ne peut le chercher du regard. Loin des yeux, loin de l'esprit...
- Les bébés aiment écouter de la musique. Essayez de découvrir celle que le vôtre préfère. Peut-être aura-t-elle un effet apaisant sur lui.
- **Et n'oubliez pas : au cours de toutes les activités, laissez-vous guider par les réactions de votre bébé !**

Comme il est adorable !

Un bébé, c'est mignon tout plein. Il est l'heureux propriétaire d'une tête qui représente presque le tiers de sa taille. Ses yeux, son front, ne sont pas moins immenses et ses joues sont toutes rondes. Avec ses bras et ses jambes, tout courts, tout potelés, il ferait fondre n'importe qui. Les publicitaires ne s'y sont pas trompés. Et c'est comme ça que votre bébé vous séduit, d'ailleurs. Il est adorable, minuscule et sans défense. Tout ce qu'il demande, c'est qu'on s'occupe de lui. Avec ce charme-là, comment ne pas le prendre dans ses bras et le câliner ?

Son tout premier sourire : un moment privilégié

Dans le monde entier, on a vu des bébés faire leur premier sourire avant l'âge de 6 semaines – on a même filmé des fœtus souriant dans le ventre de leur mère. Ce sont pourtant des cas assez rares, mais vous pouvez faire partie des heureuses élues qui ont eu la chance de découvrir un sourire précoce chez leur bébé. Les nouveau-nés peuvent sourire quand on les touche, quand un souffle d'air frais leur effleure la joue, quand ils entendent une voix ou tout autre son agréable, quand ils repèrent un visage qui se penche au-dessus de leur berceau, quand on leur montre un tableau, quand leur petit ventre est plein, ou tout simplement dans leur sommeil.

C'est un spectacle qui met les mères en transes. Pour elles, il s'agit d'un vrai sourire et il faut reconnaître que cela y ressemble fortement. Plus tard, néanmoins, quand leur bébé sourira uniquement lors de ses contacts sociaux, elles admettront qu'il existe une différence. Ces premiers sourires ont quelque chose d'artificiel, de mécanique, presque. Il n'en reste pas moins que ce sont des moments privilégiés.

Le contact physique : rétablir des sensations familières

Avant la naissance, le monde de votre bébé formait un tout. Quand il a vu le jour, le bébé a quitté cet environnement familier et s'est retrouvé pour la première fois dans un univers totalement inconnu, constitué de nombreuses sensations nouvelles. Brusquement, il a pu se mouvoir librement. Il a fait

Le contact physique : rien n'est meilleur pour le bien-être et le jeu

Mis à part la chaleur et la nourriture, il n'y a rien de plus important pour le nourrisson, durant les quatre premiers mois, que d'être blotti contre vous. C'est une garantie de bon développement, même si, pour une raison ou pour une autre, vous n'avez pas souvent l'occasion de jouer avec lui.

- En général, votre bébé adore que vous l'emmeniez partout, blotti contre vous. C'est aussi l'occasion pour lui d'acquérir la maîtrise de son corps. Si vous avez besoin d'avoir les mains libres, portez-le dans un kangourou. Certains peuvent être utilisés dès la naissance, car ils permettent au nouveau-né d'être à plat.
- Faites-lui un massage relaxant. Pour cela, veillez à ce que la pièce soit à une bonne température. Prenez un peu d'huile pour bébé au creux de vos mains et massez doucement son petit corps nu. Il va s'assoupir, merveilleusement détendu. En même temps, c'est pour lui une délicieuse façon de s'habituer peu à peu à son corps.
- Un nouveau-né est fait pour être pris dans les bras, câliné, caressé, bercé. Certains aiment qu'on leur donne de petites tapes dans le dos. Ils n'ont jamais assez de contact physique. Inutile de vous interroger pour savoir si vous agissez comme il faut. Votre bébé se chargera bientôt de vous faire connaître ses préférences. Vous saurez vite ce qui le réconforte. Il est en train d'apprendre qu'il a une base, un nid douillet qu'il peut rejoindre en toute sécurité quand quelque chose ne va pas.

l'expérience du chaud et du froid. Il a entendu toute une gamme de sons, différents et plus forts, il a vu des lumières et senti les vêtements sur son corps. Et puis, il a dû aussi respirer tout seul, s'habituer à boire du lait et à le digérer. Ce sont des changements considérables dans son mode de vie. On comprend facilement pourquoi il a besoin de sécurité.

Dites-le avec des câlins !

La meilleure façon de reproduire pour votre bébé la sécurité qu'il ressentait dans votre ventre, c'est d'établir avec lui un étroit contact physique. Son corps était épousé par l'utérus, par vos mouvements et il s'en souvient. Il faisait partie de vous, il était intégré à ce qui se passait à cet endroit – les battements réguliers du cœur, le flux du sang, les gargouillis de l'estomac. Rien d'étonnant, donc, à ce qu'il aime retrouver le contact physique familier et réentendre ces bruits bien connus. En outre, il est probable que le nouveau-né se sent plus décontracté, plus à l'aise dans son nouvel environnement quand il retourne à sa « base », sa maman.

La première rencontre avec votre bébé

Chaque bébé est unique. Il n'y en a pas deux semblables, ni quand on les regarde, ni quand on les touche. Prenez dans vos bras le bébé d'une amie (si elle vous y autorise !). Vous verrez, c'est une curieuse expérience. Il vous faudra bien une minute ou deux pour vous habituer à lui. En fait, vous vous êtes si bien habituée au vôtre que vous avez presque oublié que chacun est différent.

Lorsqu'on permet à une jeune mère de prendre le temps de découvrir le petit corps nu du bébé qu'elle vient de mettre au monde, elle suit en général un certain schéma : d'abord, elle lui caresse les cheveux du bout des doigts, puis trace avec un doigt les contours de sa tête et de son visage. Ensuite, elle touche ses ongles, ses doigts, ses orteils, remonte lentement le long de ses jambes, de ses bras, de son cou, avant de terminer par son ventre et son torse.

La façon dont les mères touchent les parties du corps de leur bébé est souvent aussi la même. Elles commencent avec le bout des doigts, en une douce caresse, puis, au fur et à mesure qu'elles se sentent plus à l'aise, elles vont utiliser tout le doigt, en appuyant un peu, parfois. Enfin, elles utilisent la paume de la main. Quand, ensuite, elles s'enhardissent jusqu'à le prendre dans leurs bras, elles sont émerveillées. Certaines s'exclament devant cette miraculeuse petite vie à laquelle elles ont donné naissance. Ainsi a lieu la première rencontre. Dès lors, la jeune mère n'aura plus peur de prendre le nouveau-né dans ses bras, de le retourner, de le poser. Elle est habituée à son contact. Il est souhaitable que tout ce processus ait lieu le plus près possible de la naissance.

Occupez-vous de lui le plus tôt possible

Plus tôt la mère va avoir suffisamment d'assurance pour manipuler son nouveau-né, plus vite elle sera en mesure de répondre intuitivement à ses besoins. On ne doit absolument pas lui mettre le bébé dans les bras comme un paquet. Elle doit avoir tout le temps nécessaire pour le prendre d'elle-même, pour s'accorder en quelque sorte à lui. Ce processus s'interrompt aisément si, à la naissance, elle n'a pas suffisamment de latitude. Dans ce cas, la jeune mère a l'impression de ne plus rien maîtriser. Elle peut se sentir impuissante et même avoir peur de manipuler son bébé. Prenez la situation en mains dès que vous vous en sentez capable. Faites connaissance avec votre enfant dès que vous le pouvez. Même s'il doit être placé en couveuse, passez un maximum de temps auprès de lui. Occupez-vous de lui de toutes les manières possibles. Servez-vous de votre voix. Même si vous ne pouvez le toucher, il saura que vous êtes là.

Un moment essentiel : les premières heures

- Au cours des quelques heures qui suivent la naissance, la mère est extrêmement réceptive au nouveau-né. Essayez d'avoir votre bébé auprès de vous pour faire mutuellement connaissance.
- Durant cette période, votre nouveau-né est souvent parfaitement éveillé. Il est conscient de son environnement. Il tourne la tête en direction des bruits légers. Il fixe du regard le visage qui se penche sur lui.
- La plupart des mères aiment que le père soit là, lui aussi, pour que cette expérience partagée marque le début de la nouvelle famille.

Prenez les choses en main

Ne vous laissez pas faire. Si vous voulez avoir votre bébé auprès de vous, si vous voulez rester seule avec lui un moment, dites-le. C'est à vous de décider quand le prendre, quand le câliner, aussi souvent que vous le voulez. Après tout, c'est votre enfant.

La plupart des mères dont les premiers contacts avec leur bébé ont été gâchés par les méthodes en vigueur à l'hôpital, ou autres, se plaignent souvent *a posteriori* de ne pas avoir pu passer assez de temps seules avec le nouveau-né au cours de cette période. Elles éprouvent un ressentiment durable. Au cours de cette période postnatale, rien ne s'est déroulé comme elles l'avaient imaginé. Au lieu d'avoir droit à un repos bien mérité, elles se sont senties harassées. Elles avaient envie d'avoir le bébé en permanence auprès d'elles, surtout quand il pleurait. Quand on les a empêchées de prendre leur bébé dans les bras, parce que, disait-on, « ce n'était pas encore le moment », elles sont restées avec un sentiment de gêne, de déception. Elles ont l'impression d'avoir été traitées comme des personnes immatures, des enfants incapables de décider seules ce qui était le mieux pour elles-mêmes et leur bébé. Le père, souvent, a fait la même remarque, victime, lui aussi, du règlement de l'hôpital et des interventions des personnes concernées.

Je devais faire ce qu'on me disait. Comment me tenir lorsque je lui donnais le sein. Quand je pouvais le faire et combien de temps. Il fallait aussi que je le laisse pleurer quand ce n'était pas encore « le moment de téter ». Ça me posait des problèmes, mais je n'avais pas envie d'être impolie, alors je lui donnais le sein en secret. Je ne pouvais pas supporter de l'entendre pleurer. Il fallait que je le console. Quand il a fallu que je mette et que j'enlève sans cesse mes soutiens-gorge, que je mette et que j'enlève sans cesse les poches à glace, parce que mes seins gonflaient et dégonflaient toute la journée, j'en ai eu ma claque. C'est moi qui avait donné naissance, quand même. Je voulais mon bébé. J'étais dans une telle rage que j'ai fondu en larmes. Mais bien sûr, pour eux, ce genre de chose porte un nom, c'est « le blues du troisième jour ». C'était la goutte d'eau qui fait déborder le vase. Je n'avais plus qu'une envie : qu'on me laisse tranquille avec mon bébé.

La maman de Paul

L'accouchement a été difficile et j'ai dû rester dix jours à l'hôpital avec le bébé. Je ne pouvais voir ma fille que pendant la journée et pour les tétées. Rien ne se passait comme prévu. J'avais envisagé de la nourrir au sein, mais de temps en temps, ils lui donnaient en plus un biberon, pour que tout soit plus facile pour eux. Et la nuit, c'était systématiquement le biberon. J'avais envie de l'avoir plus souvent près de moi, mais ce n'était pas permis. Je me sentais impuissante. Cela me mettait très en colère. Quand, au bout de dix jours, j'ai pu rentrer à la maison, j'avais l'impression que j'aurais tout aussi bien pu leur laisser la petite. C'était presque comme si elle n'était pas mon bébé.

La maman de Juliette

L'accouchement a été long. Ils ont emmené immédiatement le bébé et pendant des heures, nous avons été persuadés d'avoir un fils. Quand on m'a apporté l'enfant, un peu plus tard, nous avons découvert que c'était une fille. Ce n'est pas qu'on ne voulait pas une fille, mais on s'était fait à l'idée qu'on avait un garçon. Ça fait vraiment un effet bizarre de réaliser brusquement que c'est une fille.

La maman d'Alexandra

Quand je lui donnais le sein, j'aimais me pelotonner tout contre elle, mais l'infirmière-major m'en empêchait. Elle m'obligeait à me redresser et à m'appuyer contre les oreillers. C'était terriblement contraire à la nature, à l'émotion. Complètement froid et détaché.

La maman de Nina

Quand les autres la prenaient, je me sentais terriblement possessive, mais je ne le montrais pas.

La maman de Laura

L'infirmière-major était une casse-pieds, doublée d'une maniaque de la propreté. Quand j'avais de la visite, elle s'installait et racontait par le menu tous les petits problèmes qu'elle avait constatés au cours de sa carrière chez les nouveau-nés. Je ne sais pourquoi, elle craignait jusqu'à l'obsession que ma fille, pourtant en parfaite santé, ne devienne jaune. Elle venait vérifier toutes les heures, quelquefois tous les quarts d'heure, car, disait-elle, elle croyait détecter les premiers signes de la jaunisse. Cela me mettait les nerfs en pelote. Quand j'essayais de donner le sein, elle m'interrompait sans arrêt pour m'enlever le bébé affamé et le mettre sur la balance. À chaque fois, j'en étais toute secouée et la petite victime n'avait pas l'air d'apprécier non plus. Comme elle se tortillait sur la balance, il fallait encore plus de temps pour savoir si elle avait déjà pris 40 ou 45 grammes de lait. Elle hurlait, bien sûr, ce qui me rendait encore plus nerveuse. Finalement, j'ai décidé tout net d'arrêter de la nourrir au sein. Quand j'y pense, j'en suis malade. C'était vraiment inutile. J'aurais tellement aimé lui donner mon lait.

La maman de Sarah

J'avais un sentiment de protection très fort à son égard. Quand des gens voulaient le tenir trop longtemps dans leurs bras, cela m'ennuyait. Et tout au fond de moi, j'étais plutôt contente quand il pleurait dans les bras des autres et qu'il se calmait de retour dans les miens.

La maman de Louis

Cette fois, nous étions décidés à agir à notre guise. Quand la petite commençait à pleurer, je lui donnais un biberon supplémentaire. Notre aîné a pleuré, affamé, pendant pratiquement quinze jours et tout ça pour rien, nous nous en rendons compte maintenant. La première fois, on a tendance à écouter tout le monde. Là, je n'ai écouté que moi-même.

La maman d'Éva

Lorsque, quelques jours après l'accouchement, les femmes ont des problèmes à leur retour chez elles, au moment où elles se retrouvent seules avec leur bébé, c'est souvent parce qu'elles manquent encore de confiance en elles. Elles disent qu'elles ont peur de le laisser tomber, ou de le serrer trop fort. Elles n'ont pas appris à répondre à ses besoins et à gérer ses réactions face à certaines situations. Elles ont l'impression de ne pas être à la hauteur de leur rôle maternel.

Pour certaines, le fait qu'elles ont trop peu vu leur bébé dans la période qui a juste suivi la naissance n'est pas étranger à ce comportement. Elles auraient aimé passer plus de temps auprès de lui, alors que maintenant, elles sont soulagées quand il est dans son berceau. Elles se sont mises à avoir peur de la maternité, ce qui n'était pas le cas au début.

Souvenez-vous

Prenez dans vos bras, bercez, caressez, massez votre bébé quand il est de bonne humeur : c'est le meilleur moment pour découvrir ce qui lui convient le mieux et le détend le plus. Une fois que vous connaîtrez ses préférences, vous pourrez utiliser ces méthodes pour le consoler quand il sera perturbé. Si vous le câlinez, le bercez, le caressez, le massez uniquement lorsqu'il est de mauvaise humeur, il ne fera que pleurer plus fort et plus longtemps.

Découvrez et comprenez votre bébé

En un certain sens, vous connaissez déjà votre bébé. Après tout, il a passé neuf mois, nuit et jour, avec vous. Pourtant, maintenant qu'il est là, ce n'est pas du tout la même chose. Vous le voyez pour la première fois. Quant à lui, il se trouve dans un environnement complètement différent. Avant la naissance, vous vous êtes posé toutes sortes de questions : à quoi va-t-il ressembler ? Correspondra-t-il à ce que j'imagine pendant qu'il est dans mon ventre ?

Le fait de voir, d'entendre, de sentir et de toucher le bébé durant les tout premiers jours a un impact considérable sur la relation mère-enfant. La plupart des mères savent instinctivement combien ces séances intimes sont importantes. Elles ont un besoin inné de partager les expériences de leur bébé. Elles veulent participer à sa perception de son environnement par la vue, l'ouïe, le toucher et l'odorat. Le seul fait de le regarder leur procure un plaisir immense. Elles veulent le contempler quand il dort, l'écouter respirer, être là à son réveil. Elles ont envie de le caresser, de le serrer dans leur bras, de sentir son odeur à chaque fois qu'elles en ont envie.

> Sa respiration se modifie à chaque fois qu'il entend un bruit soudain ou qu'il voit de la lumière. Au début, cela m'inquiétait, cette respiration irrégulière, et puis je me suis aperçue que c'était juste une réaction à la lumière et au son. Maintenant je trouve ça délicieux, merveilleux, et je ne me fais plus de souci.
>
> La maman de Kevin

En général, la mère va aussi chercher à découvrir des traits familiers chez son nouveau-né. Est-il la petite personne bien sage qu'elle espérait ? Donne-t-il des coups de pied à certains moments de la journée comme lorsqu'il était dans son ventre ? A-t-il un lien privilégié avec son papa ? Reconnaît-il sa voix ?

Elle va aussi « tester » ses réactions, essayer de découvrir ce qui le satisfait et le rend heureux. En ce domaine, les conseils sont les bienvenus, mais pas les règles ni les obligations. La mère veut connaître son enfant par elle-même, voir comment il réagit envers elle. Elle tient à découvrir par elle-même ce qui est le mieux pour lui et ce qu'il n'apprécie pas. Si elle a vu juste, elle est contente, car c'est la preuve qu'elle le connaît bien. Sa confiance en elle en est accrue. Elle a l'impression qu'elle est capable de se débrouiller seule une fois qu'elle est revenue à la maison.

Comment faire un kangourou ?

Prenez un morceau de tissu résistant de 90 cm sur 2,10 m. Passez-le sur l'épaule gauche (droite si vous êtes gauchère) et nouez les extrémités sur la hanche opposée. Déplacez le nœud vers l'arrière. Vérifiez que la longueur du kangourou vous convient. Il est maintenant prêt à servir.

Photographie

Âge ______________________________

Remarques ______________________________

____

____

____

____

____

____

____

chapitre 3

5 semaines : le monde des sensations

Au cours des quatre à cinq semaines passées, vous avez vu votre tout-petit se développer à une vitesse considérable. Lui et vous, vous vous êtes habitués l'un à l'autre et, pour votre part, vous avez tout appris de son comportement. Un adulte a du mal à imaginer dans quel monde vit le nouveau-né, un monde encore flou, encore indéterminé, qui, en un sens, n'est pas très différent de l'univers utérin.

Bientôt, les brumes qui enveloppent son monde vont se dissiper et il commencera à comprendre à quoi correspondent les impressions ressenties au cours des dernières semaines. Mais, auparavant, il connaît son premier grand bond en avant dans son développement. Ce grand bond en avant se produit à l'âge de 5 semaines, quelquefois 4.

Pour votre bébé, quantité de choses nouvelles se passent. Il est bombardé de sensations inconnues, généralement stupéfiantes. Certains de ces éléments nouveaux ont trait au développement de ses organes internes et de son métabolisme. D'autres sont la conséquence du fait qu'il est plus alerte, c'est-à-dire que, maintenant, ses sens sont plus réceptifs.

Au début, ce monde en mutation rapide le perturbe. Sa première réaction est de chercher à retrouver la sécurité et la chaleur de l'univers familier dont sa maman était le centre et qu'il vient tout juste de quitter. Brusquement, votre bébé semble avoir besoin d'un surcroît de câlins et d'attentions. Avant, il suffisait que vous vous occupiez bien de lui, qu'il dorme bien et soit bien nourri, pour qu'il éprouve un sentiment de bien-être. Maintenant, il lui faut autre chose. Il est resté tout proche de vous depuis sa naissance, mais c'est sans doute la première fois où il se montre un peu crampon, un peu exigeant. Cette phase peut durer un seul jour chez certains bébés, une semaine chez d'autres.

À la fin de cette période, vous remarquerez que votre bébé s'est un tout petit peu développé. C'est indéfinissable, mais il est plus éveillé, plus conscient du monde qui l'entoure.

Les nuages d'orage s'amoncellent : les signes annonciateurs d'un grand changement

Même à 5 semaines, Bébé est conscient des modifications qui ont lieu dans son petit corps. Il vient à peine de s'accoutumer à vivre en dehors du nid douillet du ventre maternel et voilà que tout change à nouveau autour de lui. Bien sûr, vous, vous ne constatez aucune modification. Mais pour lui, tout est différent, ce qu'il voit, ce qu'il sent, ce qu'il entend, ce qu'il goûte, ce qu'il touche. Certains de ces changements lui plaisent, d'autres non, car il ne sait pas encore comment les affronter. Il est encore trop petit pour réclamer votre aide, d'une manière ou d'une autre. Il ne peut tendre les bras vers vous et encore moins vous demander ce qui se passe.

Il n'est pas complètement impuissant pour autant. Il peut hurler, pleurer, crier, refuser de s'endormir avant d'avoir rendu folle toute la maisonnée. Avec un peu de chance, devant sa détresse, sa mère va se précipiter vers lui, le prendre dans ses bras et le dorloter. Mieux, elle va peut-être lui donner le sein. Quelquefois, il ne s'endort qu'ainsi, collé contre Maman, littéralement vissé au mamelon. Le réconfort physique procuré par le sein ou par le biberon se révèle parfois son seul moyen de recréer l'univers de sécurité qu'il recherche désespérément au cours de cette période.

Quand Bébé pleure, sa mère est pleine d'incertitude

Toutes les mères cherchent à savoir pourquoi leur bébé se montre si perturbé, si agité, afin de trouver le moyen de remédier à ce qui le dérange. Généralement, elles cherchent d'abord à savoir s'il n'a pas faim. Ensuite, elles vérifient si rien ne le blesse ou ne le gêne physiquement : ses vêtements sont-ils trop serrés ? Sa couche est-elle mouillée/souillée ? Dans ces moments éprouvants, elles essayent de le consoler et de l'apaiser avec tout l'amour dont elles sont capables, mais ce n'est pas facile. Elles se rendent vite compte que leurs soins, aussi attentionnés soient-ils, ne suffisent pas à l'empêcher de se remettre à hurler avec obstination.

Pour la plupart des mères, la première confrontation avec ce changement brutal dans le comportement de leur bébé est une pénible épreuve, qui mine leur confiance en elle et les angoisse.

> Il ne voulait plus me quitter. Même quand j'avais du monde, je le tenais contre ma poitrine ou sur mes genoux. Cela me préoccupait énormément. Il y a eu une nuit où je n'ai pas fermé l'œil, j'ai passé tout le temps à le tenir et à le cajoler. Ma sœur est venue à la maison et m'a proposé de me relayer une nuit. Je suis allée dans l'autre chambre et j'ai dormi comme une souche jusqu'au lendemain matin. Au réveil, j'étais comme neuve.
>
> La maman de Kevin, 5e semaine

> D'habitude, c'est un bébé sans problème, mais là elle s'est mise à pleurer pendant presque deux jours, sans interruption. Au début, j'ai cru qu'elle avait des crampes d'estomac et puis je me suis aperçue qu'elle cessait de crier lorsque je la prenais sur mes genoux ou que je la plaçais entre nous deux. Là, elle s'endormait sur-le-champ. J'ai passé mon temps à me demander si j'avais tort de lui céder. Mais elle a arrêté de pleurer aussi soudainement qu'elle avait commencé, et maintenant, tout va à nouveau comme sur des roulettes.
>
> La maman d'Éva, 5e semaine

Souvent, devant ce petit être qui hurle, la maman craint que quelque chose n'aille pas. Elle croit qu'il a mal, qu'il présente une anomalie quelconque ou un trouble passé inaperçu. Certaines se demandent si le lait maternel suffit à l'enfant, parce que celui-ci semble vouloir le sein en permanence et a toujours faim. Certaines l'emmènent voir le médecin[1], pour un check-up. Bien sûr, en règle générale, tout va bien, le bébé est en parfaite santé et la mère se retrouve seule avec son inquiétude.

> Elle pleurait tellement que je craignais le pire. Elle réclamait le sein constamment. J'ai fini par aller consulter le pédiatre, qui n'a rien constaté d'anormal. Il m'a dit qu'elle avait juste besoin de s'adapter à mon lait, que beaucoup de nouveau-nés passaient par une phase de pleurs semblable à 5 semaines. J'ai trouvé ça bizarre. Elle n'avait jamais eu de problèmes avec mon lait jusque-là. Son cousin, qui avait le même âge, n'arrêtait pas non plus de pleurer et il était nourri au biberon. Quand j'ai dit ça au docteur, il a fait celui qui n'entendait pas. Je n'ai pas insisté, parce que j'étais déjà ravie de savoir qu'il n'y avait rien de grave.
>
> La maman de Juliette, 5e semaine

Avec Maman, il peut entrer dans son monde nouveau

C'est parce que votre bébé sent que les choses changent qu'il éprouve un manque de sécurité et a un besoin accru de se blottir contre vous. Apparemment, c'est cet étroit contact physique qui réussit le mieux à le calmer quand il est perturbé. Dans ces moments-là, tenez-le serré contre vous et câlinez-le autant que vous le pouvez. Il en a besoin. Il a besoin de temps pour s'adapter à ces changements nouveaux, pour entrer dans ce monde nouveau. Il est habitué à l'odeur de votre corps, à votre chaleur, à votre voix, à la façon dont le tenez dans vos bras. Avec vous, il va se décontracter un peu, redevenir content et satisfait. Vous pouvez lui manifester toute l'affection, toutes les attentions qui lui sont vraiment nécessaires au cours de cette période éprouvante.

---

1 Dans le doute, consultez toujours le médecin.

Parfois, il lui arrive de téter pendant une demi-heure et de refuser d'abandonner le sein. Les gens me disent : « Arrêtez après vingt minutes et laissez-la crier, comme ça, elle apprendra vite. » Mais ils peuvent toujours parler, c'est moi qui décide ce qui est le mieux pour elle.

La maman de Nina, 5e semaine

Gardez-le tout près de vous

Pendant ses accès de pleurs, vous constaterez sans doute qu'un contact physique étroit est d'un grand secours et que cette petite créature hurlante réagit mieux et plus vite lorsqu'elle est avec vous. Essayez d'emmener votre bébé partout avec vous en le plaçant dans un kangourou lorsque vous vaquez à vos occupations. Gardez dans vos bras pendant que vous lisez ou que vous vous livrez à toute autre activité sédentaire. Un massage doux peut aussi se révéler très efficace.

Elle avait l'air complètement perdu quand elle pleurait tout le temps comme ça. Il fallait que je la masse longtemps avant qu'elle ne commence à se calmer. J'étais épuisée, mais satisfaite. Par la suite, quelque chose a changé. Il me semble qu'il me faut moins de temps pour la calmer. Maintenant, quand elle pleure, j'ai beaucoup moins de mal à remettre les choses en ordre.

La maman de Nina, 4e semaine

Quelques petits trucs pour l'apaiser

Le rythme est d'une importance capitale quand il s'agit de réconforter un nouveau-né. Tenez-le tout contre vous, une main sous ses petites fesses, tandis que, de l'autre, vous lui soutenez la tête et la maintenez contre votre épaule. Dans cette position, il entend les battements de votre coeur et cela le rassure.

Voici encore quelques méthodes simples pour apaiser un bébé qui hurle, recommandées par des mamans expérimentées. N'oubliez pas que certaines pourront ne pas convenir au vôtre. Donc, si au début vous n'obtenez pas de résultats, continuez à essayer, jusqu'à ce que vous trouviez ce qui lui convient.

- Câlinez-le, caressez-le.
- Bercez-le doucement dans vos bras ou installez-vous avec lui dans un rocking-chair.
- Allez et venez lentement avec lui.
- Parlez-lui, ou chantonnez-lui quelque chose.
- Tapotez-lui doucement les fesses.
- **N'oubliez pas : la meilleure façon de consoler un bébé qui pleure, c'est de faire ce qu'il aime le plus quand il est de bonne humeur !**

Les mères qui emmènent leurs bébés partout avec elles lors de ces périodes crampon disent parfois d'eux qu'ils sont « extrêmement dépendants ». Ce qu'ils préfèrent, c'est être bien installés contre leur maman et se faire caresser, bercer, câliner. Ils peuvent s'endormir dans cette position, mais se remettre à pleurer dès qu'elles essayent furtivement de les replacer dans leur lit.

Souvent, les mères qui s'en tiennent à des horaires réguliers pour les tétées et le sommeil remarquent que leur bébé s'endort en tétant. Certaines se demandent alors si ses pleurs et le manque de sommeil ne l'épuisent pas au point qu'il n'a plus la force de téter le sein au moment voulu. Cela semble logique, mais ce n'est sans doute pas la seule raison. Bébé a maintenant ce qu'il voulait. Il est enfin avec sa maman, et donc, satisfait, il peut s'endormir.

Les deux premiers jours, il n'a pas arrêté de pleurer. J'essayais pourtant de respecter les horaires de sommeil, mais cela a été un vrai désastre. Maintenant, je le garde autant qu'il veut dans mes bras et je ne me sens pas coupable, loin de là. On est bien. C'est tout doux, tout chaud, très agréable. Et lui, il aime ça, c'est évident. Quand aux horaires de tétées, je les ai mis à la poubelle, eux aussi. Il me fait savoir quand il a faim et ça suffit. Quelquefois, il tète longtemps, quelquefois non. Tout va beaucoup mieux pour lui. Et pour moi.

La maman de Victor, 5e semaine

Quelques petits trucs pour l'endormir

Un bébé qui a du mal à s'endormir s'endormira plus vite auprès de vous. La chaleur de votre corps, vos mouvements doux et les bruits légers que vous faites aideront à l'apaiser. Voici quelques-unes des meilleures méthodes pour l'endormir :

- Donnez-lui un bain à bonne température, séchez-le, et placez-le sur une serviette chaude, puis massez-le doucement avec de l'huile pour bébé.
- Donnez-lui le sein ou le biberon, car les mouvements de succion l'aideront à se détendre et l'apaiseront.
- Emmenez-le avec vous, soit dans un kangourou, soit dans un porte-bébé.
- Promenez-le dans son landau.
- Un tour en voiture fait parfois merveille.
- Certains parents obtiennent de bons résultats en plaçant le bébé entre eux dans le lit.

Le grand changement : une période de croissance rapide

Un certain nombre d'éléments indiquent qu'entre l'âge de 4 et de 5 semaines, un bébé subit des changements considérables qui concernent ses sens, son métabolisme et ses organes internes. À ce moment-là, il perd certaines de ses compétences de nouveau-né. Il cesse de suivre du regard un visage, de se tourner en direction d'un son ou d'imiter les mouvements de votre bouche. Tout laisse à penser que ces compétences précoces étaient contrôlées par des centres primitifs situés dans le cerveau inférieur et qu'elles disparaissent pour faire place à des développements au niveau supérieur du cerveau. Bientôt, vous verrez apparaître des comportements similaires, mais cette fois, votre bébé les maîtrisera mieux.

Entre la fin de la quatrième et la fin de la cinquième semaine, il connaît tout un ensemble de changements qui modifient la façon dont il fait l'expérience du monde, dont il ressent les choses, dont il digère. Pour certains de ces changements, les conséquences sont directement visibles. Ce sera peut-être la première fois où vous remarquerez qu'il pleure de vraies larmes. Il va rester éveillé pendant des périodes plus longues et sembler s'intéresser plus à ce qui l'entoure. Nouveau-né, il ne pouvait fixer son regard que sur des objets situés au maximum à 20 cm de lui. Maintenant, cette distance est passée à 30 cm. Rien d'étonnant, donc, à ce que votre bébé estime qu'il est temps d'agir un peu.

Les bébés de 5 à 6 semaines sont même prêts à travailler pour expérimenter quelque chose d'intéressant. Au cours d'une expérience de laboratoire, des bébés ont montré qu'ils pouvaient ajuster leur vision d'un film en couleur représentant une mère jouant avec son bébé, en accentuant leur succion sur une sucette. Dès qu'ils cessaient de tirer sur la sucette, on brouillait l'image. À cet âge, les bébés ont du mal à sucer et à regarder en même temps et ils n'y parvenaient que durant quelques secondes. Pour vérifier qu'on ne se trompait pas sur leur intention, on a fait ensuite en sorte qu'ils *cessent* de tirer sur la sucette pour que le film soit de nouveau net. Eh bien, ils y parvenaient aussi !

Comment votre bébé explore-t-il son nouveau monde ?

SON INTÉRÊT POUR SON ENVIRONNEMENT :

❑ il pose son regard plus souvent et plus longtemps sur les choses et les gens ;
❑ il écoute plus souvent, avec plus d'attention ;
❑ il est plus conscient qu'on le touche ;
❑ il est plus conscient de différentes odeurs ;
❑ il sourit pour la première fois, ou plus souvent qu'avant ;
❑ il gazouille de plaisir plus souvent ;
❑ il montre plus souvent ce qui lui plaît et ce qui lui déplaît ;
❑ il montre plus souvent qu'il attend quelque chose ;
❑ il dort moins longtemps, et se montre plus éveillé ;
❑ autres changements que vous avez remarqués : __________

____

____

SES CHANGEMENTS PHYSIQUES :

❑ il respire plus régulièrement ;
❑ il sursaute et tremble moins souvent ;
❑ il pleure de vraies larmes pour la première fois (ou plus souvent qu'avant) ;
❑ ses problèmes digestifs disparaissent[1] :
il s'étouffe moins ;
il vomit moins ;
il fait moins de rots ;
❑ autres changements que vous avez remarqués : __________

____

____

1 À cet âge, le bébé va vraisemblablement surmonter les problèmes digestifs qu'il a pu avoir initialement. Toutefois, c'est aussi à cette période que certains troubles vont se manifester de manière plus aiguë. Par exemple, un bébé qui a souffert depuis la naissance d'un rétrécissement du passage entre l'estomac et l'intestin – appelé « sténose hypertrophique du pylore » – risque de subir une occlusion complète de l'orifice pylorique. Il ne pourra alors garder sa nourriture et vomira régulièrement avec une telle force que le lait sera projeté à distance (vomissements en jets). Une petite intervention chirurgicale peut fort heureusement corriger cette malformation.

Les changements du cerveau

À l'âge de 3 à 4 semaines, la circonférence du crâne du bébé s'agrandit de façon spectaculaire, tandis que le métabolisme du glucose se modifie.

Les choix de votre bébé : une clé de sa personnalité

Au cours de cette période, les sens de tous les nourrissons se développent avec une grande rapidité. Chacun se montre nettement plus intéressé par ce qui l'entoure et développe ses propres préférences, même si, au début, ce n'est pas très évident. Certains vont aimer avant tout observer les objets et les gens autour d'eux. D'autres vont prêter l'oreille à la musique et aux bruits et avoir une nette préférence pour les objets qui en produisent, comme les hochets. D'autres encore aimeront qu'on les touche et rien ne leur plaira plus que les jeux impliquant le contact d'une main et des caresses. D'autres enfin tâteront un peu de toutes les nouvelles activités susceptibles de retenir leur attention, sans montrer encore de préférence pour l'une ou pour l'autre.

Même à un âge aussi précoce, vous vous apercevrez que chaque bébé est différent des autres.

En parcourant les listes ci-dessus, vous aurez sans doute envie de cocher les éléments qui concernent en ce moment votre bébé. Il est possible qu'il manifeste seulement un petit nombre de ces comportements et que d'autres n'apparaissent pas avant plusieurs semaines. En se montrant plus intéressée par certaines expériences sensorielles que par d'autres, cette petite personne vous fait savoir qu'elle est déjà un individu.

> J'étudie au conservatoire et je l'y emmène tous les jours. Au cours des premières semaines, elle ne réagissait pratiquement pas aux sons. Pour dire la vérité, cela m'inquiétait. Et voilà que soudain, lorsqu'elle ne dort pas, elle s'intéresse à tous les bruits. Si elle se réveille de mauvaise humeur et que je lui chante un petit air, elle cesse immédiatement de pleurer. Mais elle ne s'arrête pas quand ce sont mes amis qui chantent !
>
> La maman d'Anaïs, 6e semaine

C'est dur pour tout le monde

Une période de grand changement est un moment stressant tant pour le bébé que pour vous, ce qui fait qu'à certains moments vous trouverez tous les deux la tension insupportable. Vous risquez l'épuisement, par manque de sommeil ou parce que l'anxiété gâche vos nuits. *Grosso modo,* le schéma est le suivant :

- Le bébé, ne sachant pas où il en est, pleure.
- Ses pleurs continuels vous ébranlent et souvent, vous angoissent. La tension monte. Bientôt, vous n'arrivez plus à faire face.
- Le bébé perçoit cette accumulation de tension. Il s'accroche encore plus à vous et pleure plus fort que jamais.
- Quand la tension devient insupportable, rappelez-vous : c'est normal d'être dans cet état. Essayez de prendre le temps de vous détendre. Votre bébé en tirera autant de bénéfice que vous.

LE SOUTIEN ET LA COMPRÉHENSION D'AUTRUI VONT VOUS AIDER TOUS LES DEUX À TENIR.

- Consolez votre bébé au moyen du contact physique. Cela va l'aider à s'adapter à son rythme à tous les changements et lui donner de l'assurance. Il saura que quelqu'un est là quand il en a besoin.
- Vous aussi, sa mère, vous avez besoin de soutien (et pas de critiques) de la part de la famille et des amis. Leurs critiques ne feraient que saper un peu plus votre assurance déjà défaillante. Leur soutien, au contraire, vous aidera à franchir les mauvaises passes.

Comment aider votre bébé à jouer et à apprendre

Il n'y a pas de meilleure façon d'aider votre bébé que de le soutenir et de veiller sur lui avec amour. À cet âge, il ne risque pas d'être trop gâté. N'ayez donc aucun scrupule à le consoler quand il pleure.

Aidez-le dans son entreprise d'exploration lorsqu'il effectue son premier grand bond en avant. Maintenant, en principe, il s'intéresse plus au monde qui l'entoure. Il perçoit mieux les choses et souvent il reste éveillé plus longtemps pour en profiter. Essayez de découvrir ses activités préférées. Vous pourrez alors introduire progressivement de nouvelles activités, de nouveaux jeux, de nouveaux jouets. Pour découvrir ce qu'il préfère, observez soigneusement ses réactions. Tout petit qu'il est, il est capable de vous faire savoir ce qui lui plaît et ce qui lui déplaît.

Comment savoir ce qu'il aime le mieux ?

Lorsqu'il est en présence des objets qu'il préfère, votre bébé sourit. Il peut s'agir de quelque chose qu'il voit, qu'il entend, qu'il sent, goûte ou touche. Comme ses sens se sont développés et qu'il est maintenant capable de percevoir une part de son univers plus importante, il va sourire plus souvent. Il est très gratifiant de chercher et de découvrir quelles expériences donnent naissance à ces merveilleux sourires.

Je fais le tour de la pièce en dansant avec mon bébé dans les bras et quand je m'arrête, je m'aperçois qu'il sourit.

La maman de David, 6e semaine

Quand j'approche mon visage du sien et que je me mets à lui parler en souriant, elle établit le contact « oeil à oeil » et me fait un sourire. C'est adorable.

La maman de Laura, 5e semaine

Elle sourit à ses poupées et à son nounours.

La maman d'Alexandra, 6e semaine

Aidez-le à explorer du regard

Votre bébé fixe plus longtemps du regard les objets qui l'intéressent. Plus leurs couleurs sont vives, plus ils le fascinent. Les objets rayés et anguleux lui plaisent aussi. Sans parler, bien sûr, de votre visage.

En déambulant avec lui, vous constaterez automatiquement ce qu'il préfère regarder. Laissez-lui le temps de le faire à sa guise – et n'oubliez pas qu'il voit flou au-delà de 30 cm. Certains bébés ne se lassent pas de regarder les mêmes choses, d'autres s'ennuient si on ne leur montre pas du nouveau à chaque fois. Si le vôtre est dans ce cas, montrez-lui des objets proches de ceux qu'il aiment et néanmoins un peu différents.

Elle est beaucoup plus consciente de ce qu'elle voit. Ce qu'elle préfère, ce sont les barreaux de son parc, qui tranchent sur le blanc des murs, le plafond, dont les lattes sont séparées par une rayure sombre, et un dessin à l'encre noire accroché au mur. Le soir, ce sont surtout les lumières qui semblent l'intéresser.

La maman de Sarah, 5e semaine

Il vous regarde droit dans les yeux et vous dévisage un bon moment. Quand je mange, ça l'amuse énormément. Il regarde les mouvements de ma bouche. Pour lui, c'est un spectacle fascinant.

La maman de Louis, 6e semaine

Quand je déplace une balle jaune et verte de gauche à droite, elle tourne la tête et la suit du regard. Elle trouve ça très drôle. Quant à moi, je suis encore plus ravie qu'elle. Et tellement fière !

La maman d'Audrey, 5e semaine

Aidez-le à explorer par l'ouïe

En général, les sons fascinent le nourrisson. Tout ce qui bourdonne, qui couine, sonne, bruisse, siffle, l'intéresse. Et la voix humaine l'intrigue énormément, surtout quand elle est haut perchée – mais rien ne vaut le son de la voix maternelle, même si elle n'a rien de l'organe d'un soprano.

Dès l'âge de 5 semaines, votre bébé et vous pouvez avoir de gentilles petites conversations. Installez-vous confortablement et approchez votre visage du sien. Racontez-lui les événements de la journée, ou tout ce qui vous vient à l'esprit. De temps en temps, faites silence, afin qu'il ait une chance de « vous répondre. »

C'est extraordinaire, j'ai vraiment l'impression qu'il m'écoute.

La maman de Matthieu, 5e semaine

Quelquefois, quand je lui parle, elle me répond. Elle bavarde plus longtemps, maintenant, et de temps en temps, on dirait qu'elle essaye vraiment de me dire quelque chose. C'est adorable. Hier, elle a fait la conversation à son lapin en peluche dans son lit et à son hochet dans son parc.

La maman d'Anaïs, 5e semaine

Montrez-lui que vous le comprenez

À cet âge, Bébé dispose d'une gamme de cris et de gazouillis plus étendue, qu'il est à même d'émettre plus fréquemment qu'auparavant. Il peut y avoir un son pour chaque situation. Avant de s'endormir, certains poussent souvent un petit gémissement. Toutes les mamans savent repérer si leur bébé est vraiment perturbé d'après la manière dont il pleure, lorsque celle-ci diffère de la « normale ». Elles savent que quelque chose ne va pas. Votre bébé peut aussi émettre d'autres sons, des gazouillis pour manifester son contentement et tout particulièrement quand il voit ou qu'il écoute quelque chose. Ces bruits vont vous aider à mieux le comprendre. Si vous comprenez ce que votre bébé essaie de vous dire, faites-le lui savoir. Les bébés raffolent de l'interaction.

> Je sais exactement quand elle gazouille de plaisir et quand elle grogne parce qu'elle n'est pas contente. Parfois, elle gazouille de plaisir en voyant son mobile. Elle adore aussi quand j'imite les bruits qu'elle fait.
>
> La maman d'Anaïs, 6e semaine

Aidez-le à explorer son monde par le toucher

À cet âge, tous les bébés sont conscients qu'on les touche. L'un va trouver agaçants les visiteurs qui viennent lui faire guili-guili, l'autre adorera ça. Aucun ne ressemble à un autre. Ce sera peut-être la première fois où vous entendrez votre enfant rire – par exemple si on le chatouille, quoique la plupart des bébés de cet âge n'apprécient pas encore vraiment les chatouilles.

> Quand son frère a commencé à la chatouiller, elle s'est mise à rire aux éclats, littéralement. On a tous été stupéfaits et on a fait silence pour l'écouter.
>
> La maman de Sarah, 5e semaine

Soins bébé

N'en faites pas trop

Laissez-vous guider par ses réactions et arrêtez-vous dès que vous voyez qu'il se fatigue.

- Votre bébé est devenu plus réceptif. Il n'est donc pas exclu que vous en fassiez trop. Ne l'oubliez jamais pendant que vous jouez avec lui, que vous le câlinez, que vous lui montrez ou lui faites écouter des choses. C'est à vous de vous adapter à lui.
- Il est toujours incapable de se concentrer longtemps. Il faut donc lui accorder de petits temps de repos. Vous aurez peut-être l'impression qu'il n'est plus intéressé, mais ce n'est pas le cas. Soyez patiente. Si vous le laissez un peu se reposer, il sera de nouveau partant, la plupart du temps.

Un répit après le bond en avant

Quand Bébé a environ 6 semaines, une période de paix relative s'annonce. Il est plus enjoué, plus alerte, plus enclin à regarder et à écouter. À entendre de nombreuses mamans, les yeux de leur enfant sont plus brillants. C'est également l'âge où le bébé semble capable de manifester ses goûts et ses dégoûts. Bref, la vie a l'air un peu moins compliquée qu'avant.

Nous communiquons plus. Les périodes où il est éveillé ont soudain plus d'intérêt.

La maman de Hugo, 6e semaine

Je me sens plus proche de lui. Nous avons un lien plus fort.

La maman de Kevin, 6e semaine

Photographie

Après le bond en avant

Âge ______________________________

Remarques ______________________________

chapitre 4

8 semaines : le monde des schémas

Vers l'âge de 8 semaines, votre bébé va commencer à faire différemment l'expérience du monde. Cette modification touche non seulement la vision, mais tous ses sens, même si nous avons un peu de mal à l'imaginer. Il est maintenant capable de distinguer des schémas simples dans l'univers qui l'entoure et dans son propre corps. Il découvre ses mains et ses pieds et va passer des heures à s'exercer à contrôler ces minuscules appendices qui bougent sous ses yeux. Fasciné, il contemple indéfiniment les ombres projetées sur les murs de sa chambre ou les rayons du soleil qui, au-dehors, filtrent à travers les arbres. Peut-être le verrez-vous étudier en détail les boîtes et les paquets sur les rayons du supermarché, l'imprimé coloré de vos vêtements ou les motifs qui ornent les siens.

Chacun de ces éléments – parmi bien d'autres (voir page 64) – révèle un bouleversement d'importance dans le développement mental de votre bébé. Ce changement va lui permettre d'acquérir un nouvel ensemble de compétences dont il aurait été incapable plus tôt, même avec toute votre aide et tous vos encouragements. Toutefois, comme lors du précédent bond en avant dans son développement, les choses ne vont pas se passer sans mal au début.

Souvenez-vous

Si votre bébé est crampon, observez-le bien, pour découvrir s'il est en train d'essayer de maîtriser de nouvelles compétences.

Les modifications dans sa perception du monde qui l'entoure commencent par le laisser stupéfait, confondu, désorienté. Son univers familier est complètement chamboulé. Sa façon de voir, d'entendre, de sentir, de goûter, de toucher est complètement nouvelle pour lui. Il lui faut le temps de s'y adapter. Il doit arriver à négocier ce virage et pour cela, il a besoin d'être dans un environnement familier, où il se sentira en sécurité. Avant de pouvoir se sentir à l'aise dans cet univers nouveau, il aura besoin de s'accrocher à sa mère. Cela le rassurera. Cette période crampon pourra durer quelques jours, comme elle pourra durer deux semaines.

Une fois ce difficile moment passé, vous constaterez vraisemblablement que ce deuxième bond constitue une étape importante dans le développement de votre enfant. Il commence à apprendre à contrôler son corps et se sert de ses sens pour explorer ce qui l'intéresse. En même temps, il exprime ses propres préférences. Vous allez découvrir ce qu'il aime et ce qu'il n'aime pas. Vous saurez s'il aime mieux écouter tel ou tel type de bruit. Vous connaîtrez ses couleurs, ses jouets, ses activités préférés et apprendrez quel visage le réjouit le plus – mis à part le vôtre, bien entendu. Ce sont là les premiers signes de sa personnalité qui se manifestent.

Les nuages d'orage s'amoncellent : les signes annonciateurs d'un grand changement

Lorsque votre bébé aura entre 7 et 9 semaines, vous remarquerez parfois qu'il devient plus exigeant. Il pleure plus souvent, ce qui est une façon d'exprimer le stress que représentent pour lui tous ces changements. À cet âge, c'est pour lui le moyen le plus efficace de montrer qu'il se sent perdu et a besoin qu'on s'occupe de lui. Les bébés les plus sensibles vont redoubler de sanglots et crier encore plus qu'avant, au grand désespoir de leurs parents. Et, souvent, rien ne pourra les calmer.

La plupart, néanmoins, seront calmés par un étroit contact physique. Ce qui, pour certains, signifie une proximité aussi intime que possible avec leur maman. S'ils le pouvaient, ils regagneraient le nid douillet de la matrice. Ils ont besoin d'être serrés très fort dans les bras de leur mère, enveloppés par son corps tout entier. Ils exigent même, parfois, son attention exclusive et protestent dès qu'elle s'éloigne un peu d'eux.

Comment savoir que le moment de grandir est venu ?

Réclame-t-il plus d'attention ?

Il est possible que votre bébé veuille que vous vous consacriez plus à le distraire et même, parfois, que vous vous consacriez entièrement à lui. Beaucoup exigent en fait une attention aussi exclusive. Ils refusent désormais d'être installés dans leur parc ou sur une couverture sur le sol, même si, jusque-là, ils s'en accommodaient parfaitement. Ils acceptent d'être dans un transat, dans la mesure où leur mère n'est pas loin. Mais ce qu'ils veulent vraiment, c'est être avec leur maman. Qu'elle s'occupe d'eux, qu'elle leur parle, qu'elle joue avec eux.

> Brusquement, elle ne veut plus aller au lit, le soir. Elle s'agite et se met à crier. Rien à faire pour qu'elle se tienne tranquille. Alors, comme nous aussi avons besoin de repos, nous la prenons avec nous sur le canapé, ou nous la tenons dans nos bras et la câlinons. Et alors, plus de problème. Si l'on y réfléchit, elle a toujours été un bébé facile.
>
> La maman d'Éva, 8e semaine

Les signes indiquant que votre bébé grandit à nouveau

Entre 7 et 9 semaines, vous remarquerez peut-être chez votre bébé l'un ou l'autre des comportements ci-dessous. C'est probablement le signe qu'il est prêt à faire un nouveau bond en avant, quand le monde des schémas s'ouvrira à lui :

- [ ] il pleure plus souvent ;
- [x] il veut que vous l'occupiez sans arrêt ;
- [ ] il est visiblement plus intimidé par les personnes qu'il ne connaît pas ;
- [x] il se cramponne plus à vous ;
- [x] il a un sommeil perturbé ;
- [x] il suce plus souvent son pouce ;
- [ ] autres changements que vous avez remarqués : ____________

____

____

____

Devient-il timide avec les étrangers ?

Peut-être votre bout de chou n'est-il maintenant plus aussi amical avec les gens qu'il ne voit pas souvent, ou bien a-t-il besoin de plus de temps pour leur faire un sourire. Il arrive même que certains bébés se mettent à pleurer si quelqu'un s'approche d'eux alors qu'ils sont lovés dans les bras de leur maman. Certaines mères le regrettent : « Mon bébé était si enjoué », disent-elles. D'autres, au fond d'elles-mêmes, ne sont pas mécontentes : « Après tout, moi, je suis tout le temps là pour lui. »

> Il me semble qu'elle me sourit plus qu'aux autres. Elle met un peu plus de temps à se détendre avec les gens, maintenant.
>
> La maman d'Audrey, 9e semaine

A-t-il perdu l'appétit ?

Si vous le laissiez faire, votre bébé ne quitterait plus le sein. Et pourtant, il a beau être vissé au mamelon, il n'absorbe presque pas de lait. C'est courant, à cette période. Le fait de sentir le mamelon contre sa bouche ou dans sa bouche suffit au bonheur de Bébé. Dès qu'on l'éloigne du sein, il proteste, jusqu'à ce qu'il sente à nouveau le contact du mamelon.

Généralement, ce genre de chose se produit chez les bébés qui décident eux-mêmes du moment des tétées. Leur mère s'interroge. Leur lait ne conviendrait-il plus ? La décision de le nourrir au sein était-elle la bonne ? En fait, à cette période le sein sert moins à nourrir qu'à rassurer, à réconforter le bébé. C'est pour cette raison qu'à ce moment-là, certains sucent leur pouce ou leurs doigts plus souvent.

> Parfois, j'ai l'impression d'être un distributeur de lait qui doit être opérationnel 24 heures sur 24. Franchement, cela m'énerve. Je me demande si les autres mères qui allaitent ont la même impression que moi.
>
> La maman de Matthieu, 9e semaine

Se cramponne-t-il plus à vous ?

Maintenant, il est possible que votre bébé se cramponne encore plus à vous au moment où vous allez le poser quelque part. Parfois, il se sert pour cela non seulement de ses doigts, mais de ses orteils ! Devant une telle démonstration de dévotion, la mère a souvent du mal à détacher d'elle son enfant, dans tous les sens du terme. Cela la touche et lui fend le coeur. Un court moment, elle a l'impression qu'il ne peut se passer de sa présence.

Quand je me penche pour la poser quelque part, elle s'accroche à mes cheveux ou à mes vêtements, comme si l'idée de perdre le contact avec moi la terrifiait. C'est adorable. Pourtant, j'aimerais mieux qu'elle ne le fasse pas, parce qu'alors, je me sens coupable de la détacher de moi.

La maman de Laura, 9e semaine

Dort-il mal ?

Il est possible qu'au cours de cette période délicate, votre bébé dorme plus mal qu'avant. Il commence à pleurer dès que vous l'emmenez dans sa chambre – ce qui pousse certains parents à penser qu'il a peur d'être dans son berceau. Ses troubles du sommeil peuvent prendre plusieurs aspects. Certains bébés ont du mal à s'endormir. D'autres se réveillent pour un rien et restent longtemps sans se rendormir. Quoi qu'il en soit, le résultat est le même : tout le monde manque de sommeil. Sans compter que dans la mesure où il reste plus longtemps éveillé, les occasions de pleurer sont plus nombreuses.

La vie n'est plus un lit de roses

Maman est inquiète

Un bébé qui hurle sans raison apparente peut déstabiliser tout son entourage. Des crises de larmes plus fréquentes qu'auparavant peuvent sérieusement entamer la confiance en elle de la mère la plus assurée, au point qu'elle risque de se demander si elle est vraiment faite pour ce rôle. Si vous en venez à vous poser la question, rassurez-vous ; vous n'êtes pas la seule. Les mères qui n'ont aucun souci avec leur bébé de cet âge ont la plupart du temps un enfant tranquille ou facile à vivre. Il ne pleure pas plus que d'habitude et il est plus facile à consoler, en règle générale. Ce qui n'est assurément pas le cas de la majorité des bébés, qui vont pleurer plus que d'habitude et être plus difficiles à consoler.

Ceux qui donnent le plus de mal sont les bébés irritables, coléreux. On dirait qu'ils crient dix fois plus souvent et dix fois plus fort qu'avant, sans compter qu'ils se démènent comme des boxeurs sur un ring. Dans ces moments-là, la mère a peur que toute la famille n'explose.

C'est un vrai cauchemar. En ce moment, elle pleure tout le temps et ne dort pratiquement plus. Mon mariage va mal. Quand mon mari rentre le soir à la maison, c'est en traînant les pieds à l'idée de la nuit épouvantable qui l'attend. On se dispute sans arrêt pour savoir comment arrêter ces cris.

La maman d'Alexandra, 7e semaine

Quand il n'arrête pas de pleurer, j'y vais. En fait, pour un peu, je serais d'accord avec les gens qui conseillent de laisser pleurer les enfants de temps en temps, parce qu'il y a des moments où je suis tellement vidée que je le laisserais continuer. Mais je pense à la minceur des cloisons de l'appartement et je finis toujours par y aller en espérant à chaque fois que je vais réussir à le calmer.

La maman de Victor, 9e semaine

Parfois, quand elle crie sans arrêt, quoi que je fasse, j'ai les nerfs tellement à vif que je les passe sur mon mari, le pauvre. Et souvent, c'est moi qui fonds en larmes, ce qui me détend un peu.

La maman de Sarah, 10e semaine

Certains jours, quand je n'ai pas le moral, je me demande si je fais bien les choses, si je me consacre assez à lui. Surtout quand il pleure constamment, parce que je me demande si je dois le laisser crier ou le prendre dans mes bras et le câliner. C'est un jour de ces jours de déprime que j'ai lu qu'à six semaines, les bébés souriaient à leur mère. Le mien ne l'avait jamais fait, il se contentait de sourire dans le vide. Ma confiance en a pris un coup. Or voilà que le soir même, il m'a souri. J'en ai eu les larmes aux yeux, tellement j'étais émue. Cela peut paraître ridicule, mais pendant un moment, j'ai eu l'impression qu'il essayait de me dire que j'étais parfaite comme ça et qu'il me soutenait tout du long.

La maman de Kevin, 9e semaine

Toutes les mères en détresse cherchent à comprendre ce qui pousse leur bébé à pleurer sans cesse. « Est-ce que je n'aurais plus de lait ? Est-il malade ? Est-ce que je ferais quelque chose de travers ? Sa couche est-elle mouillée ? Quand je le tiens dans mes bras, il est content : est-ce que je ne suis pas en train de le gâter ? » Telles sont les réactions les plus courantes.

Lorsqu'elles ont tout envisagé, certaines finissent par décider que c'est « la colique » qui perturbe leur enfant. Après tout, il se tortille beaucoup. D'autres, faute de trouver une raison valable à ses cris, se perdent en conjectures. Beaucoup se retrouvent elles-mêmes en larmes. Cette période est particulièrement éprouvante pour les femmes dont c'est le premier enfant. Elles ont tendance à se blâmer. Quelquefois, la mère va chercher de l'aide auprès du pédiatre ou du médecin de famille.

Quelle que soit votre attitude, rassurez-vous – ce n'est pas votre faute ! Souvenez-vous : c'est de cette façon que votre bébé essaie de vous dire qu'il est en train d'acquérir de nouvelles compétences – autrement dit, que son minuscule cerveau se développe bien. Il est normal qu'il pleure à cet âge. Et cela ne durera pas !

> D'habitude, il ne pleure jamais. C'est un bébé incroyablement facile. Mais cette semaine, il a eu de terribles crampes d'estomac.
>
> La maman de David, 9e semaine

Maman est irritée

Une fois que vous vous serez assurée que votre nourrisson n'a aucune raison valable de continuer à pleurer et à rester collé à vous, vous risquez d'être irritée, jugeant qu'il abuse de vous. Vous avez un travail fou à la maison, vous êtes fatiguée, voire épuisée, et il vous rend folle avec ses cris. Quel ingrat ! Sachez que vous n'êtes pas seule à avoir ce genre de pensées. La plupart des mères sont dans votre cas. Sans compter que beaucoup redoutent que le père, la famille, les amis, ou les voisins, ne considèrent « le petit chéri à sa maman » comme « une véritable plaie ». Et si les gens se mêlent de leur dire qu'elles devraient être plus fermes avec leur rejeton, elles risquent de monter sur leur grands chevaux. Elles ne sont pas toujours sûres de bien savoir s'y prendre, mais elles ont du mal à réfréner leur tendance naturelle à consoler leur tout-petit chaque fois qu'il se met à pleurer.

> C'est pour cela que j'ai abandonné mon travail, pour huit semaines de pleurs ? Franchement, je suis au bout du rouleau. Je ne vois pas ce que je pourrais faire de plus.
>
> La maman d'Alexandra, 8e semaine

> Quand j'ai réussi à l'endormir après l'avoir consolée pendant plus d'une heure et que je ne l'ai pas plutôt posée qu'elle se met à gémir, ça me met les nerfs en pelote. Elle a besoin d'être tout le temps dans mes bras. C'est la seule chose qui la satisfasse. Je suis à cran. Impossible de faire quoi que ce soit d'autre.
>
> La maman de Laura, 8e semaine

> J'ai dû le tenir occupé toute la journée. Rien d'autre n'y faisait. J'ai tout essayé, les caresses, les chansons, marcher avec lui dans mes bras. Au début, j'étais complètement désarçonnée, déprimée. Et puis, brusquement, je suis devenue agressive. J'ai éclaté en sanglots. Alors je me suis mise en contact avec une nourrice du quartier, pour voir si elle pouvait le garder deux après-midi par semaine, histoire de me donner quelques heures pour recharger mes batteries. Parfois, ses pleurs m'épuisent. Je suis morte de fatigue. Sincèrement, je me demande si nous pourrons tenir encore longtemps comme ça, lui et moi.
>
> La maman de Kevin, 9e semaine

Maman en a assez

Rares sont les mères qui admettent avoir manifesté un brin de rudesse en reposant leur bébé, tellement elles étaient irritées par ses hurlements. Si cela se produit, c'est toujours une expérience dérangeante, surtout parce qu'à ce moment-là, il s'agit apparemment d'une réaction viscérale.

Soins bébé

Le secouer peut lui faire du mal

Souvenez-vous : il n'est pas dangereux d'éprouver des sentiments violents à l'égard d'un bébé qui ne cesse de hurler – mais passer à l'acte est dangereux. Quoi qu'il arrive, ne vous mettez pas dans un état tel que vous risquiez de lui faire du mal. Surtout, **ne le secouez jamais**. La plupart des gens ne se rendent pas compte qu'en secouant un jeune enfant, on risque de provoquer un écoulement de sang à l'intérieur de la colonne vertébrale, juste en dessous du crâne, qui risque d'entraîner des lésions au cerveau.

Maman, le plus doux des refuges

Vers 8 semaines, il est normal que Bébé manifeste le pressant désir de « revenir à Maman », parce que c'est ce dont la plupart des tout-petits ont besoin à cet âge. Bien sûr, ce sera plus évident chez certains que chez d'autres. Un bébé qui pleure et se cramponne sera peut-être votre lot quotidien. En fait, c'est le signe qu'il progresse bien, qu'il réagit aux changements qui ont lieu en lui et qu'il est en train de franchir une étape dans son développement.

Il est perturbé tout simplement parce qu'il n'a pas eu le temps de se faire à ces changements et qu'il ne sait plus où il en est. Il a donc besoin que vous soyez là. Il veut revenir à son port d'attache, à son havre, dans l'environnement familier où il se sent en sécurité. Auprès de vous, il va prendre suffisamment d'assurance pour explorer son nouvel univers.

Nous savons tous ce que c'est que de n'avoir personne pour nous remonter le moral quand les choses vont mal. La tension monte et nous nous demandons ce que nous devons faire. Nous avons déjà besoin de toute notre énergie pour assumer le stress, sans même parler de résoudre le problème. C'est ce genre d'expérience que fait actuellement votre bébé. Chaque fois qu'il subit un changement important dans son développement mental, il a l'impression de s'éveiller dans un « monde tout neuf ». Il doit faire face à plus d'impressions nouvelles qu'il ne peut le supporter. Alors, il pleure et il va continuer à pleurer jusqu'à ce qu'il soit suffisamment habitué à ce nouvel univers pour se sentir à l'aise. Si rien ne vient le rassurer, les pleurs vont consommer toute son énergie. Autrement dit, il va gaspiller des ressources utiles au lieu de s'en servir pour découvrir ce monde étonnant.

Les câlins sont le meilleur moyen de le rassurer

À cet âge, un bébé est fait pour être pris dans les bras, caressé, câliné. Il n'aura jamais trop de ces « bonnes choses. »

Les nouvelles compétences de Bébé commencent à apparaître

Sa façon de s'accrocher à vous va vous préoccuper et donc, automatiquement, vous l'observerez d'encore plus près. Des doutes vont vous assaillir : qu'est-ce qui se passe avec lui ? Pourquoi est-il si difficile ? Que puis-je faire ? Est-ce que je le gâte trop ? Devrait-il être plus avancé à son âge ? S'ennuierait-il ? Pourquoi est-il incapable de s'occuper tout seul ? La réponse va bientôt se faire jour : votre bébé essaye de maîtriser de nouvelles compétences.

Vers l'âge de 8 semaines, vous remarquerez qu'il s'ouvre à son nouvel univers : un monde d'observation et d'expérimentation de schémas simples. Il sera prêt à acquérir la maîtrise de plusieurs schémas, mais il choisira les découvertes qu'il souhaite faire en fonction de ses propres inclinations, de ses préférences, de son tempérament. Et vous, en tant qu'adulte, vous pouvez l'aider à accomplir ce qu'il est prêt à faire.

Attention, toutefois, à ne pas essayer de le pousser. Vous aimeriez qu'il apprenne à tenir une balle (pour sa future carrière de footballeur) ? Peut-être préférera-t-il essayer de parler en babillant avec ses jouets. Laissez-le suivre son rythme à lui. Respectez ses préférences. Même si vous n'avez pas l'oreille musicale et qu'il aime les sons, il n'y a pas de quoi se ronger. À ce stade, il n'a pas encore besoin de symphonies, et si vous bavardez, si vous chantonnez pour lui, cela fera parfaitement l'affaire.

Le grand changement : le monde des schémas

À cet âge, votre bébé cesse d'expérimenter le monde et lui-même comme un seul « univers » il va reconnaître dans cet univers des formes, des schémas et des structures. Par exemple, il est peut-être en train de découvrir que ses mains lui appartiennent. Si tel est le cas, il les contemple d'un air émerveillé en les tournant et les retournant. Et puis, une fois qu'il a pris conscience qu'elles sont à lui, il peut essayer de s'en servir, par exemple en les refermant sur un jouet. Il commence à distinguer des schémas non seulement dans le monde qui l'entoure, mais aussi dans les sons, les odeurs, les goûts, les textures. En d'autres termes, il perçoit les schémas par l'intermédiaire de tous ses sens. Cette conscience nouvelle ne se limite pas à ce qui se passe en dehors de son corps. Le bébé a aussi une perception plus aiguë de ce qui se passe à l'intérieur de son corps. Il va s'apercevoir, disons, que s'il tient son bras en l'air, ce n'est pas la même chose que de le poser sur le drap. En même temps, il peut aussi mieux maîtriser les choses de l'intérieur et assurer certaines positions, non seulement avec sa tête, ses bras, ses jambes, mais aussi avec de plus petites parties de son corps. Il va se mettre à faire quantité de grimaces, parce qu'il contrôle mieux ses muscles faciaux, produire des sons de type explosif, parce qu'il est capable de maintenir ses cordes vocales dans une certaine position. Il fixera mieux son regard sur un objet, dans la mesure où il contrôle mieux ses nerfs oculaires.

La plupart des réactions automatiques (les réflexes) que Bébé avait à la naissance vont commencer à disparaître à cet âge, pour être remplacées par quelque chose de semblable à un mouvement volontaire. Maintenant, il est capable d'apprendre à refermer sa main sur un jouet ou un autre objet. Il est aussi capable de trouver le sein d'un seul geste, alors qu'avant sa bouche se refermait sur le mamelon après plusieurs tentatives qui semblaient le fruit du hasard. Il ne dépend plus entièrement de ses réflexes. C'est seulement lorsqu'il a faim ou qu'il est perturbé qu'il revient à ses anciennes manières.

Néanmoins, les premiers mouvements volontaires du nourrisson diffèrent considérablement de ceux de l'adulte. Ils sont raides, brusques. On dirait un peu ceux d'une marionnette et ils resteront saccadés jusqu'à ce que le prochain grand changement intervienne.

Les changements du cerveau

Vers l'âge de 7 à 8 semaines, la circonférence du crâne des bébés s'accroît de manière spectaculaire et l'on a constaté des changements dans les ondes du cerveau à 6 ou 8 semaines.

Les choix de votre bébé : une clef de sa personnalité

Pourquoi chaque bébé est-il unique ? Tous ont connu les mêmes changements, pénétré dans le même monde nouveau, et tous ont encore beaucoup de découvertes à faire et de compétences à acquérir. Mais chacun décide de ce qu'il veut apprendre, à quel moment et de quelle manière. Il va choisir ce qui l'attire le plus. Certains vont essayer d'acquérir des compétences variées en se servant d'un de leurs sens ou de plusieurs. Les uns seront particulièrement intéressés par l'exploration du monde au moyen du regard, les autres préféreront tester la parole et l'ouïe, d'autres encore essaieront d'être plus habiles avec leur corps. C'est ce qui fait que le bébé d'une amie fera quelque chose que le vôtre ne fait pas, ou n'aime pas faire, et *vice versa*. Tout ce qui constitue le caractère unique d'un bébé – sa conformation, son poids, son tempérament, ses inclinations, ses centres d'intérêts – détermine ce qu'il aime et n'aime pas.

(Suite à la page 78)

Comment votre bébé explore-t-il le nouveau monde des schémas ?

Quand il atteint l'âge de 8 semaines, un nouveau monde de possibilités s'ouvre à lui. Il ne peut découvrir tout ce qui s'offre à lui en même temps – quoique certains nourrissons essayent d'explorer chaque domaine. Le *moment* où il commencera à le faire et ce qu'il fera dépendra de ses préférences et des opportunités qu'il aura.

À partir de maintenant, vous trouverez dans chaque chapitre une liste d'activités montrant que votre bébé est entré dans son nouveau monde (sous la rubrique « Comment votre bébé explore-t-il le nouveau monde de... ? ») Notez sur la liste ce que vous le voyez accomplir. Cela devrait vous aider à comprendre les expériences qu'il est en train de faire. Pour découvrir ses préférences, il vous faudra l'observer de près. Essayez de déterminer ce qui l'intéresse, le plus objectivement possible.

Chaque liste comporte plusieurs secteurs d'activité. Au fur et à mesure que vous avancerez, vous verrez peut-être émerger un schéma. Chaque bébé a son profil propre et vous devez savoir qu'à ce moment-là, le vôtre ne fera pas preuve de beaucoup de ces compétences – certaines apparaîtront plus tard, d'autres ne se manifesteront pas du tout.

CONTRÔLE DE SON CORPS :

- ❑ il tient sa tête droite quand il est très alerte ;
- ❑ il tourne consciemment la tête vers quelque chose qui l'intéresse ;
- ❑ il se place consciemment sur le ventre quand il est sur le côté ;
- ❑ il se place consciemment sur le dos quand il est sur le côté ;
- ❑ il agite les bras et les jambes ;
- ❑ il agite les bras et les jambes (avec des mouvements brusques) en direction des jouets suspendus ;

- ❑ il se laisse mettre en position assise ;
- ❑ il se laisse mettre en position debout ;
- ❑ il essaie de lever la tête et de se soulever quand on le place à plat ventre ;
- ❑ il a de plus en plus envie de « s'asseoir », se penche en avant quand il est sur vos genoux ;
- ❑ il est capable regarder à droite et à gauche quand il est sur le ventre' ;
- ❑ il « joue » avec son visage en faisant toutes sortes de grimaces ;
- ❑ autres changements que vous avez remarqués : __________

____

____

____

____

CONTRÔLE DE SES MAINS :

- ❑ il tente de saisir un objet à sa portée – et n'y parvient pas ;
- ❑ il lance le bras en direction d'un jouet (avant de pouvoir le saisir) ;
- ❑ il referme la main sur un objet lorsque celui-ci est franchement à sa portée ;
- ❑ il tient des jouets (par exemple un anneau de clefs en plastique) et les secoue verticalement ;
- ❑ il touche et palpe des objets, sans les tenir ;
- ❑ autres changements que vous avez remarqués : __________

____

____

____

____

(Suite)

Comment votre bébé explore-t-il le nouveau monde des schémas ? (suite)

VOIR ET REGARDER :

- ☐ il découvre ses mains ;
- ☐ il découvre ses pieds ;
- ☐ il découvre ses genoux ;
- ☑ il regarde les personnes en train de bouger ou de vaquer à leurs occupations ;
- ☐ il est fasciné par les enfants qui jouent près de lui ;
- ☐ il aime regarder défiler rapidement les images de la télévision ;
- ☐ il observe le chat ou le chien quand il marche, remue ou mange ;
- ☐ il découvre l'oiseau qui volette dans sa cage ;
- ☐ il est fasciné par les rideaux qui bougent ;
- ☐ il découvre les objets lumineux, par exemple une bougie dont la flamme vacille ;
- ☑ il observe le sommet des arbres à l'extérieur – et se montre particulièrement fasciné quand il se passe quelque chose, comme le vent qui fait bruire les feuilles ou la lumière du soleil qui apparaît et disparaît à travers les branches ;
- ☑ il regarde les produits sur les rayons du supermarché ;
- ☐ il regarde les formes et les couleurs complexes, comme celles de l'art abstrait, surtout si on le berce en même temps ;
- ☐ il est fasciné par les bijoux et les tissus qui brillent ;
- ☐ il aime observer une bouche qui mâche des aliments ;
- ☑ il aime observer et écouter une bouche qui parle ;
- ☑ il observe les mouvements du visage ;
- ☐ autres changements que vous avez remarqués : ___________

____

____

____

____

ÉCOUTER ET PARLER :

- ❑ il aime écouter les voix, c'est-à-dire les sons produits par la parole, le chant et les sons dans les aigus ;
- ❑ il émet des rafales de sons : *ah, iouh, eheh, heum* et les écoute ;
- ❑ il produit des séries de ces sons, murmure et fait des gargouillis, comme s'il racontait une histoire ;
- ❑ il reproduit ces bruits si vous l'y encouragez ;
- ❑ il chantonne si vous dansez et chantez avec lui ;
- ❑ il « bavarde » avec ses jouets tendresse et leur sourit ;
- ❑ il émet consciemment des « eheh » pour attirer l'attention ;
- ❑ il intervient quand les autres parlent ;
- ❑ les autres changements que vous avez remarqués : ______

____

____

____

____

Les bébés sont comme ça

Les nourrissons aiment la nouveauté et il est important que vous réagissiez positivement quand vous découvrez un intérêt nouveau, une compétence nouvelle. Il appréciera que vous partagiez avec lui ces nouvelles découvertes et il apprendra d'autant plus rapidement.

Comment aider votre bébé à acquérir de nouvelles compétences

Vous pouvez l'encourager, l'aider à développer les compétences qu'il trouve les plus intéressantes. Quand vous remarquez qu'il est en train d'en acquérir une nouvelle :

- Montrez-lui que chacune des tentatives qu'il fait pour apprendre quelque chose de nouveau vous enthousiasme. Votre admiration lui fera du bien et l'encouragera à persévérer.
- Essayez de lui présenter un nombre suffisant de nouveaux défis sans pour autant trop exiger de lui. Il faut trouver un juste équilibre. Tentez de découvrir ce qu'il aime le plus.
- Arrêtez-vous dès que vous sentez qu'il a assez d'un nouveau jeu ou d'un nouveau jouet.
- Votre bébé peut avoir envie ou besoin de se livrer seul à des jeux ou à des activités. Dans ce cas, il vous suffit de montrer de l'enthousiasme pour qu'il soit assuré qu'il fait comme il faut.

Aime-t-il regarder les « choses de la vie » ?

Parfois, les jouets l'intéressent moins que les mille et une « choses de la vie » de son monde. La maison est pleine de choses fascinantes pour votre bébé – des livres, des photos, des animaux familiers, des ustensiles de cuisine,

Comment savoir quand il en a assez

Développer une nouvelle compétence est amusant, mais ce peut être aussi fatigant pour votre bébé. Quand il en a assez, il vous en informe au moyen de signaux corporels parfaitement clairs :

- il détourne le regard ;
- s'il est fort, physiquement, il se détourne tout entier de vous ;
- dès que vous vous rendez compte qu'il en a assez, arrêtez le jeu ou l'activité. Parfois, il n'a besoin que d'une courte pause avant de reprendre, avec un enthousiasme renouvelé. Mais ne le poussez pas. Il a besoin de temps pour tout assimiler.
- **Laissez-vous toujours guider par les réactions de votre bébé !**

vos lunettes, même. S'il a brusquement envie de les regarder, de préférence à ses jouets, il a besoin de votre aide. À cet âge, il ne peut seul s'approcher suffisamment près d'un objet. Il a besoin que vous l'en approchiez ou que vous alliez prendre cet objet et le lui montriez. Si vous remarquez qu'il aime regarder « les choses de la vie », aidez-le à le faire.

> Elle aime tout regarder : les tableaux, les livres sur les étagères, les ustensiles dans le placard de la cuisine. Je dois l'emmener partout avec moi. Je la porte même dans mes bras quand je sors ou fais les courses.
>
> La maman d'Anaïs, 11e semaine

Si votre bébé aime explorer le monde du regard, vous pouvez l'aider en lui montrant des objets de couleur vive. Veillez à le faire lentement, en le déplaçant latéralement dans son champ de vision. Cela va attirer plus vite son attention et retenir celle-ci plus longtemps. Vous pouvez aussi tenter de déplacer l'objet lentement d'avant en arrière, mais assurez-vous qu'il est toujours capable de le suivre du regard. Sinon, il va cesser de s'y intéresser.

Son environnement l'ennuie ? Modifiez-le !

S'il est d'humeur à jouer, il lui arrive de s'ennuyer à force de voir, d'entendre et de palper toujours les mêmes objets, les mêmes jouets, dans le même environnement. Il est normal que les bébés de cet âge manifestent de l'ennui, car dans la mesure où ils sont conscients des schémas, ils remarquent par la même occasion ce qui est répétitif. Pour la première fois de sa vie, il peut en avoir assez des mêmes jouets, de la même vue, des mêmes sons, de la même texture d'un objet ou d'un tissu, du même goût aussi. Il lui faut de la variété. Elle lui sert à apprendre. Lorsqu'il a l'air de s'ennuyer, essayez de rendre plus attrayants les moments où il est éveillé. Promenez-le dans l'appartement, dans vos bras ou dans son transat ou montrez-lui différents objets.

A-t-il « découvert » ses pieds ou ses mains ?

Peut-être a-t-il remarqué que des objets familiers s'agitent dans son champ de vision. Ainsi va-t-il être conduit à découvrir ses mains ou ses pieds. Il les observe d'un air émerveillé et commence à les étudier en détail. Chaque bébé étudie ce nouveau phénomène à sa façon. Certains prennent beaucoup de temps, d'autres non. La plupart ont une préférence marquée pour les mains, peut-être parce que ces minuscules appendices passent plus souvent devant leurs yeux.

> Mon petit bonhomme étudie dans le moindre détail la façon dont ses mains bougent. Il joue délicatement avec ses doigts. Quand il est sur le dos, il tient sa main en l'air, puis écarte les doigts. Parfois, il les ouvre et les referme, l'un après l'autre. Ou bien il croise les doigts, ou encore il met ses mains l'une contre l'autre. C'est un mouvement perpétuel.
>
> La maman de Kevin, 9e semaine

Laissez votre bébé étudier ses mains aussi souvent et aussi longtemps qu'il le souhaite. Il doit apprendre ce qu'est une main avant de pouvoir s'en servir correctement. Il est très important qu'il puisse tout savoir de ces « instruments pour agripper ».

Referme-t-il sa main sur un jouet ?

Il a maintenant un certain nombre d'objets dans son champ de vision et, à ce stade, il peut aussi avoir envie de les toucher. L'avez-vous vu essayer de se saisir d'un hochet, par exemple ? Ses premières tentatives pour se saisir d'un objet sont rarement couronnées de succès. Montrez-lui que l'effort qu'il fait vous enthousiasme et encouragez chaque essai sérieux. Votre admiration va le pousser à persévérer.

> Ça y est, il essaie de saisir des objets ! Il commence par lancer sa petite main vers son hochet ou par tenter de le heurter, puis, un peu plus tard, il essaie de nouveau, en faisant le bon geste cette fois. Il se donne beaucoup de mal. Quand il croit y être arrivé, il referme la main, mais le hochet est encore à quelques centimètres. Alors il se rend compte de son erreur et il se fâche, le pauvre chou.
>
> La maman de Paul, 11e semaine

Essayez de ne pas perdre de vue que votre bébé est encore parfaitement incapable de tendre la main et de toucher les objets dont il veut se saisir. Tout ce qu'il peut faire, c'est refermer la main autour d'un objet. Il faut donc placer ses jouets à sa portée. Veillez à ce qu'il ait toujours des jouets faciles à agripper avec ses petites mains. Il pourra les toucher et s'exercer à ouvrir et à refermer les doigts à chaque fois qu'il en aura envie.

Expérimente-t-il avec sa voix ?

Rien ne passionne plus un nourrisson que les sons qu'il vient de produire. Il est donc souhaitable que vous réagissiez à chaque nouveau son qu'il émet. Essayez de l'imiter, afin qu'il puisse entendre ces sons dans la bouche de quelqu'un d'autre. Quand il se sert d'un son pour attirer votre attention, répondez. Ces « conversations » jouent un rôle essentiel dans son processus d'apprentissage, car elles lui apprennent à attendre son tour, à écouter et à imiter, ce qui constitue les bases de la communication. Elles lui enseignent également que sa voix a de l'importance. C'est un outil précieux, comme ses mains.

> Elle babille toute la journée, en essayant sans cesse d'attirer mon attention. Elle écoute aussi ma voix. C'est adorable.
>
> La maman d'Anaïs, 11e semaine

Toutes les mères essaient d'encourager leur bébé à « bavarder. » Certaines lui parlent tant qu'il est éveillé, d'autres choisissent de ne le faire que lorsqu'il est dans leurs bras, par exemple. L'inconvénient de cette dernière formule est que l'enfant n'est pas toujours d'humeur à écouter et à répondre. On a constaté que ceux dont les mères « planifient » le bavardage ne comprennent pas toujours ce que l'on attend d'eux. Quant aux mères, elles se découragent facilement, parce qu'elles pensent que leur bébé ne réagit pas encore de manière appropriée.

Est-il prêt à jouer aux « tractions » ?

Le bébé peut aimer qu'on le tire par les bras pour le redresser et le faire passer de la position semi-assise à la position debout, ou de la position assise à la position debout. S'il a une grande force physique, il va même participer activement à cette « traction ». Ce jeu lui apprend la sensation que procurent des postures différentes et la manière de tenir ces postures. S'il coopère, il va passer d'une position à l'autre de manière saccadée et hésitante, puis il essaiera de tenir cette position pendant un certain temps. Il aimera y rester un court moment, même si ses mouvements sont encore loin d'être fluides. Il peut même se fâcher si vous décidez d'arrêter le jeu.

Quand je le mets debout sur ses jambes, il gigote aussitôt comme un petit diable. C'est pareil quand je suis en train de le changer et qu'il est tout nu sur le dos. Je ne peux m'empêcher de me demander au fond si c'est bien normal, ces mouvements saccadés.

La maman de Louis, 11e semaine

Si je la laissais faire, elle serait debout sur ses petites jambes toute la journée à m'écouter la complimenter sur son intelligence. Si je ne la félicite pas assez vite, elle commence à se plaindre.

La maman d'Audrey, 10e semaine

Un mot de consolation : un bébé exigeant serait un bébé doué

Certains bébés s'adaptent très vite aux jeux et aux jouets nouveaux et se lassent tout aussi vite de faire toujours les mêmes choses. Il leur faut sans cesse de l'action, des nouveaux défis, des jeux de plus en plus complexes et beaucoup, beaucoup de variété. Pour leur mère, ces bébés « pétillants » peuvent être épuisants. Elles finissent par être à court d'imagination, alors que leur nourrisson se met à hurler s'il n'a pas sans cesse de nouveaux défis à affronter.

Ce qu'il faut garder à l'esprit

- Votre bébé aura plus envie d'apprendre lorsqu'il découvrira un monde nouveau. Il apprendra plus vite et plus facilement si vous lui donnez les objets qui correspondent à sa personnalité. Et ce sera plus amusant.
- Les bébés très exigeants recevront automatiquement plus d'attention, dans la mesure où leur mère fera tout pour qu'ils aient de quoi se distraire et soient contents.
- Les bébés très exigeants pourraient bien aussi dans l'avenir faire partie des étudiants les plus brillants, s'ils reçoivent au cours de leurs premières années l'aide et les encouragements adéquats.
- Les bébés tranquilles se font plus facilement oublier, car ils ne requièrent pas autant d'attention de la part de leur mère. Essayez d'offrir au vôtre le petit supplément d'encouragements et de stimulation qui va lui faire donner le meilleur de lui-même.

C'est un fait avéré, les enfants particulièrement doués ont souvent été des bébés exigeants et jamais satisfaits, qui n'étaient contents, généralement, que lorsqu'on les mettait sans cesse face à de nouvelles sources d'excitation.

Une occasion d'acquérir des compétences supplémentaires se présente lorsque leur conscience se modifie ou qu'un monde nouveau s'offre à eux. Certains bébés manifestent un grand enthousiasme pour explorer ce dernier et faire de nouvelles découvertes, mais réclament une attention et une assistance constante. Leur soif de connaissances est inextinguible. Malheureusement, ils explorent ce nouvel univers à une vitesse folle. Ils expérimentent et acquièrent quasiment toutes les compétences qu'il suscite, recommencent à expérimenter un peu, puis s'ennuient. Pour leur mère, il n'y a pas grand chose à faire. Sauf attendre qu'intervienne le prochain grand changement.

Est-ce qu'il s'amuse ?

À ce stade, les mamans ont tendance à penser que leur bébé pourrait faire preuve d'un peu plus d'indépendance. Elles remarquent, en effet, le plaisir extrême que lui procurent son environnement, ses jouets, ses mains et ses pieds. Elles voient aussi qu'il aime rester au sol, allongé sur le dos. Beaucoup se servent pour la première fois d'un parc. C'est un endroit idéal pour suspendre des jouets à sa portée, car il va pouvoir lancer la main dans leur direction et les regarder se balancer d'avant en arrière. Elles essaient aussi de laisser Bébé s'amuser le plus longtemps possible. Dès qu'il leur paraît s'ennuyer, elles lui proposent de nouveaux jouets. Avec « l'aide de Maman », la plupart des bébés peuvent s'amuser tout seuls, à cet âge, pendant environ un quart d'heure.

Après chaque tétée, je le mets un moment dans son parc. Parfois, je l'installe en dessous d'un mobile musical qu'il aime bien observer, parfois sous un trapèze auquel des jouets sont suspendus. De temps en temps, il lance la main dans leur direction et je dois dire que maintenant, il fait souvent mouche.

La maman de Hugo, 11e semaine

(Suite à la page 88)

Les meilleurs jeux pour le monde des schémas

Voici une sélection de jeux et d'activités à pratiquer quand votre bébé entre dans le monde des schémas. Avant de progresser dans la liste, toutefois, revenez à la rubrique « Comment votre bébé explore-t-il le nouveau monde des schémas ? » (p. 72), et remettez-vous en tête ce qu'il aime faire. Et n'oubliez pas : les jeux qui ne fonctionnent pas avec lui devraient marcher un peu plus tard, quand il y sera prêt.

Un de ses jouets préférés : ses mains ou ses pieds

Faites en sorte qu'il ait souvent l'occasion d'observer ses mains et ses pieds et qu'il dispose pour cela de suffisamment de place. Il aura besoin de toute sa liberté de mouvement pour prendre en compte chaque détail. Le mieux, c'est de l'installer sur une grande serviette ou sur une couverture. S'il fait bon, laissez-le jouer sans ses vêtements. Il appréciera énormément d'être tout nu, sans contrainte. Si vous voulez attirer son attention sur sa main ou sur son pied, vous pouvez nouer autour de l'un ou de l'autre un petit ruban de couleur vive, auquel vous aurez attaché une clochette. Ce sera une attraction supplémentaire. Prenez bien garde, néanmoins, à ce que l'ensemble soit solidement attaché et gardez un oeil sur lui, afin qu'il ne s'étouffe pas accidentellement avec le ruban ou la clochette s'ils venaient à se défaire.

Bavarder bien à l'aise

Quand il est d'humeur à bavarder, asseyez-vous et mettez vous à l'aise. Assurez-vous que vous avez le dos bien soutenu, remontez les genoux et installez votre bébé sur le dos, appuyé contre vos cuisses. Dans cette position, il vous verra parfaitement. En même temps, vous pourrez guetter toutes ses réactions. Racontez-lui les menus événements de la journée, vos projets d'avenir, dites-lui qui va venir lui rendre visite – tout ce qui vous traverse l'esprit. Ce qui compte, c'est le rythme de votre voix, les expressions de votre visage. Laissez-lui largement le temps de vous répondre. Autrement dit, soyez attentive, patiente, souriante et hochez la tête. Ainsi, il se rendra compte qu'il faut être deux pour avoir une conversation. Observez ses réactions, pour découvrir ce qui l'intéresse. Souvenez-vous qu'une bouche qui parle, accompagnée d'un visage dont les expressions changent, font un véritable tabac auprès de la plupart des bébés ! Arrêtez tout dès que vous sentez que le vôtre en a assez.

Regarder ensemble autour de soi

N'oubliez pas qu'à son âge, le bébé le plus curieux est incapable d'attraper les objets qui attirent son regard pour mieux les observer. Tant qu'il ne peut le faire lui-même, il dépend de vous. C'est vous qui allez lui montrer des objets intéressants, susceptibles d'éveiller sa curiosité. Et la maison en est pleine. Expliquez-lui ce qu'il voit. Il aimera écouter les intonations de votre voix. Laissez-le toucher, palper, ce qu'il paraît apprécier. Il passera des moments formidables et il apprendra énormément. Mais surtout, laissez-vous guider par ses réactions !

Jouer aux « tractions »

Vous ne pourrez jouer à ce jeu que si votre bébé est capable de tenir seul sa tête. Asseyez-vous et mettez-vous à l'aise, le dos bien calé. Pliez les jambes et placez le bébé sur vos cuisses et votre ventre, dans une position semi-assise. Il sera mieux ainsi.

(Suite)

Les meilleurs jeux pour le monde des schémas (suite)

Puis saisissez ses bras et soulevez-le lentement, jusqu'à ce qu'il soit assis tout droit. Pendant ce temps, prodiguez-lui des encouragements ; dites-lui qu'il est le plus intelligent, le plus fort, etc. Observez bien ses réactions et continuez seulement si vous êtes certaine qu'il coopère et qu'il s'amuse.

Prendre un bain ensemble

L'eau est en soi un jouet merveilleux. À cet âge, les « bébés de l'eau » aiment tout particulièrement observer l'eau en mouvement. Placez-le sur votre estomac, et montrez-les lui comment des gouttes d'eau et de petites rigoles glissent sur votre corps, puis sur le sien. Il aimera aussi que des petites vagues viennent le caresser. Placez-le sur le dos, sur votre estomac et jouez au bateau avec lui. Bougez doucement d'avant en arrière, comme si vous ramiez, en chantonnant par exemple « Il était un petit navire » et en faisant de petites vagues. Leur contact sur sa peau lui plaira. Et après le moment de liberté du bain, il appréciera d'être étroitement enveloppé dans une serviette chaude et gentiment câliné !

Souvenez-vous : à cet âge, les bébés aiment observer, écouter et toucher tout ce qui bouge. Ils aiment aussi qu'on les fasse doucement bouger.

Un répit après le bond en avant

Vers l'âge de 10 semaines, une autre période de calme relatif commence. Les mères, pour la plupart, semblent laisser derrière elles les préoccupations et les inquiétudes des semaines écoulées. Elles chantent les louanges de leur bébé et à les entendre, on pourrait croire qu'il a toujours été un bébé facile et enjoué.

Les meilleurs jouets pour le monde des schémas

Voici quelques-uns des objets et des jouets que les bébés préfèrent à cet âge :

- des petits jouets suspendus au-dessus de sa tête ;
- un mobile qui bouge ou joue de la musique ;
- une boîte à musique avec des éléments mobiles ;
- des petits jouets sur un boulier qu'il peut tenter de balayer de la main ou de toucher ;
- des peluches pour qu'il bavarde et rie avec.
- **N'oubliez pas : son jouet préféré, c'est encore Maman !**

Quels changements allez-vous constater chez votre enfant à ce stade ? À cet âge, il n'a sans doute plus besoin d'autant d'attention qu'avant. Il est plus indépendant. Les gens, les animaux, les objets qui l'entourent l'intéressent. Il semble soudain comprendre et reconnaître toute une gamme de nouveaux éléments. De même, il manifeste de façon moins pressante le besoin d'être en permanence avec vous. Quand vous le prenez dans vos bras, il lui arrive de gigoter, mal à l'aise, et d'essayer de s'asseoir. Le seul moment où il paraît avoir besoin de vous, maintenant, c'est quand vous décidez de lui montrer des choses intéressantes. Il peut être devenu si enjoué, si occupé à s'amuser, que la vie est beaucoup plus facile pour vous et que vous êtes emplie d'une énergie nouvelle. Nombreuses sont les mamans qui placent régulièrement leur bébé de cet âge dans un parc, car elles l'estiment prêt à y rester.

> Brusquement, elle paraît plus « brillante. » Elle a perdu un peu de cette dépendance propre aux nouveau-nés. Et je ne suis pas la seule à le remarquer. Tout le monde lui parle normalement, maintenant. On ne lui parle plus « bébé ».
>
> La maman de Sarah, 10e semaine

Elle semble « en savoir plus ». Elle est plus amicale, plus heureuse et il lui arrive même d'éclater de rire. Dieu merci, elle a cessé de pleurer sans arrêt ! Ça nous a complètement changé la vie. On est passé de « Comment faire pour qu'elle cesse de hurler ? » au plaisir de profiter d'elle. Même son père attend avec impatience de la retrouver le soir. Avant, il rentrait en traînant les pieds, car il appréhendait ses pleurs incessants. Maintenant, il aime l'avoir auprès de lui. Il lui donne le biberon et son bain tous les soirs.

La maman d'Alexandra, 10e semaine

Il a cessé d'avoir l'air vulnérable. Je vois vraiment la différence. Il a progressé. Avant, il restait juste dans mes bras, maintenant, il a sa petite indépendance et il joue tout seul.

La maman de Victor, 10e semaine

Je crois qu'elle est vraiment en train de devenir une petite personne, avec sa vie à elle. Au début, elle ne faisait que manger et dormir. Maintenant, quand je la sors du lit, elle s'étire, exactement comme les adultes.

La maman de Nina, 10e semaine

J'ai remarqué que j'ai eu beaucoup plus d'énergie la semaine dernière et je ne sais pas si c'est lié, mais cela coïncide avec la toute nouvelle indépendance de mon petit garçon. Je dois dire que je suis ravie des progrès qu'il fait. Il a une manière fascinante de rire, de s'amuser et de jouer. Il me semble que nous communiquons mieux, maintenant. Je peux laisser aller mon imagination avec ses peluches, lui chanter des chansons, ou encore inventer différents jeux. Maintenant qu'il réagit, il est en quelque sorte comme un petit ami. C'est un âge beaucoup plus facile que quand il se bornait à manger, pleurer et dormir.

La maman de Kevin, 10e semaine

Photographie

Après le bond en avant

Âge ______________________________

Remarques ______________________________

____

____

____

____

____

____

____

chapitre 5

12 semaines : le monde des transitions douces

Vers l'âge de 11 à 12 semaines, votre bébé va encore entrer dans un nouveau monde. Pour la troisième fois, il est en effet en train de faire un grand bond en avant dans son développement. Vous vous souvenez sans doute qu'à 8 semaines, il a connu un changement physique significatif lorsqu'il s'est révélé capable de battre l'air des bras et des jambes en direction d'un objet. Ces mouvements précoces lui donnaient souvent l'air d'un petit Pinocchio. À 12 semaines, ces gestes saccadés vont se modifier. Votre adorable marionnette est prête à devenir un vrai petit garçon ou une vraie petite fille.

Bien sûr, la transformation ne va pas s'effectuer du jour au lendemain. Et quand elle se produira, elle ne portera pas uniquement sur les mouvements physiques de Bébé, même si c'est ce que les parents remarquent le plus facilement. Ce qui évolue aussi, c'est sa capacité à percevoir avec ses autres sens la manière dont tout change autour de lui – une voix qui passe d'un registre à l'autre, le chat qui traverse sans bruit la pièce, la luminosité qui varie dans la chambre quand un nuage cache momentanément le soleil. Au fur et à mesure qu'il découvre ces changements incessants, son monde devient somme toute un lieu plus organisé.

En prenant conscience de ces subtilités, il va profiter de la vie d'une autre façon. Mais il n'est pas facile d'entrer dans un monde qui se dérobe sous vos pieds et change d'un jour à l'autre, où rien ne semble être stable désormais.

Dans ce monde en perpétuelle mutation, le seul élément stable, c'est sa maman. Elle est son havre de sécurité, la barque qui tient bon sur une mer déchaînée. Comment s'étonner qu'il s'accroche à elle comme un naufragé, alors qu'il entame ce nouveau grand bond en avant ? Heureusement, cette période crampon ne va pas durer aussi longtemps que la première. Certains bébés se comporteront de nouveau normalement au bout d'un jour seulement. D'autres, en revanche, auront besoin d'une bonne semaine avant de se sentir de nouveau à l'aise.

Souvenez-vous

Si votre bébé se cramponne à vous, observez-le de près, pour voir s'il est en train d'essayer d'acquérir de nouvelles compétences.

Les nuages d'orage s'amoncellent : les signes annonciateurs d'un grand changement

Lorsqu'un changement se produit, tous les bébés pleurent plus longtemps, plus souvent – certains plus que d'autres. Les uns sont inconsolables, les autres agités, nerveux, d'humeur maussade ou apathiques. Certains se montrent particulièrement difficiles la nuit, d'autres ont tendance à être perturbés dans la journée. Tous vont pleurer un peu moins si on les promène dans les bras, si on les berce en marchant dans la pièce, ou, simplement, si on leur accorde un peu plus d'attention ou de câlins. Mais même dans ce cas, l'entourage du bébé pourra constater qu'il recommence à pleurer ou à s'agiter à la moindre occasion.

Les signes indiquant que votre bébé grandit à nouveau

Entre 11 et 12 semaines, vous remarquerez peut-être chez votre bébé l'un ou l'autre des comportements ci-dessous. C'est probablement le signe qu'il est prêt à faire le prochain bond dans le monde des transitions douces :

- ❑ il pleure plus souvent ;
- ❑ il veut que vous le teniez occupé ;
- ❑ il perd l'appétit ;
- ❑ il est visiblement plus timide avec les étrangers ;
- ❑ il s'accroche plus à vous ;
- ❑ il recherche un contact physique plus étroit pendant que vous lui donnez le sein/le biberon ;
- ❑ il dort mal ;
- ❑ il suce son pouce (plus souvent) ;
- ❑ il est moins éveillé ;
- ❑ il est plus calme, il vocalise moins ;
- ❑ autres changements que vous avez remarqués : __________

____

____

____

____

Comment savoir que le moment de grandir est venu ?

Réclame-t-il plus d'attention ?

Juste au moment où vous pensiez qu'il avait appris à s'amuser tout seul, voilà qu'il a l'air de ne plus se débrouiller aussi bien. Il demande que vous jouiez plus avec lui, que vous l'occupiez en permanence. Si vous restez auprès de lui, cela ne suffit plus. Il veut que vous le regardiez et que vous lui parliez sans cesse. S'il a déjà montré qu'il pouvait faire preuve d'indépendance après le dernier grand bond en avant, ce changement de comportement va être d'autant plus visible. Il y a de fortes chances pour que vous le considériez comme un recul dans son évolution – trois pas en avant, deux pas en arrière.

Il est terriblement dépendant de moi. Il n'est content que si je le tiens bien serré contre ma poitrine. Si en plus je pouvais passer mon temps à valser dans la pièce avec lui, il serait ravi.

La maman de Kevin, 12e semaine

Est-il devenu timide avec les étrangers ?

Certains bébés vont se montrer timides avec tout le monde, excepté leur maman. Si c'est le cas du vôtre, il se cramponne à vous à chaque fois que vous avez de la compagnie. Il peut se mettre à pleurer dès qu'une « personne étrangère » lui parle, ou même le regarde. Parfois, il refusera purement et simplement d'être pris dans les bras de qui que ce soit en dehors de vous. S'il se sent bien en sécurité contre vous, il consentira de temps à autre à un petit sourire contraint, mais s'il est particulièrement timide, il se hâtera plutôt d'enfouir son visage dans votre épaule.

Se cramponne-t-il plus fort a vous ?

Parfois, votre bébé se cramponne si fort à vous qu'il semble avoir peur que vous le lâchiez. Certains vont jusqu'à pincer leur mère !

A-t-il perdu l'appétit ?

Dans ce cas, chaque tétée traîne en longueur. Les bébés nourris au sein qui peuvent choisir le moment où ils veulent téter se comportent comme s'ils voulaient le faire toute la journée. Ceux qui sont nourris au biberon mettent plus longtemps à le terminer, quand ils le terminent. Les uns et les autres passent leur temps à mâchonner le mamelon ou la tétine sans pour autant avaler une goutte de lait. C'est en fait pour eux une forme de consolation et ils s'y accrochent comme à une bouée de sauvetage. Généralement, ils s'endorment avec le mamelon ou la tétine encore dans la bouche.

Au cours de la tétée, votre bébé va peut-être essayer de s'agripper à vous ou à votre sein, même s'il prend le biberon, comme s'il ne voulait pas lâcher sa seule source de réconfort.

> Quand je lui donne le biberon, elle glisse sa petite main dans mon corsage. On a baptisé ça « niche-nichon. »
>
> La maman de Sarah, 12e semaine

Dort-il mal ?

Il dort sans doute moins bien maintenant. Beaucoup de bébés s'éveillent plusieurs fois dans la nuit en réclamant la tétée, ou bien ils se réveillent très tôt le matin. Certains refusent de faire de petites siestes dans la journée. Pour ces bébés, la routine quotidienne est complètement chamboulée, dans la mesure où leurs habitudes de nourriture et de sommeil se sont modifiées de manière radicale.

Suce-t-il plus souvent son pouce ?

Peut-être votre tout-petit suce-t-il son pouce plus longtemps et plus régulièrement qu'avant. À moins qu'il ne le découvre pour la première fois. Comme le sein ou le biberon, c'est en effet une source de réconfort pour lui, susceptible d'éviter de nouveaux pleurs. Certaines mères commencent maintenant à utiliser une sucette pour apaiser leur bébé.

Est-il apathique ?

Peut-être est-il plus calme ou semble-t-il moins vif qu'à l'ordinaire. Peut-être aussi reste-t-il tranquille un certain temps, en se bornant à regarder autour de lui ou devant lui. Cela ne va pas durer. Les sons qu'il produisait auparavant, les gestes qu'il faisait, vont bientôt être remplacés par d'autres.

> Toute la journée, elle se contente de rester blottie contre moi dans le kangourou. Elle est parfaitement calme, sans problème, mais enfin ça ne lui donne pas l'occasion de faire grand chose d'autre que dormir. Pour être franche, j'aimerais mieux qu'elle soit pleine de vie.
>
> La maman de Nina, 12e semaine

Soucis et tracas

Maman est inquiète

Il est normal que vous vous fassiez du souci lorsque vous vous apercevez que votre bébé, après avoir été si vif, si éveillé, est devenu plus crampon, pleure plus souvent, dort mal ou tète moins bien. Vous vous inquiétez parce que vous avez l'impression qu'il revient en arrière sur le plan vocal et moteur, ou qu'il a perdu l'indépendance qu'il venait tout juste d'acquérir. En règle générale, les mères s'attendent à ce que les progrès de leur bébé soient visibles, et si tel n'est apparemment pas le cas, même sur une courte période, elles se font du souci. Elles perdent leur assurance, se demandent ce qui se passe. Est-ce que quelque chose n'irait pas chez leur enfant ? Serait-il malade ? Et si, en fin de compte, il n'était pas normal ? Ce sont là les interrogations les plus fréquentes. La plupart du temps, il ne s'agit pas de cela[1]. Bien au contraire, Bébé montre qu'il est en train de progresser. Tout un monde s'ouvre à lui, mais, en même temps, il va devoir affronter les bouleversements qu'il suscite avant de le découvrir. Ce n'est pas facile pour lui et il va avoir besoin de votre soutien. Montrez-lui que vous comprenez qu'il traverse une période difficile.

1 Dans le doute, consultez toujours le médecin.

Quand elle pleure sans arrêt, qu'elle veut tout le temps que je la porte, je suis sous pression. Je n'arrive à rien faire. Je perds toute assurance, toute énergie.

La maman de Juliette, 12e semaine

J'essaye de découvrir pourquoi elle pleure autant. J'aimerais savoir ce qui ne va pas chez elle, pour retrouver un peu de tranquillité d'esprit.

La maman de Laura, 12e semaine

Je me rends compte que je n'ai aucun moyen de l'empêcher de pleurer. Je n'en peux plus. Je crois que j'aimerais mieux me lever quatre fois par nuit pour m'occuper d'un bébé qui ne pleure pas, que deux fois pour m'occuper d'un bébé qui hurle comme ça.

La maman de Paul, 12e semaine

Maman est irritée

Au cours de cette période, les mamans sont de plus en plus gênées par l'irrégularité des heures de repas et de sommeil de leur bébé. Elles ne peuvent rien prévoir et leur emploi du temps est complètement bouleversé. Souvent, elles subissent aussi des pressions de la part de leur entourage familial ou amical. Leur instinct leur dicte de se consacrer entièrement à ce bébé si malheureux, mais les autres leur reprochent souvent de le couver. Elles se sentent prises entre deux feux.

Chaque fois qu'il commence à s'agiter, je m'irrite, parce qu'il semble incapable de s'amuser même pour un court moment. Il veut que je le tienne occupé toute la journée. Et bien sûr, chacun a sa petite idée sur la question et ne se prive pas de me donner des conseils.

La maman de Louis, 12e semaine

J'ai l'impression que je m'accommode mieux de son comportement imprévisible, ces temps-ci, si je ne prévois rien à l'avance. Avant, quand mes projets tombaient à l'eau, ça me mettait sur les nerfs. J'ai donc adopté une attitude différente. Et croyez-le si vous le voulez, j'arrive même à avoir quelques moments à moi !

La maman de Laura, 12e semaine

Maman en a assez

Parfois, les mères ne veulent pas, ou ne peuvent pas réfréner plus longtemps leur colère et elles font savoir à leur bébé que les choses ont assez duré.

Il était très agité. J'ai passé mon temps à me demander ce qu'allaient dire les voisins à cause du bruit. Et dimanche après-midi, ça a été la goutte d'eau qui fait déborder le vase. J'avais tout essayé pour le calmer, mais rien à faire. Au début, je me suis sentie impuissante et puis, j'ai été prise de colère, justement parce que j'étais incapable de régler le problème. Du coup, je l'ai laissé dans sa chambre. J'ai eu une bonne crise de larmes de mon côté et ça m'a fait du bien.

La maman de Kevin, 12e semaine

Nous avions du monde et, comme il était particulièrement pénible, chacun y a mis son grain de sel, ce qui me met toujours les nerfs en pelote. Quand je suis montée le mettre au lit, j'ai perdu mon sang-froid, je l'ai empoigné et je l'ai secoué un bon coup.

La maman de Matthieu, 11e semaine

Maman est sous pression, elle aussi

Visiblement, Bébé n'est pas le seul à être affecté par les changements qu'il subit. C'est aussi le cas de toute sa famille et de sa mère en particulier.

Chaque fois qu'elle cessait de pleurer, j'avais l'impression qu'on m'ôtait un poids des épaules. Jusque-là, je ne m'étais pas rendu compte à quel point j'étais stressée.

La maman de Sarah, 11e semaine

Soins bébé

Le secouer peut lui faire du mal

Souvenez-vous : s'il est normal de vous sentir parfois frustrée et furieuse vis-à-vis de votre bébé, **ne le secouez jamais.** En secouant un jeune enfant, on risque facilement de provoquer un écoulement de sang à l'intérieur de la colonne vertébrale juste en dessous du crâne, qui risque d'entraîner des lésions au cerveau, ou même la mort.

Si la mère se fait trop de souci pour son bruyant petit bébé et si elle n'est pas suffisamment épaulée par sa famille et ses amis, elle risque de se retrouver épuisée. Si, de plus, elle souffre du manque de sommeil, elle peut fort bien perdre le contrôle de la situation, sur le plan tant mental que physique.

Des conseils malvenus, venant s'ajouter à la panique et à l'épuisement, ne feront que la rendre encore plus irritable et hargneuse – la plupart du temps au détriment de son compagnon. Il arrive néanmoins que le bébé en détresse fasse les frais de cette frustration accumulée et que, dans ces circonstances, elle se montre avec lui un peu trop rude. Quand on interroge les mamans qui admettent avoir donné une tape à leur bébé, on s'aperçoit que cela s'est presque toujours passé lors d'une de ces périodes crampons. Bien évidemment, il ne faut pas voir dans cette attitude un geste de haine à l'égard du pauvre petit. Simplement, elles ont hâte de le voir heureux ; elles ressentent les critiques des autres comme une menace. Elles ont l'impression qu'elles ne peuvent se tourner vers personne et qu'elles restent avec leur problème. Elles se sentent très seules.

Depuis que des collègues de mon mari lui ont dit que son fils et lui se ressemblaient comme deux gouttes d'eau, il a cessé de me critiquer parce que je me consacrais trop à ce petit grognon. Avant, il trouvait que j'en faisais trop, que je gâtais trop le bébé. Maintenant, il trouve ça normal.

Tout va beaucoup mieux. Je ne suis plus aussi nerveuse quand le bébé est perturbé et lui-même semble en être conscient. Je me sens beaucoup plus à l'aise aujourd'hui.

La maman de Matthieu, 12e semaine

Quand tout va mal, souvenez-vous que les choses ne peuvent que s'améliorer. À ce stade, nombreuses sont les mères qui croient que ces épouvantables accès de pleurs n'auront jamais de fin. C'est en fait assez logique. Jusque-là, les périodes crampons se sont succédé rapidement, avec juste un intervalle de deux à trois semaines entre. Ce qui n'a guère été suffisant pour leur permettre de reprendre haleine. Ne désespérez pas : les intervalles entre les périodes crampons seront désormais plus longs.

Les nouvelles compétences de Bébé commencent à se dessiner

Quand votre bébé est perturbé, vous le surveillez en général encore plus étroitement, parce que vous voulez savoir ce qui ne va pas. Vous allez donc peut-être vous apercevoir qu'il a acquis de nouvelles compétences ou qu'il essaye de les maîtriser. En fait, il est en train d'accomplir son prochain grand bond – dans le monde des transitions douces.

À l'âge de 12 semaines environ, il va être capable de percevoir les nombreuses façons subtiles dont les choses changent autour de lui, non pas abruptement, mais doucement, progressivement. Il sera prêt à faire lui-même l'expérience de ces transitions douces.

Ce monde nouveau est riche en occasions de découvertes. Votre bébé va faire ses choix en fonction de sa personnalité et selon ce qu'il est prêt à tenter, tant mentalement que physiquement. Comme d'habitude, vous devrez faire attention à ne pas le pousser. Contentez-vous de l'aider à accomplir ce qu'il est prêt à faire. Il dépendra tout de même beaucoup de vous. Il aura besoin que vous lui montriez certaines choses, que vous lui mettiez ses jouets à portée de main et de regard, et que vous répondiez à ses tentatives de communication, de plus en plus nombreuses.

Le grand changement : le monde des transitions douces

Au fur et à mesure qu'il pénètre le monde des transitions douces, votre bébé devient capable de reconnaître les changements continuels qui se produisent dans le domaine de la vue, des sons, des sensations et des odeurs. Il prend conscience des changements d'intonation dans la voix, des modifications des positions du corps. Et non seulement il enregistre ces transitions douces dans le monde extérieur, mais il est maintenant à même d'apprendre à les pratiquer. Cela lui permettra de développer plusieurs compétences importantes.

Vous remarquerez que ses mouvements se font moins heurtés, plus fluides. Ils ressemblent plus à ceux d'un adulte. Ce contrôle nouveau s'applique à l'ensemble de son corps, comme individuellement à toutes les parties qu'il peut mouvoir consciemment – ses mains, ses pieds, sa tête, ses yeux, ses cordes vocales, même. Quand il tend la main vers un jouet, le mouvement est moins brusque qu'auparavant. Lorsqu'il plie les genoux pour s'asseoir ou essaie de se maintenir debout avec votre aide, il y a quelque chose de plus délibéré, de plus mûr dans la façon dont il accomplit cet exercice.

Il remue également la tête de manière moins saccadée et peut moduler la rapidité de ces mouvements. Il est capable de suivre des yeux quelque chose qui bouge et d'observer ce qui se passe dans la pièce comme le ferait un enfant plus âgé. Il fait beaucoup mieux le point avec ses yeux. Il fixe son regard sur ce qu'il voit et sa vision est maintenant presque aussi bonne que celle d'un adulte.

À la naissance, votre bébé possédait un réflexe qui lui faisait tourner son regard en direction de tous les sons nouveaux et qui a disparu entre cinq et huit semaines plus tard. Maintenant, il peut faire la même chose, mais consciemment et sa réaction sera plus rapide. Il est capable de suivre des yeux quelqu'un ou quelque chose d'un geste contrôlé et parfaitement coordonné. Il peut même commencer à le faire sans pour autant tourner la tête. Il arrive à suivre du regard les personnes qui s'avancent vers lui ou reculent, ou les objets que l'on approche ou éloigne de lui. En réalité, il pourra parcourir toute la pièce du regard. Sans doute, pour la première fois, votre bébé va-t-il vous donner l'impression de faire vraiment partie de la famille, dans la mesure où il remarque les allées et venues de chacun.

À cela viennent s'ajouter de nouvelles possibilités dans le domaine vocal, car il commence à reconnaître les changements de volume et de tonalité des sons et il expérimente en poussant des cris et en gazouillant. L'amélioration de sa coordination l'aide même à avaler plus doucement.

Des développements considérables sont intervenus dans le corps et l'esprit de votre bébé, mais il n'en reste pas moins incapable de faire face à une succession rapide de changements. Ne vous attendez pas à ce qu'il suive un objet qui se déplace de haut en bas et de droite à gauche, ou qui change rapidement de direction. Et quand il remue sa main, vous constaterez qu'il fait une pause avant de changer de direction, un peu comme un minuscule chef d'orchestre jouant de sa baguette.

Les changements du cerveau

Vers l'âge de 10 à 11 semaines, la circonférence de la tête des bébés s'accroît de manière spectaculaire.

Les choix de votre bébé : une clef de sa personnalité

En observant de près votre bébé, vous pourrez découvrir ce qui l'intéresse. Tout en cochant ce qu'il est capable d'accomplir dans ce monde, vous allez prendre conscience qu'il est une petite personne qui ne ressemble à aucune autre.

Certains bébés sont très conscients du monde qui les entoure, et ils préfèrent regarder, écouter, expérimenter des sensations, plutôt que d'être actifs physiquement. La plupart du temps, les professionnels de la santé, comme la famille et les amis, déterminent à quel stade de développement se trouve un bébé d'après des points de repère physiques, comme le fait de saisir les objets,

(Suite à la page 108)

Comment votre bébé explore-t-il le nouveau monde des transitions douces ?

Ce nouveau monde des transitions douces s'ouvre à lui pour la première fois lorsqu'il a 12 semaines. *Ce* qu'il va choisir de faire et *quand* il va commencer à le faire dépend entièrement de ses préférences et des opportunités qu'il aura. Certains bébés ont tendance à exercer leur tout nouveau contrôle corporel, d'autres se contentent au début de regarder attentivement ce qui se passe autour d'eux. Vous verrez se développer les préférences du vôtre en l'observant. Ne perdez pas de vue qu'il peut très bien n'acquérir un certain nombre de ces compétences que beaucoup plus tard.

CONTRÔLE DE SON CORPS :

- ❑ il a à peine besoin qu'on l'aide à tenir sa tête ;
- ❑ il tourne sans heurt la tête de côté quand il entend ou voit quelque chose ;
- ❑ il suit doucement des yeux un objet qui bouge ;
- ❑ il est de manière générale plus vif, plus énergique ;
- ❑ il soulève gentiment les fesses quand on change sa couche ;
- ❑ il passe tout seul du dos sur le ventre, et vice versa, en étant accroché à vos doigts ;
- ❑ il porte ses orteils à sa bouche et se tortille ;
- ❑ il se tient assis droit quand il est appuyé contre vous ;
- ❑ il se hisse en position assise en étant accroché à vos doigts ;
- ❑ il est capable de se mettre debout quand il est assis sur vos genoux en s'accrochant à deux de vos doigts ;
- ❑ il « pousse » avec ses deux pieds quand il est assis dans un trotteur ou allongé dans son parc ;
- ❑ autres changements que vous avez remarqués : __________

____

____

____

(suite)

Comment votre bébé explore-t-il le nouveau monde des transitions douces ? (suite)

CONTRÔLE DE SES MAINS :

- ❑ il attrape les objets et les tient à deux mains ;
- ❑ il secoue son hochet une ou deux fois ;
- ❑ il étudie vos mains et joue avec ;
- ❑ il étudie et touche votre visage, vos yeux, votre bouche et vos cheveux ;
- ❑ il étudie vos vêtements et joue avec ;
- ❑ il porte tout à sa bouche ;
- ❑ il se caresse la tête, du cou aux yeux ;
- ❑ il frotte un jouet contre sa tête ou sa joue ;
- ❑ autres changements que vous avez remarqués : ________

____

____

____

____

ÉCOUTER ET PARLER :

- ❑ il découvre qu'il peut crier et gazouiller ; il passe facilement du grave à l'aigu, baisse et hausse le ton ;
- ❑ il produit de nouveaux sons qui ressemblent aux voyelles du langage courant : *ee, ooh, ehh, oh, aah, eyé ;*
- ❑ il utilise ces sons pour « bavarder » ;
- ❑ il est capable de faire des bulles avec sa salive et d'en rire s'il trouve cela très amusant ;
- ❑ autres changements que vous avez remarqués : ________

____

____

____

____

VOIR ET REGARDER :

- ❑ il retourne ses mains pour les étudier dessus-dessous ;
- ❑ il étudie ses pieds en les remuant ;
- ❑ il étudie les visages, les yeux, la bouche et les cheveux ;
- ❑ il étudie les vêtements ;
- ❑ autres changements que vous avez remarqués : __________

____

____

____

____

AUTRES COMPÉTENCES :

- ❑ il exprime clairement son plaisir en écoutant, en observant, en regardant, en attrapant quelque chose ou en « parlant », puis en attendant votre réaction ;
- ❑ il adopte manifestement un comportement différent avec des personnes différentes ;
- ❑ il exprime manifestement son ennui s'il voit, palpe, goûte ou accomplit trop souvent les mêmes choses ; soudain, la notion de variété entre en ligne de compte ;
- ❑ autres changements que vous avez remarqués : __________

____

____

____

de se retourner sur le ventre ou sur le dos, de ramper, de s'asseoir, de se tenir debout, de marcher. Ce genre d'étalonnage risque de donner une fausse idée des progrès de l'enfant, dans la mesure où il fait paraître moins avancé le bébé qui « observe-écoute-palpe ». Ces bébés-là commencent généralement plus tard à saisir des objets, mais ils vont alors les examiner avec une attention extrême. Dès qu'on leur présente quelque chose de nouveau, ils le tournent de tous côtés, l'observent, écoutent le bruit qu'il fait, le frottent contre leur joue, le reniflent même. En fait, ils se livrent à une activité très compliquée, qui va assurer solidement les bases de leurs compétences futures.

À l'opposé, ceux qui se montrent plus actifs, physiquement, s'investissent souvent plus dans le geste même de saisir l'objet. Une fois qu'ils y sont parvenus, ils perdent rapidement tout intérêt à son égard et le lâchent pour passer à autre chose.

Les bébés sont comme ça

Les bébés aiment tout ce qui est nouveau. Il est important que vous réagissiez positivement lorsque vous remarquez chez le vôtre de nouvelles compétences ou sources d'intérêt. Il appréciera que vous partagiez ces nouvelles découvertes et ses progrès n'en seront que plus rapides.

Comment aider votre bébé à acquérir de nouvelles compétences

Plus il joue, plus il expérimente une nouvelle compétence et plus il devient habile. C'est par la pratique qu'il va se perfectionner. Il va peut-être vouloir recommencer encore et encore, et même s'il veut le faire tout seul, votre participation et vos encouragements sont essentiels. Il est bon, évidemment, de l'encourager quand il s'y prend bien, mais il est aussi très utile d'intervenir quand les choses deviennent difficiles pour lui et qu'il semble sur le point d'abandonner. Dans ce cas, vous pouvez lui rendre la tâche plus aisée. Il suffit généralement de réagencer le monde en sa faveur, c'est-à-dire, par exemple, de retourner un jouet pour qu'il puisse s'en saisir plus aisément, de le mettre debout afin qu'il aperçoive le chat par la fenêtre, d'imiter les sons qu'il tente de produire.

Vous pouvez aussi rendre une activité plus complexe ou plus variée, de façon à ce qu'il ait envie de s'y livrer un peu plus longtemps. Mais surtout, soyez attentive aux signes de lassitude. Souvenez-vous qu'il doit avancer à son rythme.

Aucun bébé ne ressemble à aucun autre. Sa maman non plus ne ressemble pas à sa voisine. Certaines mères ont plus d'imagination que d'autres dans certains domaines. Il est évident que si votre bébé est très physique et que vous préférez parler, chanter, raconter des histoires, vous allez être mise à l'épreuve. Cherchez de nouvelles idées dans les livres. Demandez à vos amis, à votre famille. Le père, les aînés peuvent aider – la plupart des enfants pourront vous relayer et continuer bien après que le bébé vous aura épuisée avec son envie de recommencer encore et encore. Mais quelle que soit la personnalité de votre bébé, quelle que soit la vôtre, une chose est certaine : il tirera toujours profit d'un peu de soutien de votre part.

Le saviez-vous ?

- Au cours des premiers mois, il semble que les petits garçons prennent plus de temps à leur mère que les petites filles. C'est sans doute parce qu'ils pleurent plus et dorment moins bien qu'elles.
- Les mamans d'un bébé fille réagissent plus rapidement aux sons produits par leur enfant que les mamans d'un bébé garçon. De même les mamans ont-elles tendance à « bavarder » plus avec leur bébé quand celui-ci est une fille.

Encouragez-le à se servir de sa voix

Si votre bébé est tout particulièrement attiré par les sons, il commence sans doute à pousser des cris, à gazouiller, à émettre des sons semblables à des voyelles. Ces sons peuvent aller du grave à l'aigu et varier d'intensité. S'il se met également à faire des bulles de salive, ne le découragez pas. En agissant ainsi, il exerce les muscles de ses cordes vocales, de ses lèvres, de sa langue et de son palais. Souvent, il s'exerce quand il est seul. On dirait qu'il jase pour le plaisir. En fait, ces gammes de notes aux sonorités de voyelles, qui passent du grave à l'aigu et sont entrecoupées de petits cris, évoquent beaucoup une conversation. Il arrive même qu'un bébé s'amuse de ses propres sons.

Ayez une « conversation » avec lui

Tous les bébés aiment bavarder gentiment avec leur maman, à condition qu'ils soient bien disposés. Le meilleur moment, c'est lorsqu'ils attirent son attention en émettant des sons. Vous allez probablement parler avec une voix un peu plus haut perchée que d'ordinaire. C'est juste ce dont son oreille a besoin. Il est très important que vous respectiez les règles habituelles de la conversation ; il vous parle, vous parlez à votre tour. Veillez à ce qu'il termine, sinon, si vous ne lui laissez pas le temps de « répondre », il n'aura pas l'impression que vous l'écoutez et il n'apprendra pas ce qu'est le rythme d'une conversation. Il risque de sourire et de parler dans le vide et d'être déconcerté. Les sujets de conversation n'ont pas beaucoup d'importance à cet âge, mais mieux vaut sans doute rester sur le terrain de la famille et de l'expérience partagée avec le tout-petit. De temps en temps, essayez d'imiter les sons qu'il produit. Certains bébés trouvent cela si drôle qu'ils éclatent de rire. Dans son ensemble, cette activité constitue une base importante pour les compétences futures du bébé en matière de langage.

> À chaque fois qu'il émet un son, je lui réponds en parlant. Il attend un peu, puis il se rend compte que c'est son tour. Alors il réagit par un sourire, ou en gigotant. S'il est d'humeur à ça, il répond en gazouillant. Si je lui réponds à nouveau, cela l'excite tellement qu'il agite les bras et les jambes comme un petit fou. Parfois même, il hurle de rire. Quand il en a assez, il se détourne et s'intéresse à autre chose.
>
> La maman de David, 13e semaine

Il est très important de parler fréquemment à votre bébé. Les voix de la radio ou de la télévision, les personnes qui bavardent dans la pièce ne peuvent se substituer à une conversation en tête-à-tête. Ce qui l'incite à parler, c'est que quelqu'un l'écoute et lui répond. Votre enthousiasme joue ici un rôle capital.

Répondez quand il vous « raconte » comment il se sent

Pour vous signifier qu'il veut quelque chose, il se peut que votre bébé se serve d'un de ses tout derniers sons. C'est souvent un cri particulier, destiné à attirer l'attention. Dans ce cas, il faut toujours lui répondre. C'est très important, dans la mesure où il va sentir que vous comprenez ses efforts pour communiquer, même si vous n'avez le temps de vous mettre à jouer avec lui à ce moment-là. Il va commencer à se servir de sa voix pour attirer votre attention, ce qui est un pas significatif vers le langage. Qu'il fasse ce pas de manière précoce ou tardive n'a aucune importance.

Pour manifester son contentement, il va souvent émettre un « cri de joie ». Il se sert de ce cri spécial quand quelque chose l'amuse. Il est naturel de réagir à ces « cris de joie » par un baiser ou un câlin, ou par quelques mots d'encouragement. Vous ne le ferez jamais trop souvent. En vous manifestant ainsi, vous montrez à votre bébé que vous partagez son plaisir, et aussi que vous le comprenez.

Quand il a vu que j'allais lui donner le sein, il a poussé des cris d'exoitation. Il n'a même pas attendu que j'aie déboutonné complètement mon chemisier pour m'attraper le sein.

La maman de Matthieu, 13e semaine

Quand votre bébé rit, il est aux anges

Si vous faites rire votre bébé, c'est que vous avez touché juste. Vous l'avez stimulé exactement comme il le faut. Il ne faut pas trop en faire, car vous risquez de l'intimider, mais si vos tentatives manquent d'enthousiasme, il risque de s'ennuyer.

Apprenez à votre bébé à attraper les objets

Tenez un jouet à sa portée et voyez s'il est capable de tendre la main dans sa direction. Il faut que l'objet soit exactement en face de lui. N'oubliez pas qu'à cet âge, il est capable de contrôler un mouvement du bras dans une seule direction à la fois. Maintenant, observez-le bien. S'il est juste en train de commencer à maîtriser cette compétence, il va sans doute réagir comme Paul :

Il commence vraiment à essayer d'attraper des objets ! Il a tenté de saisir à deux mains un jouet suspendu devant lui. Il a tendu sa main droite d'un côté du jouet et sa main gauche de l'autre. Et quand il a eu les deux mains bien en face du jouet, il les a réunies. Manqué ! Le pauvre, il a vraiment essayé... Ce n'est pas étonnant qu'il se soit fâché quand il s'est retrouvé les mains vides.

La maman de Paul, 12e semaine

Si cela se produit, encouragez votre bébé à essayer de nouveau ou rendez le jeu un peu plus facile pour lui, pour qu'il ait un avant-goût du succès. À cet âge, il n'est toujours pas capable d'estimer correctement la distance qui sépare ses mains de l'objet qu'il essaye d'attraper. Il ne parviendra à le faire correctement que lorsqu'il aura entre 23 et 26 semaines.

Au fur et à mesure qu'il deviendra plus habile à attraper des objets, il voudra plus souvent « jouer à attraper ». Comme il peut maintenant tourner la tête en douceur et regarder autour de lui, il choisit plus facilement ce qu'il veut dans cet univers d'objets qui attendent qu'il les attrape, les palpe et les touche… À la suite du dernier grand bond dans leur développement, la plupart des bébés passaient environ un tiers de leur temps d'éveil à jouer et à expérimenter avec leurs mains. Brusquement, vers l'âge de 12 semaines, ce sont les deux tiers de leur temps qu'ils vont y consacrer – deux fois plus.

Encouragez-le à palper, à caresser

Si vous avez remarqué qu'il aime caresser les objets avec ses mains, stimulez-le au maximum dans cette activité. Promenez-le dans vos bras dans la maison et dans le jardin en lui faisant toucher toutes sortes d'objets. Il va faire l'expérience de leur texture : dure, molle, rugueuse, douce, collante, ferme, souple, pelucheuse, froide, mouillée, chaude. Dites-lui à chaque fois ce dont il s'agit, et nommez les sensations qu'il éprouve. Pour lui faire partager l'impression que suscitent un objet ou une surface, servez-vous de vos intonations. Votre bébé comprend vraiment beaucoup plus qu'il ne peut vous le faire savoir.

> Je lui ai lavé les mains sous le robinet et cela l'a fait rire aux éclats. Elle ne voulait pas que j'arrête.
>
> La maman d'Alexandra, 15e semaine

Laissez-le explorer sa maman

Beaucoup de bébés aiment examiner le visage de leur mère. Ils passent les mains dessus, en s'attardant sur les yeux, le nez, la bouche. Certains tirent un peu les cheveux ou tirent sur le nez, tout simplement parce que c'est facile à attraper. Les vêtements, eux aussi, les intéressent beaucoup. Les bébés aiment à caresser et à palper les tissus. Attention également aux boucles d'oreilles !

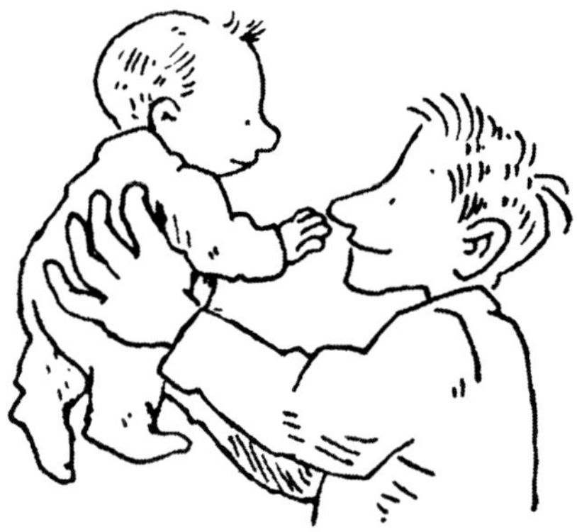

De même, certains s'intéressent beaucoup aux mains de leur mère, qu'ils étudient, touchent et caressent. Si c'est le cas du vôtre, aidez-le dans cette activité. Retournez lentement votre main. Montrez-lui la paume, puis le dos. Faites-la bouger sous ses yeux, laissez-le la suivre du regard pendant que vous ramassez un jouet. Faites en sorte que le mouvement soit lent et ne changez pas trop rapidement de direction, sinon il va cesser de s'y intéresser. Dans cet univers, il ne peut suivre que des mouvements simples. Il faudra qu'un grand changement intervienne dans son système nerveux et précipite le prochain bond en avant dans son développement pour qu'il puisse suivre des mouvements plus complexes.

Laissez-le gigoter tout nu

À cet âge, les bébés commencent à devenir très vivants. Certains se contentent de regarder et d'écouter un maximum de choses, d'autres veulent attraper et toucher tout ce qu'ils voient. Ils agitent les jambes et les bras dans leur effort pour s'approcher de l'objet de leur convoitise. Quelques-uns se livrent à des acrobaties, comme de mettre les orteils dans leur bouche, et font quasiment la culbute en arrière dans le processus. Il est évident qu'il y a des bébés plus vifs et plus forts que d'autres. Certains ne se préoccupent pas d'accomplir des exploits en gymnastique, tandis que d'autres seront frustrés si le physique n'est pas à la hauteur.

> Il gigote comme un fou, il remue tout, le tronc, les bras, les jambes, avec grognements divers à l'appui. Visiblement, il essaye de faire quelque chose, mais tout ce que je sais, c'est qu'il n'y arrive pas, parce que ça se termine toujours par une bonne séance de cris de colère.
>
> La maman de Hugo, 14e semaine

Quel que soit le tempérament de votre bébé, cela lui fera beaucoup de bien de passer un peu de temps sans ses vêtements, à une température agréable. Vous aurez sans doute remarqué qu'il est très vivant lorsque vous le changez. Il est ravi de pouvoir bouger librement, sans être gêné par sa couche et ses vêtements. Quand rien ne vient l'entraver, il est plus facile pour lui de plier ses petits membres, d'agiter les bras et les jambes et de se retourner. Il y réussit mieux, et cela lui permet d'avoir une meilleure connaissance et un contrôle plus précis de son corps.

Essaye-t-il de se retourner ?

À cet âge, certains bébés essayent de se retourner, mais presque tous ont besoin d'être un peu aidés pour y parvenir. Si le vôtre se livre à ce genre de tentative, permettez-lui de s'accrocher à un de vos doigts pendant qu'il fait son effort. Les bébés à la fois très tenaces et très forts physiquement peuvent réussir à passer du ventre sur le dos. Pour certains, ce sera l'inverse. Mais si tenace qu'il soit, aucun tout-petit ne pourra y parvenir s'il n'est pas encore arrivé au stade de développement physique adéquat. Donc, aidez et soutenez le vôtre, mais soyez également prête à l'aider à affronter sa frustration au cas où il ne réussirait pas dans son entreprise.

Aime-t-il « pousser » et « faire des tractions » ?

Beaucoup de bébés aiment « pousser » sur leurs jambes. Si c'est le cas du vôtre, il va « pousser » dans son parc, dans son trotteur, sur la table à langer (attention !) ou quand il est dans vos bras. Il va sans dire qu'il faut tenir solidement un bébé qui gigote vigoureusement. Si le vôtre peut le faire sans aide, donnez-lui suffisamment de temps et d'espace pour s'exercer. N'essayez jamais de le forcer.

Un bébé de forte constitution va également tenter de se redresser en position assise en effectuant une traction quand il est dans vos bras. S'il aime ça, vous pouvez l'aider en en faisant un jeu.

Rompre avec les vieilles habitudes est moins important maintenant

À ce stade, les parents sont généralement moins inquiets si leur bébé est moins enclin à s'amuser tout seul. Ils sont trop fiers de ses efforts et de ses succès dans des domaines très variés. Il y a quantité de découvertes à faire, quantité de nouvelles choses à apprendre et à pratiquer. Pour l'instant, c'est ce qui compte le plus.

(Suite à la page 120)

Les meilleurs jeux pour le monde des transitions douces

Voici quelques jeux et activités valables pour les bébés à ce stade de leur développement. À cet âge, votre bébé appréciera particulièrement les jeux qui vous permettront de mouvoir tout son corps. Essayez de le faire avec des mouvements lents et sans à-coups, car, n'oubliez pas, ce sont les seuls qu'il est capable de comprendre correctement. Mieux vaut jouer à plusieurs jeux à la suite plutôt que d'en faire durer un trop longtemps.

L'« avion »

Soulevez lentement en l'air votre bébé, tout en émettant un son de plus en plus fort ou passant du grave à l'aigu. Lorsque vous serez arrivé au-dessus de votre tête, il étendra automatiquement ses membres. Entamez alors la descente en imitant le bruit d'un avion. Quand il sera au niveau de votre visage, accueillez-le en enfouissant votre visage dans son cou, avec un petit bisou et un câlin. Vous découvrirez bientôt qu'il attend ce moment-là. Il ouvrira la bouche et vous rendra le bisou. Vous remarquerez également qu'il ouvre la bouche, comme s'il était dans l'attente du petit bisou, lorsqu'il a envie que vous recommenciez à jouer à l'avion.

La « glissade »

Asseyez-vous sur le sol ou sur un canapé, et inclinez le buste en arrière en le maintenant aussi rigide que possible. Placez votre bébé sur votre poitrine, le plus haut possible, et laissez-le glisser doucement jusqu'au sol, en imitant des petits bruits de glissade. Certains bébés aiment aussi jouer à ce jeu quand ils sont dans le bain avec vous et qu'ils peuvent glisser le long de votre poitrine et de votre ventre jusque dans l'eau.

(suite)

Les meilleurs jeux pour le monde des transitions douces (suite)

Le « pendule »

Placez le bébé sur vos genoux, face à vous, puis faites-le osciller gentiment de gauche à droite et de droite à gauche. En même temps, émettez des sons qui évoquent une horloge, comme un « tic-tac » rapide, d'une voix haut perchée, ou un « ding dong » lent et grave comme une cloche de cathédrale. Essayez de passer des aigus aux graves, d'une cadence rapide à une cadence lente, et en règle générale produisez les sons qui plaisent le plus à votre bébé. Veillez à le tenir solidement et vérifiez que sa tête et les muscles de sa nuque ont déjà une force suffisante pour suivre le rythme.

Le « cheval à bascule »

Placez le bébé sur vos genoux, face à vous. Montez et redescendez les jambes de façon à ce qu'il suive le mouvement sur vos cuisses comme un cavalier sur sa selle. Vous pouvez accompagner ce va-et-vient par des claquements de langue pour évoquer le pas d'un cheval. Observez bien votre bébé pour voir ce qu'il préfère. Le « cheval » peut aussi « patauger dans la boue du chemin ». Ce bruit de succion est en général très apprécié des bébés de cet âge.

Le jeu du bisou

Installez-vous en face de votre bébé et assurez-vous qu'il vous regarde. Approchez lentement votre visage de son petit ventre ou de son nez. En même temps, faites un bruit prolongé, en modulant le ton et le volume, par exemple « aaaaaah-poum » ou « chouououff » ou un son semblable aux siens. Quand vous atteindrez son ventre ou son nez, faites un petit bisou et un câlin.

Touche-tissus

Quand vous pliez votre linge, gardez votre bébé à proximité et faites-lui toucher les différentes matières – laine, coton, bouclette, nylon. Passez ses mains dessus, pour qu'il sente aussi les différentes textures. Les bébés aiment toucher les tissus avec les doigts et la bouche. Essayez une texture inhabituelle, comme une peau de chamois ou une feutrine.

L' « escalade du Mont-Blanc »

Laissez-le vous escalader pendant que vous êtes assise, légèrement penchée en arrière. N'oubliez pas, en jouant à ce jeu, de le tenir solidement.

Bondir ou rebondir sur vos genoux

Un bébé actif aime à répéter les mêmes mouvements fluides quand il est tenu sur les genoux. Laissez-le se dresser, puis s'asseoir à son rythme. Il ne se lassera pas de ce jeu debout-assis, debout-assis, répété sans fin. Il y a de fortes chances que celui-ci le fasse également rire aux éclats. Mais toujours, veillez à le tenir solidement.

Les meilleurs jouets pour le monde des transitions douces

Voici quelques-uns des jouets et activités que les bébés de cet âge préfèrent :

- les jouets suspendus du boulier qui reviennent en place quand le bébé les balaie de la main ;
- observer le battant qui bouge à l'intérieur d'une cloche ;
- un rocking chair ;
- les jouets qui couinent, sonnent ou émettent des bruits simples ;
- les hochets ;
- les poupées avec une tête réaliste.

Un répit après le bond en avant

Entre 12 et 13 semaines, le bébé connaît une nouvelle période de calme relatif. Les parents, la famille, les amis, remarquent tous qu'il est devenu une petite personne enjouée et admirent les extraordinaires progrès qu'il a faits. Vous le trouvez sans doute plus alerte, maintenant. Quand vous le promenez dans vos bras ou le tenez sur vos genoux, il se comporte effectivement comme une petite personne. Il tourne tout de suite la tête vers ce qu'il a envie de voir ou qu'il entend, il fait risette à tout le monde et répond quand on lui parle. Il change de position pour mieux voir ce qu'il veut observer et garde un oeil sur tout ce qui se passe autour de lui. Il est vif, actif. Vous êtes sans doute frappée par le fait que les autres membres de la famille s'intéressent maintenant beaucoup plus à lui en tant qu'individu. Il a pris sa place au sein de la cellule familiale. Désormais, il en fait partie.

Elle s'intéresse à beaucoup de choses, maintenant, c'est évident. Elle parle ou crie en direction de différents objets et pour peu qu'on l'observe de plus près, on se dit : « Mon Dieu, tu peux déjà faire ça ? » ou bien « Tu as remarqué tout ça, ma chérie ? Que tu es intelligente ! »

La maman d'Alexandra, 13e semaine

Elle en sait beaucoup plus, sans aucun doute. Elle dévore tout des yeux, maintenant. Elle réagit à tout et tourne aussitôt sa petite tête dans la direction qui l'intéresse. D'un seul coup, elle a pris sa place dans la famille.

La maman d'Anaïs, 14e semaine

C'est formidable de la regarder s'amuser autant, de la voir bavarder affectueusement, avec ses jouets ou avec des gens.

La maman de Juliette, 14e semaine

Maintenant, nous avons beaucoup plus de contacts avec elle dans la mesure où elle réagit à tout. Une fois que nous avons joué à un jeu, elle et moi, je peux dire si elle a envie que je recommence. Et puis, aussi, elle « répond » beaucoup plus.

La maman d'Audrey, 13e semaine

C'était un bébé calme et facile, sans problème. Maintenant, c'est devenu une vraie petite pipelette. Elle rit, elle gazouille beaucoup plus souvent. Chaque fois que je la sors du lit, je suis ravie. J'ai hâte de voir ce qu'elle va faire ensuite.

La maman d'Éva, 14e semaine

Il est devenu beaucoup plus intéressant à observer, car il a fait des progrès visibles. Il réagit immédiatement par un sourire ou un gazouillis. De même, il tourne la tête dans la bonne direction. J'adore lui faire un gros câlin, parce que c'est un amour de bébé.

La maman de Hugo, 14e semaine

Photographie

Après le bond en avant

Âge ____________________

Remarques ____________________

chapitre 6

19 semaines : le monde des événements

Nous, les adultes, nous tenons pour acquis le fait d'avoir conscience que notre existence, telle que nous la vivons, se compose d'événements. Lorsque nous voyons quelqu'un lâcher une balle de caoutchouc, nous savons par avance qu'elle va rebondir – plusieurs fois, vraisemblablement. Si quelqu'un saute en l'air, nous savons qu'il ne peut que retomber. Nous reconnaissons les premiers gestes du golfeur et ceux du joueur de tennis et nous pouvons prédire ce qui va suivre. Mais pour notre bébé, tout est nouveau et rien n'est prévisible.

Après le dernier bond en avant, votre bébé était capable de percevoir les transitions douces en matière de sons, de mouvements, de lumière et de texture. Mais il fallait que toutes ces transitions soient simples. Dès qu'elles devenaient plus complexes, il ne parvenait plus à les suivre.

À 19 semaines environ (ou entre 18 et 20 semaines), sa capacité de compréhension du monde environnant connaît un important développement et se rapproche un tout petit peu de la vôtre. Il va commencer à faire l'expérience des « événements ». Le terme « événement », tel que nous l'entendons ici, a un sens bien précis. Il ne désigne pas du tout « une grande occasion », mais une séquence brève et familière de transitions douces d'une figure à un autre. Cette définition peut paraître indigeste : essayons donc de l'illustrer clairement.

Tandis qu'à 12 semaines, votre bébé avait besoin de toute sa concentration pour simplement saisir à deux mains un objet que vous teniez en face de lui, il va maintenant commencer à comprendre qu'il peut tendre le bras vers un jouet, l'attraper avec une main, le secouer, le retourner pour l'inspecter *et* le mettre dans sa bouche. Ce genre d'activité physique, pour prendre un exemple ultra simple, est plus compliqué qu'il ne le paraît et ce qu'il met en jeu va bien au-delà de la maîtrise physique de ses bras et de ses mains. En fait, cette activité dépend d'un niveau élevé de développement neurologique que ses autres sens manifestent également. Ces changements vont permettre à votre bébé de développer toute une nouvelle série de compétences.

Si, au début, les subtilités de ces compétences risquent de vous échapper, petit à petit, elles vont devenir plus évidentes. Les sons qu'il émet peuvent résonner à vos oreilles comme du babil pendant quelque temps encore, mais ils sont en train de devenir plus complexes. Disons que vous ne risquez guère de manquer le moment où il va former enfin des consonnes et prononcer ce qui ressemble à « maman » et « papa ». Vous ne pourrez pas non plus passer à côté de ses tentatives pour se retourner et de ses premiers efforts laborieux pour marcher à quatre pattes. Ce qu'il est maintenant capable d'apprendre, au cours de toutes ces activités, c'est la manière dont des figures et des transitions isolées vont en quelque sorte s'enfiler comme les perles d'un collier pour former ce que nous, les adultes, nous identifions comme des « événements ».

En même temps, ce processus est capital pour que votre bébé soit apte à comprendre quelque chose que les adultes tiennent pour acquis : le monde est constitué d'objets qui continuent à exister, que l'on puisse ou non les voir... Vous constatez donc à quel point il se donne du mal, au cours de sa première année de vie, pour parvenir à la compréhension de son monde.

C'est vers l'âge de 15 semaines environ (ou entre 14 et 17 semaines) que votre bébé commence à prendre conscience des nouveaux changements qui accompagnent ce bond en avant dans son développement. Ils concernent la manière dont il voit, entend, sent, goûte et touche. Afin d'assimiler toutes ces nouvelles impressions, il a besoin de prendre son temps, de préférence là où il se sentira en sécurité. Il va de nouveau manifester le besoin d'être avec sa maman, de s'accrocher à elle pour se réconforter et pouvoir grandir à son rythme dans ce monde nouveau. Désormais, les périodes crampons dureront plus longtemps – cinq semaines pour celle-ci, en principe, quoiqu'elle puisse aller jusqu'à six semaines ou se réduire à une seule.

Souvenez-vous

Si votre bébé est crampon, observez-le de près, pour voir s'il est en train d'essayer de maîtriser de nouvelles compétences.

Les nuages d'orage s'amoncellent : les signes annonciateurs d'un grand changement

Dans la mesure où votre bébé est perturbé par ce qui lui arrive, il va pleurer plus facilement. Un bébé particulièrement exigeant, notamment, pleurera, geindra et protestera plus souvent et plus fort qu'avant et exprimera sans ambiguïté son désir d'être avec sa maman.

Ses pleurs seront moins fréquents, en règle générale, quand vous l'aurez avec vous, encore qu'il pourra très bien exiger toute votre attention. Non seulement il risque de vouloir que vous l'emmeniez partout, mais il peut attendre de vous que vous l'amusiez tout le temps où il ne dort pas. Si vous ne le tenez pas occupé, il peut très bien continuer à être capricieux même dans vos bras.

Les signes indiquant que votre bébé grandit à nouveau

Entre 14 et 17 semaines, vous remarquerez peut-être chez votre bébé l'un ou l'autre type de comportement ci-dessous. C'est probablement le signe qu'il est prêt à faire un nouveau bond dans le monde des événements :

- ❑ il pleure plus souvent ; il est souvent de mauvaise humeur, capricieux ou agité ;
- ❑ il a plus besoin qu'on lui soutienne la tête ;
- ❑ il veut plus de contact physique ;
- ❑ il dort mal ;
- ❑ il perd l'appétit ;
- ❑ il est visiblement plus timide avec les étrangers ;
- ❑ il est plus calme, il vocalise moins ;
- ❑ il est moins vivant ;
- ❑ il est sujet à des sautes d'humeur prononcées ;
- ❑ il a besoin de plus de contact physique quand il tète ;
- ❑ il suce son pouce (plus souvent) ;
- ❑ autres changements que vous avez remarqués : __________

____

____

____

Comment savoir que le moment de grandir est venu ?

Dort-il mal ?

Il est possible que votre bébé ait des difficultés à se préparer au sommeil. Vous pouvez avoir plus de mal à le mettre au lit le soir, ou bien il reste éveillé pendant la nuit. Il se peut qu'il ait à nouveau besoin d'une ou même de plusieurs tétées pendant la nuit. Il peut aussi se réveiller beaucoup plus tôt le matin.

Est-il devenu timide avec les étrangers ?

En dehors de vous, votre bébé peut refuser qu'on le prenne dans les bras, ou être perturbé si un étranger s'aventure à le regarder ou à lui parler. Parfois, si son père est absent une grande partie de la journée, cette attitude s'applique également à lui. En règle générale, il se montrera plus timide avec les gens dont l'apparence est très différente de la personne auprès de qui il a surtout envie d'être.

Quand ma sœur la regarde, ça la perturbe énormément. Elle se met à hurler et enfouit son visage dans mes vêtements, comme si cette vision même lui faisait peur. Ma sœur a les yeux noirs et elle les maquille en noir, ce qui lui donne un air assez dur. Moi, je suis blonde et je ne me maquille pratiquement pas. Cela joue peut-être.

La maman de Nina, 16e semaine

Maintenant, il ne veut plus sourire aux gens qui portent des lunettes. Il se borne à les dévisager d'un air sévère et refuse de sourire tant qu'ils ne les ont pas enlevées.

La maman de David, 16e semaine

Réclame-t-il plus d'attention ?

Votre bébé veut peut-être que vous l'amusiez en faisant certaines choses avec lui ou, à tout le moins, que vous passiez votre temps à le regarder. Il peut même se mettre à pleurer au moment où vous vous éloignez de lui.

> Je dois m'occuper plus de lui entre deux tétées. Avant, il restait tout seul, bien tranquille. Maintenant, il faut le distraire.
>
> La maman de David, 17e semaine

Devez-vous lui soutenir la tête plus souvent ?

Peut-être vous êtes-vous aperçue, quand vous emmenez avec vous votre petit crampon, que vous devez plus souvent soutenir sa tête et son corps. Il s'effondre un peu quand vous le tenez, particulièrement pendant ses crises de larmes. Vous êtes peut-être frappée par le fait que lorsque vous le portez, il se remet à ressembler au nouveau-né qu'il était. Quand il est vraiment perturbé, il préfère rester appuyé contre vous, dans la chaleur de vos bras.

Veut-il être sans cesse avec vous ?

Il refuse que vous le lâchiez, mais à l'occasion il accepte d'être dans son trotteur tant que vous restez non loin de lui et le touchez fréquemment.

> Elle veut rester tout près de moi, ce qui est contre ses habitudes. Si je la lâche ne serait-ce qu'une seconde, elle se met à pleurer, mais dès que mon mari ou moi la prenons dans nos bras, tout va bien à nouveau.
>
> La maman d'Éva, 17e semaine

A-t-il perdu l'appétit ?

Qu'ils soient nourris au sein ou au biberon, les bébés peuvent avoir temporairement un petit appétit. Ne vous faites pas de souci si votre bébé se laisse distraire plus facilement qu'avant par ce qu'il voit ou entend autour de lui, ou s'il se met rapidement à jouer avec la tétine ou le sein. Certains se détournent même du sein ou du biberon et refusent de se nourrir. De temps en temps, un petit chipoteur mangera son fruit et ne refusera que le lait. La grande majorité des mères qui allaitent voient dans ce refus le signe qu'elles doivent passer à une autre alimentation. Certaines se sentent rejetées par le bébé. Cela n'a rien à voir : le bébé est simplement perturbé. Il n'y a aucune raison de cesser de le nourrir au sein à ce stade ; au contraire, le moment serait assez mal choisi pour le sevrer.

> À 15 semaines, elle a brusquement commencé à téter moins. Au bout de cinq minutes, elle se mettait à jouer avec le mamelon. Cela a duré une quinzaine de jours. À ce moment, j'ai décidé de lui donner aussi du lait en poudre, mais elle l'a refusé de la même manière. L'un dans l'autre, il s'est bien passé quatre semaines avant qu'elle ne tète de nouveau normalement. Pendant cette période, je me suis fait du souci. J'avais peur qu'elle ne souffre d'une carence alimentaire, surtout quand j'ai vu que j'avais moins de lait. Mais maintenant, elle tète comme avant et j'ai tout le lait qu'il faut. Je crois même que j'en ai encore plus.
>
> La maman d'Anaïs, 19e semaine

Est-il sujet à des sautes d'humeur prononcées ?

Certains bébés changent d'humeur de façon très marquée. C'est peut-être le cas du vôtre. Un jour il est tout sourire, le lendemain il n'arrête pas de pleurer. Parfois ces changements ont lieu d'une minute à l'autre. À un moment, il hurle de rire et l'instant suivant il éclate en sanglots. Parfois, même, il mêle le rire aux larmes. Certaines mamans rapportent qu'il y a quelque chose de forcé, de théâtral, presque d'irréel dans ces rires comme dans ces pleurs.

Est-il apathique ?

Il se peut que vous constatiez que, pendant un court moment, vous n'entendez plus les petits bruits familiers que fait votre bébé. Ou bien, il reste de temps à autre immobile en tripotant ses oreilles, ou les yeux dans le vague. C'est très courant à cet âge. Le bébé semble apathique, préoccupé. Devant ce comportement, beaucoup de mères s'inquiètent. En réalité, cette apathie n'est que le calme qui précède la tempête. Cet interlude indique que votre bébé est sur le point de faire de nombreuses découvertes dans un nouveau monde où il va apprendre à acquérir de nouvelles compétences.

Quand les choses deviennent difficiles

Maman est épuisée

Au cours d'une période crampon, la plupart des mères se plaignent de plus en plus d'être épuisées, de souffrir de migraines, de nausées, de mal de dos ou de problèmes émotionnels. Certaines éprouvent plusieurs de ces troubles en même temps. Elles accusent le manque de sommeil ou le fait de ne pas pouvoir faire un pas sans emmener leur bébé, qu'elles doivent parfois porter des heures durant. Ou bien, elles attribuent cette grande fatigue au souci qu'elles se font pour leur bout de chou si malheureux. En réalité, la véritable cause de ces symptômes réside dans le fait qu'elles doivent s'occuper sans relâche d'un bébé capricieux. Les unes consultent le médecin de famille, qui leur prescrit une supplémentation en fer, les autres vont se faire masser le dos par un kinésithérapeute – mais le fond du problème, c'est que ces mères sont au bout du rouleau. Il faut essayer de prendre un peu de temps pour soi et, dans la mesure du possible, s'accorder ici et là un petit plaisir. Mais souvenez-vous qu'un peu plus tard, votre bébé va vous venir en aide en acquérant les compétences qui lui sont nécessaires pour évoluer dans son nouveau monde. Et à ce moment-là, le soleil recommencera à briller.

> Quand elle ne fait pas plusieurs nuits de suite et qu'il faut la porter dans les bras sans arrêt, ça me donne terriblement mal au dos. Dans ces moments-là, je souhaite qu'elle soit ailleurs, juste une nuit. Je suis complètement vidée.
>
> La maman de Sarah, 17e semaine

Maman est irritée

Vers la fin d'une période crampon, il arrive que la mère ait un peu l'impression d'être prisonnière des exigences de son bébé. On dirait qu'il ne la lâche pas et son « égoïsme » l'irrite. Rien d'étonnant, donc, à ce que parfois, certaines souhaitent qu'il ne soit pas là pendant un petit moment ou même qu'elles se surprennent à rêver tout éveillées d'une nuit où elles n'auraient pas à se préoccuper de lui.

> Je traverse une période de refus. Ça se passe plutôt au niveau inconscient, je dirais. En ce moment, je ne veux pas entendre parler de la maternité. Cette semaine, il y a eu des moments où j'aurais carrément aimé oublier que j'avais un fils. Les êtres humains sont vraiment bizarres. Parfois, j'ai eu l'impression d'être tellement coincée que j'ai dû m'échapper un peu.
>
> La maman de Kevin, 18e semaine

> Quand nous sommes dans l'autobus et qu'il se réveille et se met à crier, tous les regards se tournent vers moi. Je me sens horriblement gênée. Il m'arrive de me dire « Vas-tu te taire, petit casse-pieds ! »
>
> La maman de Victor, 18e semaine

Maman en a assez

Après quelques semaines passées avec un bébé crampon, vous découvrez peut-être, atterrée, que vous commencez à en vouloir à cette petite personne exigeante qui vient tout chambouler dans votre vie. Ne vous blâmez pas. C'est tout à fait compréhensible et parfaitement courant. Vers la fin d'une période crampon, les mères sont souvent en proie à une irritation croissante. Elles sont convaincues que leur bébé n'a aucune raison valable de faire autant d'histoires et elles ont tendance à le laisser pleurer un peu plus longtemps qu'auparavant. Certaines commencent à réfléchir à ce que veut dire « gâter » un enfant. Elles se demandent si elles ne cèdent pas trop souvent à ses caprices. Ne devraient-elles pas lui faire comprendre que les mamans aussi ont leurs états d'âme ? De temps à autre, l'une d'elles ressent une bouffée d'agressivité envers ce bébé qui n'en finit pas de crier, notamment quand elle n'en peut plus. Gardez bien en tête que ces sentiments n'ont rien d'anormal ni de dangereux. Ce qui n'est, bien sûr, pas le cas du passage à l'acte. Ne prenez pas le risque de perdre tout contrôle. Essayez de trouver de l'aide bien avant.

Il a refusé de continuer à téter et s'est mis dans une colère indescriptible, juste au moment où j'essayais de lui faire avaler son lait. Au biberon suivant, même scénario. Cela m'a rendue terriblement agressive, parce qu'aucun de mes petits trucs pour le distraire ne fonctionnait et j'avais l'impression de tourner en rond. Alors je l'ai mis par terre, là où il ne pouvait absolument pas se faire de mal, et je l'ai laissé hurler tant qu'il pouvait. Quand il s'est arrêté, je suis revenue dans la pièce et il a terminé son biberon.

La maman de Kevin, 19e semaine

Soins bébé

Le secouer peut lui faire du mal

Souvenez-vous : s'il est normal de vous sentir parfois frustrée et furieuse vis-à-vis de votre bébé, en revanche **ne le secouez jamais.** En secouant un jeune enfant, on risque de provoquer un saignement à l'intérieur de la colonne vertébrale, juste en dessous du crâne, qui risque de provoquer des lésions au cerveau entraînant des difficultés d'apprentissage, ou même la mort.

À chaque fois qu'elle se mettait à hurler parce que je l'avais laissée seule un instant, je sentais la colère monter en moi. Alors je la laissais pleurer et je l'ignorais complètement.

La maman d'Audrey, 17e semaine

Les quatre derniers soirs, il s'est mis à hurler à 8 heures tapantes. Après l'avoir consolé deux nuits de suite, j'en ai eu assez. Je l'ai laissé pleurer jusqu'à 10 heures 30. Il ne manque pas d'obstination, je dois le reconnaître !

La maman de Louis, 16e semaine

Essayer de maîtriser de nouvelles compétences lui prend plus de temps

Dans la mesure où cette période crampon dure plus longtemps que les précédentes, la plupart des mères sentent immédiatement qu'elle est différente, d'une certaine manière. Les progrès apparemment plus lents de leur bébé, son apparente aversion soudaine pour les choses qu'il aimait auparavant les inquiètent.

> Ses progrès me paraissent affreusement lents. Avant qu'il ait 15 semaines, il se développait beaucoup plus vite. C'est presque comme s'il était au point mort, ces derniers temps. Par moments, ça me perturbe sérieusement.
>
> La maman de Matthieu, 17e semaine

> On dirait qu'il est sur le point de faire de nouvelles découvertes mais que quelque chose le retient. Quand je joue avec lui, je sens bien qu'il manque quelque chose, mais je n'arrive pas à savoir quoi. Je n'ai rien d'autre à faire qu'attendre.
>
> La maman de Victor, 17e semaine

Ses Premières tentatives pour maîtriser de nouvelles compétences

> Cette semaine, elle a essayé de faire quantité de choses nouvelles et d'un seul coup, j'ai été frappée de voir tout ce qu'elle peut déjà faire à 4 mois. Pour dire la vérité, je suis terriblement fière d'elle.
>
> La maman d'Alexandra, 18e semaine

Vers l'âge de 19 semaines, vous allez remarquer que votre bébé est à nouveau en train d'acquérir une compétence supplémentaire, ou plusieurs. C'est en effet l'âge auquel les bébés commencent généralement à explorer le « monde des événements ». Ce monde leur offre un immense réservoir de

« compétences-événements ». Votre bébé choisira celles qui lui conviennent le mieux – celles qu'il souhaite explorer. Aidez-le de préférence à faire ce à quoi il est prêt, plutôt que d'essayer de le pousser un peu dans toutes les directions.

Le grand changement : le monde des événements

À la suite du dernier bond en avant, votre bébé était capable d'appréhender les transitions douces et continues par la vue, l'ouïe, l'odorat, le goût et le toucher. Mais il fallait pour cela que ces transitions soient relativement simples – comme un jouet que l'on déplaçait sans à-coups sur le sol en face de lui. Dès qu'elles devenaient plus complexes, il se révélait incapable de les suivre. Dans le monde nouveau dont les bébés entament l'exploration vers l'âge de 19 semaines, la plupart commencent à percevoir et à expérimenter des séquences courtes et familières. Cette capacité nouvelle va influencer tout leur comportement.

Dès qu'un bébé est capable d'accomplir une série de plusieurs mouvements fluides, il dispose d'un plus grand rayon d'action par rapport aux objets qui sont à sa portée. Par exemple, il peut répéter le même mouvement fluide plusieurs fois à la suite. Vous pouvez maintenant le voir en train d'essayer de secouer latéralement ou verticalement un jouet, ou encore de tenter d'appuyer dessus, de le pousser, de le frapper sur le sol ou de le heurter à plusieurs reprises. Outre qu'il est capable de répéter le même mouvement, il peut apprendre à accomplir en douceur une brève série de mouvements différents, comme de saisir un objet d'une main et d'essayer de le faire passer dans l'autre main, ou bien d'attraper un objet et de tenter aussitôt de le porter à sa bouche. Il peut même essayer de se servir d'un téléphone de bébé en mettant son doigt dans un trou et en tournant le cadran. Il va aussi retourner un jouet pour l'examiner sous tous les angles. Dorénavant, il pourra examiner soigneusement tous les objets à sa portée.

De plus, il apprend maintenant à ajuster les mouvements de son bras, de sa main, de ses doigts et du tronc, afin d'atteindre l'endroit exact où se trouve le jouet, et à les corriger au cours du processus. Par exemple, si un jouet se trouve un peu plus loin sur la gauche, son bras va se déplacer vers la gauche en un mouvement fluide. S'il est plus vers la droite, son bras va immédiatement se déplacer vers l'endroit exact. De même si l'objet est à sa portée, ou plus loin, ou si le jouet est suspendu plus haut ou plus bas. Il va l'apercevoir, tendre la main vers lui, l'attraper et l'attirer à lui en un seul mouvement sans heurt. Dans la mesure où un objet se trouve à sa portée, votre bébé est maintenant parfaitement capable de tendre la main, de saisir et d'attraper l'objet de son choix.

Il peut apprendre à effectuer une brève série de mouvements fluides avec son corps, qu'il corrigera si besoin est. Dans le processus, vous le verrez se tordre et se tortiller. Il apprend aussi à rouler sur le dos ou à se retourner plus facilement. Il va également faire ses premières tentatives pour ramper, car il est maintenant capable de ramener ses genoux, de pousser et de s'étirer.

Il peut également apprendre à produire une courte série de sons. Dans ce cas, il va étoffer son bavardage, qui a débuté après le précédent bond en avant, en y incluant une alternance de sons à consonance de consonnes et de voyelles. Petit à petit, il utilisera tous ces sons pour former des « phrases ». Les adultes appellent avec tendresse « langage bébé », ou babillage, cet « ata ata, areuareu ». On peut dire que sa voix est maintenant capable d'acquérir la même souplesse que le reste de son corps.

Partout dans le monde, les bébés commencent à former ces « phrases » courtes lorsqu'ils atteignent cet âge. Les petits Russes, les petits Chinois et les petits Français babillent tous à l'origine dans le même « langage ». Plus tard, le bébé russe va commencer à faire évoluer son babil pour former des mots proprement russes et il va « oublier » le babil chinois et français. Les bébés français et chinois vont faire évoluer leur langage bébé pour former les mots et les phrases dans leurs langues natales respectives. Chaque bébé va devenir plus habile à imiter le langage qu'il entend parler autour de lui, dans la mesure où l'on répondra et on le complimentera plus si les sons qu'il émet sont proches de ceux de l'entourage.

Apparemment, il faut croire que nos ancêtres à tous se sont sentis personnellement concernés quand leur progéniture a balbutié « meumeum » ou « dada », parce que les termes qui désignent la maman et le papa sont très proches dans de multiples langues. En fait, le bébé qui babille est en train de se livrer à un certain nombre d'expériences techniques avec de brèves séries familières du même élément vocal : « meum » et « da ». En français, « meum-meum » est devenu « maman » et dada « papa ».

Votre bébé est probablement apte, maintenant, à reconnaître une brève série de sons fluides. Une série de notes qui montent et descendent la gamme va le fasciner. Il est capable de répondre à toutes les voix qui expriment l'approbation et il va sursauter en entendant un reproche. Le langage dans lequel ces sentiments s'expriment n'a aucune importance : il perçoit les différences d'intonation dans la voix ou dans le ton. Il peut aussi commencer à reconnaître un air de musique, s'il est court et familier. À 19 semaines, les bébés sont même capables de reconnaître si les interruptions dans un morceau de musique sont d'origine ou y ont été introduites, et ce même s'ils n'ont jamais entendu le morceau auparavant. Au cours d'une expérience inhabituelle, on a découvert que si l'on jouait à des bébés une partie d'un menuet de Mozart, ceux-ci réagissaient lorsqu'on y introduisait au hasard des pauses. Pour la première fois, certains bébés sont également capables de reconnaître des mots. En outre, ils peuvent maintenant repérer une voix particulière dans un brouhaha.

Votre bébé est également susceptible, maintenant, d'apprendre à voir une courte séquence d'images, comme le mouvement d'une balle en train de rebondir, un spectacle fascinant pour lui. Les occasions sont légion, sous la forme des activités ou des menus événements de la vie courante. Il y a son biberon, que quelqu'un secoue de haut en bas, la personne qui agite une casserole, plante un clou ou déambule dans la pièce, la porte qui s'ouvre et se referme, la clôture qui vibre sous l'effet du vent, le pain que l'on découpe en tranches, les ongles qu'on lime, les cheveux que l'on coiffe, le chien qui se gratte, entre autres...

Il faut ici mentionner deux autres caractéristiques fondamentales du monde des événements. En premier lieu, en tant qu'adultes, nous expérimentons un événement comme un tout inséparable. Nous ne voyons pas une balle qui tombe, puis remonte, puis retombe, mais une balle qui rebondit. Même si le fait vient à peine de se produire, nous savons qu'il s'agit d'une balle en train de rebondir. Tant qu'il se déroule, il constitue un seul et unique événement, un événement qui a pour nous un nom. En second lieu, c'est l'observateur qui, la plupart du temps, définit l'événement. Par exemple, lorsque nous parlons, nous ne séparons pas nettement les mots, mais nous les enchaînons sans interruption. Notre auditeur comprend, parce qu'il sait (son cerveau est programmé pour « savoir ») où se placent les intervalles entre les mots. C'est de cette capacité de perception particulière dont votre bébé va commencer à disposer entre 14 et 17 semaines.

Les changements du cerveau

Les enregistrements des ondes du cerveau effectués sur des bébés montrent que des changements spectaculaires interviennent vers l'âge de 4 mois environ. On constate une soudaine augmentation de la circonférence du crâne entre 15 et 18 semaines.

Les choix de votre bébé : une clef de sa personnalité

Le monde des événements offre un large choix de compétences nouvelles à votre bébé. Parmi les opportunités qui se présentent à lui, il va faire sa propre sélection, selon ses inclinations, ses centres d'intérêt et ses caractéristiques physiques. Certains bébés vont vouloir se concentrer sur les compétences ayant trait au toucher, d'autres sur les compétences ayant trait à l'observation, d'autres encore sur les activités physiques. Il existe visiblement aussi un groupe de bébés qui aiment acquérir des compétences diverses et variées, sans s'attacher à l'une d'elles en particulier. Chacun fait son propre choix, car aucun ne ressemble aux autres.

(Suite à la page 143)

Comment votre bébé explore-t-il le nouveau monde des événements ?

Le grand changement qui permettra à votre bébé de comprendre le monde des événements débute vers l'âge de 15 semaines. Le bond dans cet univers est quelque chose de considérable et les compétences qui l'accompagnent ne commenceront pas à se développer avant ses 19 semaines. Même alors, un certain temps peut s'écouler avant que vous ne découvriez l'une des compétences répertoriées ici. Ce que votre bébé va faire et le moment exact auquel il va commencer à le faire dépend totalement de ses préférences et des opportunités que lui offre son environnement.

Il lui est absolument impossible de tout découvrir en même temps dans son nouveau monde. En revanche, il est possible qu'il n'acquière pas avant des mois un certain nombre d'entre elles.

CONTRÔLE DE SON CORPS :

- ❑ dès qu'on le pose au sol, pratiquement toutes les parties de son corps se mettent en mouvement ;
- ❑ il roule du dos sur le ventre ;
- ❑ il roule du ventre sur le dos ;
- ❑ il est capable d'allonger complètement les bras quand il est sur le ventre ;
- ❑ il soulève ses fesses en l'air et tente de pousser sur ses jambes, sans succès ;
- ❑ il se dresse sur les mains et sur les pieds quand il est allongé sur le ventre, puis essaye d'avancer, sans succès ;
- ❑ il essaye de ramper et parvient à glisser vers l'avant ou vers l'arrière ;
- ❑ il s'appuie sur les avant-bras et redresse la partie supérieure de son corps ;
- ❑ quand il est appuyé contre vous, il se tient assis tout seul ;

- ❑ il essaye de s'asseoir et y arrive brièvement par moments en s'appuyant sur les avant-bras et en avançant la tête ;
- ❑ il reste droit dans sa chaise haute avec des coussins pour le soutenir ;
- ❑ il aime remuer la bouche – il fait différentes moues avec les lèvres, tire la langue ;
- ❑ autres changements que vous avez remarqués : __________

____

____

____

ATTRAPER, TOUCHER, PALPER :

- ❑ il parvient à attraper des objets ;
- ❑ il est capable d'attraper des objets avec une main, la droite ou la gauche ;
- ❑ il est capable d'attraper un objet avec la main gauche ou la main droite si celle-ci vient en contact avec cet objet, même s'il ne le regarde pas ;
- ❑ il est capable d'attraper un objet avec la main gauche et de le passer dans la droite et vice versa ;
- ❑ il fourre la main de sa mère dans sa bouche ;
- ❑ il palpe la bouche de sa mère pendant qu'elle parle, ou lui fourre ses doigts dans la bouche ;
- ❑ il fourre ses jouets ou d'autres objets dans sa bouche et les palpe ;
- ❑ il fourre ses jouets ou d'autres objets dans sa bouche et les mord ;
- ❑ il est capable d'ôter un morceau de tissu de son visage tout seul, lentement au début ;
- ❑ il reconnaît un jouet ou un autre objet familier, même s'il est partiellement recouvert par quelque chose ; il abandonne rapidement ses tentatives infructueuses pour récupérer le jouet ;
- ❑ il essaye de secouer un jouet ;
- ❑ il essaie de frapper un jouet contre le dessus d'une table ;

(Suite)

Comment votre bébé explore-t-il le nouveau monde des événements ? (suite)

- ❑ il jette délibérément un jouet sur le sol ;
- ❑ il essaie d'attraper des choses qui se trouvent un peu hors de sa portée ;
- ❑ il essaie de jouer avec un « tableau de découvertes » ;
- ❑ il comprend à quoi sert un jouet donné, par exemple il va « composer un numéro » sur son téléphone de bébé ;
- ❑ il étudie les objets de près ; il s'intéresse particulièrement aux petits détails des jouets, des mains, des bouches ;
- ❑ autres changements que vous avez remarqués : __________

____

____

____

OBSERVER :

- ❑ il observe avec fascination les activités répétitives, comme un enfant qui saute, quelqu'un qui donne des coups de marteau, du pain que l'on coupe, des cheveux que l'on peigne, du café que l'on remue, un oiseau sur son perchoir ;
- ❑ il observe avec fascination les mouvements des lèvres et de la langue de sa mère quand elle parle ;
- ❑ il cherche sa mère des yeux et est capable de se retourner dans ce but ;
- ❑ il cherche un jouet à demi dissimulé ;
- ❑ il réagit à son reflet dans une glace, soit par la crainte, soit par le rire ;
- ❑ il tient un album dans sa main et observe avec fascination une illustration ;
- ❑ autres changements que vous avez remarqués : __________

____

____

____

ÉCOUTER :

- ❑ il écoute intensément les sons émis par les lèvres de sa mère ;
- ❑ il répond à son propre nom ;
- ❑ il est maintenant capable de distinguer un son particulier dans un ensemble de sons différents e donc il répond à son nom, même s'il y a un bruit de fond ;
- ❑ il comprend vraiment un ou plusieurs mots, c'est-à-dire qu'il va regarder son nounours si on lui demande « Où est ton nounours ? » (ne nous attendez pas, toutefois, à ce qu'il réagisse correctement si le jouet ne se trouve pas à sa place habituelle) ;
- ❑ il réagit correctement à une voix qui approuve ou qui gronde ;
- ❑ il reconnaît les premières notes d'une chanson ;
- ❑ autres changements que vous avez remarqués : __________

____

____

____

PARLER :

- ❑ il produit des sons nouveaux avec ses lèvres et sa langue : ffft-ffft-ffft, vvv-vvv, zzz, sss, breu, areu, reu, greu, preu. On appelle « r labial » le « reu ». Votre bébé aimera peut-être particulièrement le prononcer la bouche pleine d'épinards !
- ❑ il utilise les consonnes d, b, l, m ;
- ❑ il babille ; il prononce ses premiers « mots » : meumeum, dada, abba, hada-hada, baba, tata ;
- ❑ il fait des bruits quand il bâille et il en a conscience ;
- ❑ autres changements que vous avez remarqués : __________

____

____

____

(Suite)

Comment votre bébé explore-t-il le nouveau monde des événements ?

LANGAGE CORPOREL :

- ❑ il tend les bras pour qu'on le prenne ;
- ❑ il claque ses lèvres quand il a faim ; il peut aussi agiter les bras et les jambes ;
- ❑ il ouvre la bouche et approche son visage en direction de la nourriture ou de la boisson qu'on lui propose ;
- ❑ il « crache » quand il ne veut plus manger ;
- ❑ il repousse le biberon/le sein de son propre chef quand il en a assez ;
- ❑ autres changements que vous avez remarqués : __________

____

____

____

AUTRES COMPÉTENCES :

- ❑ il peut exagérer ses actes, c'est-à-dire que lorsque sa mère réagit en l'entendant tousser, par exemple, il se remet à tousser, puis rit ;
- ❑ il devient grognon quand il s'impatiente ;
- ❑ il hurle quand il ne parvient pas à faire ce qu'il veut ;
- ❑ il a un « doudou » à lui – couverture, jouet, chausson, etc. ;
- ❑ autres changements que vous avez remarqués : __________

____

____

____

Observez de près votre bébé, afin de déterminer quels sont ses intérêts particuliers. Dans la partie intitulée « Comment votre bébé explore-t-il le nouveau monde des événements ? » (page 138) vous pouvez cocher ou surligner ses choix personnels lors de la période initiale et jusqu'au début de la prochaine période d' « orage ». Si vous respectez ses choix, vous découvrirez le schéma particulier qui fait de votre bébé un être unique !

Les bébés sont comme ça

Les bébés aiment tout ce qui est nouveau. Il est important que vous réagissiez positivement lorsque vous remarquez chez le vôtre de nouvelles compétences ou sources d'intérêt. Il appréciera que vous partagiez ces nouvelles découvertes et ses progrès n'en seront que plus rapides.

Comment aider votre bébé á acquérir de nouvelles compétences

Plus il va être au contact des événements et plus il jouera avec eux, mieux il les comprendra et plus il deviendra compétent. Le choix des découvertes qu'il décidera de faire importe peu. Il pourra s'intéresser à la musique, aux sons et aux mots et, par ailleurs, décider d'observer, de regarder ou se livrer à des activités physiques. Il lui sera facile, par la suite, de mettre à profit les connaissances et l'expérience qu'il aura obtenues en acquérant une compétence particulière lors de l'apprentissage d'autres compétences.

Votre bébé ne se contentera pas de vouloir expérimenter en découvrant ce monde des événements. Il va aussi éprouver un très grand intérêt pour tout ce qui se passe autour de lui. Il y a des chances pour que cela occupe maintenant la majorité de ses heures d'éveil, car il veut voir et entendre un maximum de choses. Mieux (ou pire !) chaque jouet, chaque objet de la maison, chaque ustensile de cuisine ou outil de jardinage qui se trouve à sa portée n'échappe plus à ses petites mains. Maman a cessé d'être son jouet favori. Il va tenter de s'intégrer au monde qui l'entoure en se propulsant avec les mains et les pieds, vers la nouveauté, et en laissant sa maman derrière lui. Il a moins de temps à consacrer aux bons vieux câlins et vous, sa mère, vous ne pouvez manquer de le remarquer. Certaines mamans se sentent un peu rejetées.

Il n'empêche qu'il a toujours autant besoin de votre aide. La fascination de votre bébé pour le monde qui l'entoure est caractéristique de cet âge. La plupart des mères commencent à distinguer ces besoins nouveaux et elles se bornent à veiller à ce que leur enfant ait suffisamment de jouets et d'observer ses réactions. Elles ne lui donneront un petit coup de main que s'il a du mal à comprendre le fonctionnement d'un jouet. D'un oeil, elles s'assurent qu'il utilise correctement ses mains, ses pieds, ses membres et le reste de son corps quand il cherche à attraper un objet. Si elles s'aperçoivent qu'il a un problème particulier, elles l'aident à s'exercer à des activités comme se retourner sur le dos ou sur le ventre, se tourner, parfois même ramper, s'asseoir ou se tenir debout.

Transformez en jeu ses tentatives pour se retourner

> Elle essaye de passer du dos sur le ventre, sans grand succès encore, je dois le dire, et ça la rend furieuse. Elle est vraiment exaspérée.
>
> La maman d'Audrey, 20e semaine

> Il s'exerce comme un fou pour arriver à se retourner correctement. Mais quand il est sur le ventre, il lève en même temps les bras et les jambes et il a beau pousser et tirer en gémissant, ça ne va pas plus loin.
>
> La maman de David, 21e semaine

> Elle arrive à se retourner uniquement quand elle est très en colère et je dois dire qu'elle en est la première surprise.
>
> La maman de Laura, 20e semaine

Si vous voulez aider votre bébé à passer du dos sur le ventre, voici la bonne méthode : allongez-le sur le dos et tenez un jouet aux couleurs vives près de lui. Pour s'en emparer, il sera obligé d'étirer son corps au maximum et de se tourner et, de la sorte, il ne pourra éviter de rouler sur le ventre. Il faut bien sûr l'encourager et la féliciter pour ses efforts.

Vous pouvez aussi l'aider à rouler du ventre sur le dos en s'amusant. L'une des méthodes consiste à l'allonger sur le ventre et à tenir derrière lui un jouet aux couleurs vives, soit à sa gauche, soit à sa droite. Quand il va se tourner pour essayer de s'en saisir, reculez le jouet un peu plus loin dans son dos. Il arrivera un moment où il roulera sur le dos, simplement parce qu'il se sera tourné un peu trop en tentant d'attraper le jouet. Le poids de sa tête l'y aidera automatiquement.

Essaye-t-il de ramper ?

> J'ai l'impression qu'il a envie de ramper, mais qu'il ne sait pas encore comment s'y prendre. Il se tortille, il gigote dans tous les sens, mais il n'avance pas d'un pouce. Ça le perturbe considérablement.
>
> La maman de Hugo, 20e semaine

Le plus dur, quand il s'agit de ramper, c'est d'avancer ! La plupart des bébés aimeraient bien avancer et ils ne se privent pas d'essayer. Certains ont une position de départ correcte – il replient les genoux, lèvent les fesses et poussent – mais sans succès. D'autres se mettent dans cette position, mais font du surplace. D'autres encore marchent à reculons, parce qu'ils poussent sur leurs mains, tandis que d'autres enfin tournent en cercle parce qu'ils poussent sur un seul pied. Quelques-uns, particulièrement chanceux, se débattent quelque temps puis effectuent le bon mouvement, apparemment par accident. À cet âge, ils sont l'exception plutôt que la règle.

Nombreuses sont les mamans qui essayent d'aider leur bébé à ramper. Elles poussent précautionneusement son petit derrière qui se tortille, ou bien placent toutes sortes d'objets attrayants en avant de lui afin de l'encourager à avancer. Quelquefois, la manœuvre réussit. Le bébé se débrouille pour progresser un peu. Certains y réussissent en se lançant en avant avec un bruit mat. D'autres restent sur le ventre et se propulsent avec leurs jambes tout en se servant de leurs bras pour se maintenir dans la bonne direction.

Si vous imitez les tentatives de votre bébé, il va sans doute juger cela hilarant. De même appréciera-t-il grandement que vous lui montriez comment se traîner correctement à quatre pattes. Si ses essais sont infructueux, les vôtres ne manqueront pas de le fasciner. Essayez et vous verrez !

Laissez-le gigoter tout nu

Si votre bébé veut apprendre à se retourner, à se tourner et à ramper correctement, il doit s'exercer. Ce sera beaucoup plus facile et beaucoup plus agréable s'il n'a ni vêtements ni couche. L'exercice physique va lui donner l'occasion de connaître son corps et l'aider à mieux le contrôler.

Se sert-il de ses mains et de ses doigts ?

Il est possible qu'il veuille examiner tout ce qui lui tombe sous la main. Laissez-le explorer les objets à volonté. Voici ce qu'il est susceptible de faire avec un objet : le retourner, le secouer, le frapper contre quelque chose, le faire glisser de haut en bas, en introduire une partie intéressante dans sa bouche pour en découvrir le goût et la texture. Cela peut vous sembler bizarre ou sale. Mais souvenez-vous qu'à votre manière vous faites exactement la même chose. Un tableau de découvertes réunit une grande variété de ces exercices manuels. Généralement, il comporte un téléphone avec un cadran, qui produit le même déclic que les anciens appareils lorsque le bébé le fait tourner. Il y a aussi une poignée qui émet un son quand on appuie dessus, des animaux que l'on fait glisser de haut en bas, des cylindres et des boules que l'on fait tourner, entre autres éléments. Chacune des activités produit un son attrayant à chaque manipulation. En général, les bébés adorent leur tableau de découvertes, mais ne vous attendez pas à ce que le vôtre en comprenne tout de suite l'ensemble du fonctionnement. Ce n'est qu'un petit débutant !

> Depuis des semaines, on avait suspendu un tableau de découvertes dans son parc, juste pour qu'il l'ait sous les yeux et d'ailleurs, il se contentait de le regarder de temps en temps. Il n'y touchait pas. Et puis voilà que cette semaine, il s'est mis à l'attraper. Maintenant, il adore tourner, toucher et tripoter tous ces petits machins. On voit bien qu'il l'explore. Bien sûr, il s'en fatigue rapidement, mais il faut dire qu'il doit sans arrêt se soulever en tendant la main vers lui.
>
> La maman de Paul, 18e semaine

Quand vous voyez que votre bébé s'efforce sans grand succès de faire quelque chose, vous pouvez l'aider en lui prenant la main et en lui montrant comment s'y prendre. Ou bien, s'il préfère observer comment on fait, laissez-le regarder comment vous faites avec votre main. Dans les deux cas, vous l'encouragerez à jouer et à se servir intelligemment de ses petites mains.

Laissez-le découvrir le monde qui l'entoure

Maintenant, votre bébé est plus compétent pour examiner ses jouets et autres objets et il va s'y intéresser davantage. Quel que soit le jouet qu'il tient dans ses mains, il y a des chances qu'il le tourne et le retourne, le secoue, le frappe contre quelque chose, qu'il en suce et qu'il en palpe toutes les parties. Sans doute aussi fait-il mieux la différence entre les sons. En acquérant toutes ces nouvelles compétences, il voit mieux et comprend mieux ce qui se passe en lui et dans le monde qui l'entoure. Essayez de l'encourager à utiliser ces connaissances récentes.

Laissez-le explorer les jouets et autres objets faits de matières diverses, comme du bois ou du plastique, dur ou souple. Donnez-lui des tissus de textures différentes ou du papier, rêche et doux, pour jouer avec. Beaucoup de bébés aiment les sachets vides, parce qu'une fois chiffonnés, ils changent lentement de forme en faisant en prime un joli bruit !

Donnez-lui des objets de formes différentes, carrés ou ronds, par exemple, ou aux bords dentés ou dentelés inoffensifs, pour qu'il joue avec. La plupart des bébés ont un faible pour les formes bizarroïdes. La forme d'une clef en plastique le poussera à en faire un examen minutieux, avec un intérêt marqué pour le bord denté, qu'il voudra toucher, observer et porter à sa bouche.

Apprécie-t-il les détails ?

Certains bébés sont attirés par les plus infimes détails. Si le vôtre fait partie de ces petits observateurs, il examine probablement les objets sous toutes les coutures, avec un soin minutieux et en prenant son temps. La moindre aspérité retient son attention. Il peut passer un temps fou à caresser, palper, toucher les textures, à détailler les formes et les couleurs. Rien ne semble échapper à son regard aigu et à son esprit inquisiteur. S'il décide d'examiner sa maman, il le fera tout aussi méticuleusement. Il va prendre votre main en commençant par un doigt, en caresser l'ongle et regarder la manière dont il remue tout en le palpant, avant de passer au doigt suivant. S'il étudie votre bouche, il inspecte généralement chaque dent. Stimulez son goût du détail en lui donnant les jouets et les objets qui risquent de l'intéresser.

> Ce n'est pas possible, elle va devenir dentiste. Chaque fois qu'elle inspecte ma bouche, j'ai l'impression que je vais m'étouffer. Elle fourre carrément sa main dedans jusqu'au poignet et la promène. Si par exemple j'essaie de refermer la bouche pour lui faire un bisou sur la main, elle me fait clairement comprendre qu'elle n'aime pas être dérangée pendant qu'elle travaille.
>
> La maman de Sarah, 21e semaine

Est-il est un mélomane en herbe ?

Certains bébés attrapent leurs jouets et les objets avant tout pour voir s'ils vont émettre un bruit quelconque. Ils les tournent et les retournent, non pour les inspecter, mais pour voir si le son change quand ils tournent l'objet plus ou moins vite. Ils pressent les jouets de toutes les façons possibles pour voir s'ils produisent des sons différents. Si votre bébé aime particulièrement la musique, ou si vous remarquez qu'il apprécie toutes sortes de sons, cela vaut la peine de stimuler et d'encourager cet intérêt. Donnez-lui des objets et des jouets qui font du bruit pour qu'il joue avec et aidez-le à s'en servir correctement.

Est-il bon observateur ?

Le train-train quotidien de la maison est une mine d'événements qu'il est certainement ravi d'observer. La plupart des bébés aiment regarder leur maman préparer le repas, mettre la table, s'habiller ou s'occuper au jardin. Ils sont maintenant capables de comprendre les différentes actions qui entrent en jeu dans des activités diverses, comme le fait de battre des œufs, d'écraser des pommes de terre, de mettre le couvert, de préparer des sandwiches, de se brosser les cheveux, de se limer les ongles, de tondre le gazon. Si votre bébé est un petit observateur, permettez-lui d'observer vos activités quotidiennes. Tout ce que vous avez à faire, c'est de vous assurer qu'il se trouve dans une position adéquate. Cela ne représente pas un souci supplémentaire pour vous, et pour lui, pour son jeune cerveau, ce sera une agréable expérience d'apprentissage.

> Elle claque sa langue, agite les jambes et tend la main à chaque fois qu'elle me voit préparer des sandwiches. Visiblement, elle est consciente de ce que je fais et elle réclame à manger.
>
> La maman d'Anaïs, 20e semaine

Veut-il goûter à tout ce que vous avalez ?

La plupart des bébés veulent goûter à tout ce que leur mère mange ou boit. Prenez donc garde à ne pas boire un thé ou un café brûlant avec un tout-petit en train de gigoter sur vos genoux. Il pourrait profiter d'un moment d'inattention pour décider de s'emparer de votre tasse.

En général, les bébés de cet âge ne font pas d'histoires pour la nourriture. Ils avalent avec plaisir tout ce qu'ils peuvent vous ôter de la bouche.

> Il essaye d'attraper mon sandwich, la bouche déjà grande ouverte. Tout ce qu'il arrive à saisir, il l'avale aussi sec et le plus drôle, c'est qu'apparemment il aime tout.
>
> La maman de Louis, 19e semaine

Soins bébé

Rendez la maison sûre

Votre bébé devient de plus en plus mobile. Il faut prendre garde à ce qu'il ne se fasse pas de mal.

- Ne laissez jamais auprès de lui des petits objets comme des boutons, des épingles, des pièces de monnaie.
- Quand il est sur vos genoux, attention aux tasses ou aux gobelets contenant un liquide brûlant. Veillez à ce qu'il ne puisse s'en saisir.
- Ne laissez jamais une boisson chaude sur une table à portée de votre bébé. N'en laissez pas non plus sur une table. S'il tente de l'attraper en tirant sur le pied de la table – ou pire, sur la nappe – il peut la renverser sur lui.
- Protégez les poêles et les cheminées par des éléments appropriés.
- Conservez hors de sa portée les substances nocives tels les médicaments, la térébenthine, l'eau de javel, et placez-les dans des flacons avec des systèmes d'ouverture inaccessibles aux enfants.
- Vérifiez que les prises électriques sont toutes munies d'une protection et que des fils ne traînent nulle part.

Laissez-le jouer avec ses jouets quand il est sur vos genoux

Placez-le sur vos genoux et examinez un jouet ensemble. Retournez-le, appuyez dessus, touchez-le et faites des commentaires. Permettez aussi au bébé de jouer tout seul avec. Il appréciera d'être confortablement assis pour le faire. Allongé, il doit s'appuyer sur un bras, ce qui représente souvent un énorme effort pour lui. Par ailleurs, en position assise, il va pouvoir examiner le jouet sous un angle complètement différent. Contentez-vous de l'observer, pour voir s'il a des gestes différents avec ses jouets quand il est sur vos genoux ou s'il se lance dans de nouvelles activités.

Je l'ai mis pour la première fois sur sa chaise haute, en le surélevant avec un coussin et il a immédiatement découvert que dans cette position, il pouvait faire des choses avec ses jouets qu'il ne pouvait pas faire au sol. Quand je lui ai donné son anneau avec des clefs en plastique, il a commencé à le frapper sur le rebord de la tablette, avant de le jeter par terre. Vingt fois de suite, il a fait ça ! Et il était aux anges. Il n'arrêtait pas de rire.

La maman de Paul, 19e semaine

Jouez à chercher des objets

Vous pouvez commencer dès cet âge à jouer à « coucou, le voilà ! » et à cache-cache. Dès que votre bébé se familiarise avec le monde des événements, il est capable de reconnaître ses jouets, même quand il ne les découvre que partiellement. Si vous l'apercevez en train de contempler d'un oeil intrigué un jouet partiellement dissimulé, ou si vous désirez transformer ses tentatives pour récupérer un jouet en un jeu de cache-cache, déplacez légèrement l'objet de façon à ce qu'il puisse facilement le reconnaître. À cet âge, il abandonne facilement. Il n'arrive pas encore à concevoir qu'un objet existe de façon permanente, où qu'il se trouve.

Forme-t-il des « phrases » en babillant ?

Vous avez peut-être remarqué que votre bébé se sert mieux de sa voix, au point que, parfois, on croirait qu'il vous raconte une histoire. En fait, il commence à répéter les syllabes qu'il connaît déjà, comme « dada » et « baba », et les met bout à bout pour former des « phrases ». Il peut aussi expérimenter avec le volume et l'intonation et commencer à prononcer ces phrases. Quand il s'entend produire un son nouveau, il s'arrête parfois quelques instants, éventuellement avec un petit gloussement, avant de reprendre la conversation.

Il est toujours très important de lui parler aussi souvent que possible. Essayez de réagir à ce qu'il dit, d'imiter les nouveaux sons qu'il émet. Répondez quand il vous « demande » ou vous « raconte » quelque chose. Ce sont ces réactions qui l'encouragent à s'exercer avec sa voix.

Comprend-il une phrase courte ?

Vous avez peut-être remarqué qu'il comprend vraiment des mots ou des phrases brèves, même s'il ne peut les prononcer. Essayez de lui demander, lorsqu'il se trouve dans son environnement habituel : « Où est ton nounours ? » Il est possible qu'il regarde en direction de son ours en peluche. À cet âge, les bébés sont capables de comprendre une courte série de sons familiers tels que « Où es ton nounours ? » Cela ne signifie pas pour autant qu'ils comprennent la phrase de la même façon que le ferait un enfant plus âgé ou un adulte. Pour votre bébé, le schéma de syllabes familières qu'il entend et l'intonation de votre voix forment un seul et unique événement sonore. C'est exactement le simple enchaînement de schémas et de changements qui, dans son « nouveau monde », constitue pour lui un événement.

S'il est capable de reconnaître « l'événement phrase du nounours », cela ne signifie pas pour autant qu'il va pouvoir reconnaître en toutes circonstances des événements sonores. Admettons que vous soyez avec lui devant une vitrine remplie de jouets. Vous apercevez un ours en peluche identique au sien et vous lui demandez : « Où est ton nounours ? » Cela ne va donner aucun résultat, dans la mesure où il ne comprend pas le sens de la question dans un environnement si éloigné du sien.

Dans la mesure où sa mère répète tout naturellement les mêmes phrases, ou des phrases approchantes, en vaquant à ses occupations quotidiennes, le bébé les reconnaît petit à petit. C'est pour lui la seule façon d'apprendre le langage parlé et tous les bébés comprennent des mots et des phrases bien avant de pouvoir les prononcer.

> Accroché à un mur du living-room, il y a un tableau qui représente des fleurs. Sur le mur d'en face, il y a une photo de lui avec son ours en peluche. Quand je lui demande : « Où sont les fleurs ? » ou bien : « Où est Paul avec son nounours ? » il regarde toujours dans la bonne direction. Et ce n'est pas une idée que je me fais, parce que les deux cadres sont sur des murs opposés.
>
> La maman de Paul, 23e semaine

Quand vous allez vous apercevoir que votre bébé comprend une phrase pour la première fois, votre cœur de mère va être empli de fierté et d'enthousiasme. Peut-être n'y croirez-vous pas, au début. Il faudra donc répéter la petite phrase, jusqu'à ce que vous soyez réellement convaincue qu'il ne s'agit pas d'une coïncidence. Ensuite, pourquoi ne pas créer une situation nouvelle pour pouvoir vous servir de la petite phrase qu'il reconnaît ? Par exemple, vous pouvez placer son nounours dans tous les coins de la pièce et lui demander s'il sait où il se trouve. Vous pouvez aussi lui montrer des photos de son nounours, ou des photos d'autres ours en peluche. Vous pouvez même commencer à utiliser des mots nouveaux. Nombreuses sont les mamans qui modifient leur façon de parler à leur bébé quand il arrive à cet âge. Elles prononcent les phrases plus lentement, et souvent elles vont utiliser des mots isolés au lieu de phrases entières.

Le premier album de Bébé

À cet âge, certains bébés aiment regarder sans fin un album illustré. Si c'est le cas du vôtre, il veut sans doute souvent le tenir tout seul à deux mains et il contemple les illustrations, émerveillé. Il fait vraiment un effort pour tenir l'album et se concentrer sur les images, mais au bout d'un moment, il finit par porter le livre à sa bouche.

Rompre avec les vieilles habitudes et établir de nouvelles règles

Aussi étrange que cela paraisse, votre bébé peut mettre votre patience à l'épreuve lorsqu'il est en train d'acquérir de nouvelles compétences. Certaines choses qu'il faisait auparavant ne sont plus acceptables maintenant qu'il est un peu plus grand. Lui et vous devez vous adapter à ses progrès. Vous devez établir des règles sur de nouvelles bases afin de rétablir la paix et l'harmonie.

(Suite à la page 157)

Les meilleurs jeux pour le monde des événements

Voici quelques jeux et activités préférés des bébés de cet âge. Souvenez-vous qu'aucun ne ressemble à un autre et voyez quelles sont les préférences du vôtre.

Maman dit !

Parlez-lui aussi souvent que possible de ce qu'il voit, entend, goûte et touche. Parlez-lui de ce qu'il fait, de ce qu'il expérimente. Faites des phrases courtes et simples, en mettant l'accent sur les mots importants. Par exemple, dites-lui « touche ça – de l'herbe », « voilà papa », « écoute – la sonnette » ou bien encore « ouvre la bouche ».

Et maintenant...

Dites : « Et maintenant, je vais... (un silence) te pincer le nez. » Puis prenez son petit nez et faites-le gentiment remuer. Vous pouvez faire de même avec ses oreilles, ses mains, ses pieds. Découvrez ce qu'il préfère. Si vous jouez régulièrement à ce jeu, il saura exactement ce qui va suivre à chaque fois. Il observera vos mains avec une excitation grandissante et hurlera de rire quand vous lui attraperez le nez. Ce jeu le familiarisera à la fois avec les parties de son corps et avec les mots qui les désignent.

On regarde ensemble les images

Montrez à votre bébé une image vivement colorée dans un album. Il voudra peut-être en regarder plusieurs. Veillez à ce que ces images soient de couleurs vives, bien nettes et qu'elles incluent des éléments qu'il puisse reconnaître. Commentez-les et écoutez ses réactions. Si l'objet représenté se trouve dans la pièce, montrez-le lui.

(Suite)

Les meilleurs jeux pour le monde des événements (suite)

Chansons et berceuses

La plupart des bébés aiment les chansons, surtout quand elles sont accompagnées de gestes, comme « Ainsi font, font, font, les petites marionnettes » ou « Une souris verte », « Il était un petit navire ». Ils aiment aussi énormément qu'on les berce au rythme d'une chanson ou d'une berceuse. Ils reconnaissent une chanson à sa mélodie, à son rythme et à son intonation.

Petits chatouillis

De nombreuses comptines et chansons incorporent des petits chatouillis, comme : Voici la souris/Voici la souris/Dring, dring, dring/Dring, dring/Mon bébé est-il chez lui ? Qu'on termine en appuyant sur le nez du bébé ou tout autre endroit de son corps.

Coucou, le voilà !

Recouvrez le visage de votre bébé d'un linge et demandez : « Où est mon bébé (ou son prénom) ? » Voyez s'il peut ôter seul le linge de son visage. Sinon, aidez-le en lui prenant la main et en tirant lentement le linge avec lui. À chaque fois qu'il vous voit de nouveau, dites « coucou, le voilà ! » Cela marquera l'événement. À son âge, il faut que le jeu soit simple. Sinon, c'est trop difficile pour lui.

Le miroir

Placez-vous avec lui devant un miroir. Généralement, le bébé préfère regarder son propre reflet en premier et il lui sourit. Ensuite, il regarde le vôtre, puis vous-même. Généralement, il est stupéfait. Il regarde alternativement votre reflet et vous-même, comme s'il ne pouvait arriver à déterminer où est sa vraie maman. Si vous vous mettez à lui parler, il est encore plus étonné, parce que personne d'autre que sa vraie mère ne parle comme ça. En fait, cela risque de le conforter dans l'idée qu'il est avec la bonne personne et il se mettra à rire avant de se pelotonner dans vos bras.

Les meilleurs jouets pour le monde des événements

Voici les jouets et les objets que la plupart des bébés apprécient le plus à cet âge. Ils sont attirés par tous les objets usuels, pratiquement. Essayez de découvrir ceux que votre bébé préfère :

- les objets du bain : votre bébé aimera jouer dans son bain avec un grand nombre d'objets usuels, comme des gobelets gradués, une passoire en plastique, un vaporisateur, un arrosoir, un porte-savon, un flacon de shampooing en plastique ;
- un tableau de découvertes ;
- une balle d'activité avec des petits éléments à palper, pourvue de préférence d'un grelot à l'intérieur ;
- un hochet en plastique ou en caoutchouc increvable ;
- une boîte avec un couvercle à vis contenant du riz ;
- du papier qui fait du bruit ;
- un miroir (un miroir de sécurité, c'est-à-dire confectionné avec du papier miroir est préférable, à ce stade, à un miroir de verre) ;
- des photos ou des dessins de bébés ;
- des photos ou des dessins d'objets ou d'animaux qu'il connaît par leur nom ;
- des cassettes ou des CD avec des chansons pour enfants ;
- des roues qui tournent – par exemple sur une petite voiture.

Il a son opinion : c'est bien, mais agaçant

Il commence à avoir une petite personnalité et il faut en tenir compte. Il est parfaitement capable de faire savoir ce qu'il aime et ce qu'il n'aime pas, maintenant.

La maman de Hugo, 21e semaine

N'oubliez pas

Rompre avec les vieilles habitudes et établir de nouvelles règles fait aussi partie du développement de nouvelles compétences. Vous pouvez exiger de votre bébé qu'il respecte toutes les nouvelles règles qu'il est à même de comprendre – pas plus, mais pas moins.

Si votre bébé aime prendre ses décisions lui-même, vous ne pouvez manquer de vous en apercevoir. Il va vouloir être assis, être au coeur de l'action, rester où il veut aussi longtemps qu'il le veut. C'est pareil pour le sommeil et la nourriture. Il décide du moment d'aller dormir et du moment où il veut se lever. Il va vous faire savoir quand il veut manger, quelle est sa nourriture préférée, quand il en a assez. Mais ce qui irrite plus que tout beaucoup de mamans, c'est la façon quasi obsessionnelle de leur bébé de vouloir attraper tout ce qu'il voit. Il préfère même cela à leurs jeux en commun. Certaines considèrent son comportement comme antisocial, voire un rien égoïste, d'autres le jugent trop petit encore pour pouvoir toucher tout ce qui se trouve sous ses yeux. La plupart tentent par tous les moyens de freiner son désir d'indépendance quand il essaie de se détacher d'elles pour atteindre les objets qui le séduisent maintenant. Elles tentent souvent de le distraire par des jeux câlins ou le maintiennent fermement tandis qu'il gigote et se tortille dans leurs bras. Mais les deux méthodes arrivent pratiquement toujours au résultat opposé. Leur bébé se tortille de plus belle dans ses efforts pour se libérer de sa maman.

Si ce comportement vous concerne, dites-vous que vous êtes aux prises avec le premier conflit d'indépendance avec votre bébé. Souvenez-vous que désormais, il ne dépendra plus complètement de vous pour s'amuser. Il est maintenant en contact avec le monde qui l'entoure. Il comprend et il sait faire beaucoup plus de choses qu'avant. Alors, bien sûr, il pense tout savoir. Si vous le trouvez difficile, dites-vous bien qu'il pense la même chose de *vous* !

Il essaye d'attraper tout ce qu'il peut : c'est parfois pénible

Rares sont les mères qui ne sont pas agacées par les tentatives de leur bébé pour attraper tout ce qu'il aperçoit ou qui se trouve à sa portée. Rien n'échappe à ses petites mains avides d'explorer : les plantes, les tasses à café, les livres, les CD, les lunettes. Elles tentent de décourager cette manie en y opposant un « non » catégorique, et quelquefois, ça marche.

Chaque fois qu'elle est assise avec moi, elle tente d'attraper les glands sur l'abat-jour et comme je n'aime pas ça, je l'en éloigne en disant « non ».

La maman d'Alexandra, 20e semaine

Rien ne sert d'être impatient

La plupart des mamans estiment qu'à son âge, leur bébé doit apprendre à être un peu patient et elles ne réagissent pas aussi vite qu'il le voudrait à ses demandes. Quand il veut quelque chose, ou veut faire quelque chose, elles le font attendre quelques instants. Presque toutes détestent particulièrement les moments où il attrape impatiemment de la nourriture, et certaines l'en empêchent sur-le-champ.

Elle devenait folle dès qu'elle voyait son bol de nourriture et elle se ruait dessus pour l'avaler sans attendre. J'ai trouvé ça vraiment très désagréable. Alors je lui ai dit qu'elle devait attendre qu'on soit tous à table. Maintenant, elle se montre plus patiente. Elle attend vraiment, en nous regardant servir le dîner.

La maman de Nina, 22e semaine

Ce n'est pas amusant de faire mal à quelqu'un

En même temps que le bébé a grandi et qu'il comprend mieux les choses, il devient capable de faire vraiment mal. Il peut mordre, mordiller, vous tirer sur le visage, les oreilles, les cheveux, vous pincer la peau, la tordre. Parfois, il y met suffisamment de force pour que ce soit vraiment douloureux. La plupart des mères estiment que leur bébé devrait montrer un peu plus de respect et de considération à l'égard des autres. Ces gestes ne les amusent plus du tout.

Certaines le réprimandent dès qu'il s'excite trop, en lui faisant immédiatement savoir qu'il est allé trop loin, la plupart du temps par un « ouille ! » sonore. Si le bébé paraît s'apprêter à un nouvel assaut, elles le préviennent en disant : « attention ! » À cet âge, un bébé est tout à fait capable de comprendre le sens d'une mise en garde au son de la voix. Il peut même arriver qu'une maman se mette vraiment en colère.

Quand il me mord violemment le bout du sein, je dois vraiment me retenir, car sur le moment, j'ai une furieuse envie de le battre. Avant d'avoir un bébé, j'avais du mal à comprendre comment les gens pouvaient battre leurs enfants. Maintenant, je comprends.

La maman de Matthieu, 20e semaine

Soins bébé

Ne perdez pas votre sang-froid

Il est possible que vous éprouviez de temps en temps une bouffée d'agressivité envers votre petit casse-pieds. Rappelez-vous : éprouver de temps en temps des sentiments de colère et de frustration n'est ni anormal, ni dangereux, mais agir sous le coup de ces sentiments l'est, en revanche. Essayez de trouver de l'aide bien avant de perdre tout contrôle.

Un répit après le bond en avant

Entre 20 et 22 semaines, une autre période de calme relatif commence. La plupart des mères louent l'esprit d'initiative et d'entreprise de leur bébé, qui semble maintenant plein d'énergie.

Sa mère ne lui suffit plus pour jouer et il montre son impatience. Il explore son environnement avec une franche détermination et un plaisir évident. Ce qu'il veut, c'est de l'action. Il est susceptible de gigoter pour échapper à l'étreinte de sa mère s'il aperçoit quelque chose d'intéressant. Visiblement, il a maintenant une plus grande indépendance.

> Aujourd'hui, j'ai rangé ses premiers vêtements de bébé avec un pincement au coeur. C'est fou comme le temps passe. On a du mal à l'admettre, c'est une expérience douloureuse. Soudain, il a l'air d'avoir tellement grandi... Lui et moi, nous avons des relations différentes, maintenant. Il a plus de personnalité, c'est une petite personne. Je ne sais pas trop comment l'expliquer.
>
> La maman de Kevin, 23e semaine

Maintenant, elle prend son biberon en me tournant le dos. Elle est assise bien droite et elle ne perd pas une miette du monde qui l'entoure. Elle veut même tenir le biberon toute seule.

La maman de Laura, 22e semaine

Quand je le tiens sur mes genoux, il essaye d'être complètement allongé, pour ne pas perdre une miette de ce qui se passe derrière lui.

La maman de Hugo, 23e semaine

Désormais, je ne le mets presque plus dans son parc, parce que j'ai l'impression qu'il y est trop à l'étroit.

La maman de Kevin, 22e semaine

Il commence à ne plus apprécier d'être promené dans le kangourou. Au début, j'ai cru qu'il avait besoin de plus d'espace, parce qu'il est terriblement actif. Et puis je l'ai placé dos à moi, et maintenant il est ravi, parce qu'il voit un maximum de choses.

La maman de Victor, 21e semaine

Les bébés qui se montrent physiquement très actifs n'ont plus besoin qu'on leur tende les objets dont ils ont envie. Ils se tortillent dans tous les sens pour les prendre eux-mêmes.

Pour atteindre un jouet, elle va rouler du dos sur le ventre, se contorsionner ou se traîner à quatre pattes jusqu'à lui. Toute la journée, c'est une vraie petite abeille. Elle est sans cesse occupée à quelque chose. Elle n'a même pas le temps de pleurer. Je dois dire qu'elle n'a jamais eu l'air aussi heureuse et nous, nous sommes ravis.

La maman d'Alexandra, 21e semaine

Elle crapahute dans toutes les directions. Impossible de l'arrêter. Elle essaye de s'extirper de son trotteur, entreprend de grimper sur le canapé. L'autre jour, on l'a retrouvée en train de s'installer dans le panier du chien. Elle est aussi très active dans son bain. Il ne reste pratiquement pas une goutte d'eau une fois qu'elle a tout éclaboussé.

La maman de Sarah, 22e semaine

Certains bébés sont plus enjoués :

En ce moment, c'est fou ce qu'elle est de bonne humeur. Elle rit, elle raconte « des histoires ». C'est un vrai bonheur de la voir.

La maman de Juliette, 23e semaine

Chaque minute que je passe avec elle est un moment de plaisir. C'est un amour. Elle est vraiment facile à vivre.

La maman d'Audrey, 22e semaine

Brusquement, il est devenu beaucoup moins difficile. Il est revenu à des heures régulières et il dort mieux.

La maman de Hugo, 23e semaine

À ce stade, un grand nombre de bébés pleureurs et exigeants sont également beaucoup plus enjoués. C'est peut-être parce qu'ils sont maintenant capables d'en faire plus et qu'ils s'ennuient moins.

C'est étonnant. Il est gentil, de bonne humeur. Il va au lit sans protester, ce qui est un exploit en soi. Il dort plus longtemps l'après-midi, par rapport aux semaines passées. C'est le jour et la nuit, comparé à il y a quelques mois, quand il criait toute la journée. Il y a encore des hauts et des bas, mais les choses vont en s'améliorant.

La maman de Paul, 22e semaine

Photographie

Après le bond en avant

Âge ______________________________

Remarques ______________________________

chapitre 7

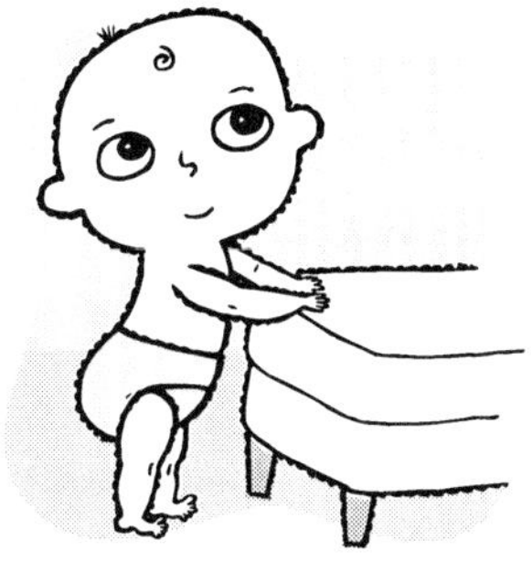

26 semaines : le monde des rapports

Vers 26 semaines, votre bébé va commencer à manifester les signes qu'il accomplit un autre grand bond en avant dans son développement. Si vous l'observez de près, vous vous apercevrez qu'il fait, ou essaie de faire, un certain nombre de choses nouvelles. Qu'il soit ou non capable de se traîner à quatre pattes à ce stade, il est maintenant beaucoup plus mobile, car il apprend à coordonner les gestes de ses jambes et de ses bras et le reste de son corps. En s'appuyant sur sa connaissance des événements, il est désormais apte à comprendre les diverses sortes de rapports qui existent entre les éléments dont son monde est fait.

Parmi ces rapports qu'il perçoit maintenant, l'un des plus significatifs est la distance qui sépare une chose d'une autre. En tant qu'adultes, cela nous paraît évident, mais pour le bébé, il s'agit là d'une découverte inquiétante, d'un changement radical au sein de son univers. Soudain, le monde est immensément grand, et lui infiniment petit. Si l'objet qu'il désire est placé sur une étagère ou loin de lui, il n'a aucun moyen de l'atteindre. Sa mère peut sortir de la pièce et même si elle va juste à côté, c'est pour lui aussi loin que l'Australie puisqu'il n'a pas les moyens de la rejoindre. Même s'il rampe sans difficulté, il se rend bien compte qu'elle se déplace plus rapidement que lui et peut lui échapper.

Pour un tout-petit, une telle découverte peut être effrayante et ces quelques semaines risquent d'être éprouvantes pour les parents. Mais si vous comprenez les raisons de ses craintes et de son malaise, vous pourrez l'aider de nombreuses façons. Bien entendu, une fois qu'il aura appris à franchir l'espace autour de lui et à maîtriser la distance qui le sépare de ce dont il a envie, il sera capable d'agir de manière beaucoup plus indépendante. En attendant, il aura besoin de votre soutien.

Son entrée dans le monde des rapports va influer sur tous ses actes et tout ce qu'il perçoit. Ces changements se sont fait sentir plus tôt – vers 23 semaines. C'est à ce moment-là qu'il commence à être perturbé. Pris dans un tourbillon d'impressions nouvelles, il a besoin de revenir à sa base, de retourner vers sa maman et de s'accrocher à elle pour se rassurer. Elle lui procure un sentiment familier de sécurité, une chaleur qui l'aident à se détendre, à s'adapter à la nouveauté et à grandir dans son nouvel univers à son propre rythme. Cette période crampon dure souvent quatre semaines, mais elle peut aller de une à cinq semaines. Dans la mesure où il doit apprendre à gérer la distance entre lui et sa maman – c'est l'une des compétences essentielles qu'il lui faut acquérir durant ce bond en avant – il est susceptible de redevenir crampon pendant quelque temps aux alentours de 29 semaines, même après que ses nouvelles compétences auront commencé à se développer.

Souvenez-vous

Si votre bébé est crampon, observez-le bien, pour découvrir s'il est en train d'essayer de maîtriser de nouvelles compétences.

Les nuages d'orage s'amoncellent : les signes avant-coureurs d'un grand changement

Quand Bébé commence à s'apercevoir que son monde change, il pleure généralement plus facilement. La plupart des mères trouvent leur tout-petit capricieux, de mauvaise humeur, pleurnicheur, rouspéteur. Si le vôtre a déjà son petit caractère, il peut se montrer encore plus agité, impatient ou difficile. Presque tous les bébés pleurent moins quand leur maman les prend dans les bras et les câline, ou du moins leur tient compagnie quand ils jouent.

Les signes indiquant que votre bébé grandit à nouveau

Entre 22 et 26 semaines, vous remarquerez peut-être que votre bébé commence à manifester l'un ou l'autre des comp ortements ci-dessous. C'est probablement le signe qu'il est prêt à faire le prochain bond dans le monde des rapports.

- ❑ il pleure plus ; il est souvent de mauvaise humeur, capri-cieux ou pleurnicheur ;
- ❑ il veut que vous le teniez occupé ;
- ❑ il dort mal ;
- ❑ il perd l'appétit ;
- ❑ il ne veut pas qu'on le change ;
- ❑ il est visiblement plus timide avec les étrangers ;
- ❑ il est plus calme, il vocalise moins ;
- ❑ il est moins vivace ;
- ❑ il suce son pouce (plus souvent) ;
- ❑ il cherche à atteindre un de ses jouets tendresse (plus souvent) ;
- ❑ autres changements que vous avez remarqués : __________

____

____

____

Elle commence à s'imposer de plus en plus. Elle réclame, elle m'ordonne sans douceur de venir ou de rester auprès d'elle. Comme ça, elle s'assure que je suis là pour l'aider à atteindre ses jouets.

La maman d'Anaïs, 25e semaine

Comment savoir que le moment de grandir est venu ?

Dort-il mal ?

Il est possible que votre bébé dorme plus mal que d'habitude. La plupart ont du mal à s'endormir ou se réveillent plus tôt. Certains refusent de faire la sieste dans la journée, d'autres d'aller se coucher le soir, d'autres encore ne veulent ni l'un ni l'autre.

Que ce soit le soir ou dans la journée, le moment d'aller au lit s'accompagne de hurlements épouvantables. Il grimpe pratiquement aux rideaux et crie jusqu'à ce qu'il n'ait plus de voix. Je ne sais pas quoi faire. Je me demande s'il va jamais rester à nouveau tranquille dans son lit. Je fais des prières pour que ça ne dure pas.

La maman de Kevin, 26e semaine

Son rythme est complètement chamboulé parce qu'il se réveille régulièrement un peu plus tôt. À part ça, tout est normal.

La maman de Hugo, 25e semaine

Fait-il des « cauchemars » ?

Il est possible que votre bébé ait un sommeil troublé. Certains se tournent et se retournent tellement dans leur sommeil qu'ils semblent avoir des cauchemars.

Elle a un sommeil très agité. Parfois, elle pousse un cri, les yeux fermés, comme si elle faisait un mauvais rêve, alors je la prend quelques minutes dans mes bras pour la rassurer. Désormais, je la laisse jouer dans son bain, le soir, en espérant que cela va la calmer et l'aider à s'endormir.

La maman de Sarah, 23e semaine

Est-il devenu timide avec les étrangers ?

Il se peut que votre bébé ne veuille pas que d'autres personnes le regardent, lui parlent ou le touchent et refuse tout net d'aller sur leurs genoux. Peut-être même veut-il désormais avoir toujours sa mère dans son champ de vision, même en dehors de la présence d'étrangers. Presque toutes les mères sont à même de le constater à ce moment. À cet âge, cette timidité ne risque pas de passer inaperçue. Elle a sa raison d'être : pour la première fois, votre bébé est capable de comprendre que sa maman peut s'en aller et le laisser derrière elle.

> Il est chaque jour plus timide. Il veut m'avoir sous les yeux en permanence, tout près de lui. Dès que je m'éloigne de quelques pas, il essaye de se traîner derrière moi.
>
> La maman de Matthieu, 26e semaine

> J'ose à peine lever le petit doigt, même quand je suis assise, parce qu'elle risque d'éclater en sanglots, terrifiée.
>
> La maman d'Audrey, 23e semaine

Réclame-t-il plus d'attention ?

Votre bébé veut peut-être que vous restiez plus longtemps avec lui, que vous jouiez plus avec lui, ou que vous ne regardiez plus que lui.

Elle se fâche facilement et il faut sans cesse la maintenir occupée. Quand elle se réveille dans son lit, par exemple, il faut qu'elle voie tout de suite l'un de nous. Et elle ne se contente pas de pleurer pour qu'on vienne, elle entre aussitôt dans une rage folle au quart de tour. Elle commence à savoir ce qu'elle veut, c'est le moins qu'on puisse dire.

La maman d'Anaïs, 26e semaine

Il n'a qu'une idée en tête : sortir de son parc. Je dois le tenir occupé sur mes genoux ou l'emmener partout avec moi.

La maman de Hugo, 27e semaine

Elle fait tout le temps la mauvaise tête. Quand elle veut qu'on s'occupe d'elle, ce ne sont que des caprices. Il faut que je joue avec elle ou que je trouve le moyen de l'occuper toute la journée. Dans ce cas, tout va bien, pas de problème.

La maman d'Alexandra, 25e semaine

Veut-il être tout le temps avec vous ?

Il se peut que votre bébé veuille rester dans vos bras. La plupart n'aiment pas beaucoup qu'on les pose. Mais certains ont à peine retrouvé l'abri douillet des genoux de Maman, pourtant réclamé à cor et à cris, qu'ils sont insatisfaits et essayent déjà d'atteindre les objets fascinants qui les entourent.

Il me fait la vie pour que je le prenne sur les genoux, mais à peine est-il installé que je ne peux plus le tenir. Il me rampe sur le corps et il essaye de s'emparer de tout ce qui nous entoure. On dirait un petit singe. C'est un problème. J'essaye de jouer avec lui, mais je perds mon temps. S'il n'en a pas envie, d'accord, mais au moins qu'il cesse d'être aussi difficile. Pour dire la vérité, quand il refuse de jouer avec moi, je prends ça un peu comme un rejet. Alors je le remets dans son parc, mais dans les trente secondes, il pleurniche pour que je le reprenne.

La maman de Mathieu, 27e semaine

Cela vous dit-il quelque chose ?

- Les petites filles qui réclament un contact physique acceptent généralement de jouer avec maman.
- Les petits garçons qui réclament un contact physique veulent en même temps explorer le monde autour d'eux.

A-t-il perdu l'appétit ?

Les bébés nourris au sein, comme les bébés nourris au biberon, réduisent de temps à autre la quantité de lait qu'ils absorbent ou le refusent carrément. De même pour d'autres formes de nourriture ou de boisson. Souvent, aussi, les bébés sont plus longs à terminer leurs repas. D'une certaine manière, ils semble préférer le réconfort que procure la succion du sein ou de la tétine au lait maternel ou au contenu du biberon.

Il refuse toujours de téter le matin et le soir. Il repousse le sein et ça fait vraiment très mal. Une fois qu'il est au lit et qu'il n'arrive pas à s'endormir, alors là, oui, il veut téter. Il prend quelques gorgées et il s'endort au beau milieu.

La maman de Matthieu, 26e semaine

Est-il apathique ?

Il se peut que votre bébé cesse son babil habituel, ou qu'il reste immobile, le regard fixe ou les yeux écarquillés. C'est une attitude qui inquiète souvent les mères.

Il lui arrive soudain d'avoir le regard fixe, ou les yeux écarquillés. Elle reste comme ça, sans faire de bruit. Ces jours-là, je suis inquiète, je me demande si quelque chose ne va pas. Je n'ai pas l'habitude de la voir si peu remuante. Comme si elle était malade ou qu'elle avait je ne sais quoi.

La maman de Juliette, 24e semaine

Refuse-t-il qu'on le change ?

Il est possible que votre bébé pleure, donne des coups de pied, s'agite en tous sens quand vous le posez sur le matelas à langer pour le changer ou l'habiller. C'est le cas de la plupart des bébés. Ils n'aiment pas que leur mère tripote leurs vêtements.

> Quand je l'allonge sur le dos, pour lui changer sa couche, par exemple, elle se met systématiquement à pleurer. Ça ne dure pas bien longtemps, mais c'est à chaque fois la même histoire. Parfois je me demande si elle n'a pas quelque chose au dos.
>
> La maman de Juliette, 23e semaine

> À chaque fois que je l'habille ou que je le change, il hurle comme si on l'égorgeait. Imaginez le chantier quand je dois lui enfiler un chandail par la tête ! Ça me rend folle.
>
> La maman de Kevin, 24e semaine

Cherche-t-il à attraper un « doudou » plus souvent ?

Certains bébés vont tenter de saisir une peluche, un chausson, une couverture, une serviette plus souvent qu'auparavant. Pour la plupart, tout ce qui est doux et moelleux peut jouer le rôle de « doudou », mais certains n'acceptent qu'un objet précis. Parfois ils le câlinent tout en suçant leur pouce ou en se touchant l'oreille. Apparemment, le doudou représente la sécurité, surtout quand Maman est occupée. Il apaise les bébés et fait fondre les mamans.

> Quand elle se rend compte qu'elle aura beau gémir et protester, elle ne sortira pas de son parc, elle abandonne. Elle se saisit de sa couverture et elle reste là, en suçant son pouce, avec cette couverture à la main. C'est vraiment mignon.
>
> La maman d'Audrey, 24e semaine

Maintenant, son grand truc, c'est sucer son pouce. La plupart du temps, quand il commence à être fatigué, il met son pouce dans sa bouche, pose sa tête sur son nounours et s'endort ainsi. C'est touchant.

La maman de Victor, 23e semaine

C'est dur pour tout le monde

Maman est épuisée

Les périodes crampons sont souvent éprouvantes pour les nerfs. Quand leur bébé est particulièrement exigeant, les mères finissent par être à bout et se plaignent de maux d'estomac, de douleurs dorsales, de migraines, de stress.

Ses pleurs me tapent sur les nerfs et je n'ai plus qu'une envie, c'est qu'elles cessent. Cela crée une tension qui absorbe toute mon énergie.

La maman de Victor, 25e semaine

Une nuit, j'ai dû marcher de long en large, histoire de lui mettre la sucette dans la bouche. À minuit et demie, elle était parfaitement éveillée. Elle ne s'est pas endormie avant 2 heures et demie du matin. J'avais eu une journée chargée, avec des migraines et le dos en petits morceaux à force de la promener dans mes bras. Alors là, je dois dire que j'ai craqué.

La maman de Sarah, 27e semaine

Maman est inquiète

Tout ce qui touche au bébé est important. Il est donc naturel que vous soyez perturbée ou nerveuse à chaque fois qu'apparemment, quelque chose ne va pas, sans que vous sachiez quoi.

Quand il s'agit d'un tout petit bébé, les mamans admettent généralement qu'il souffre de coliques, car le reste semble fonctionner parfaitement. Avec un bébé de cet âge, toutefois, elles ont vite leur petite idée et en déduisent que s'il est crampon, c'est parce qu'il fait ses dents. C'est, en effet, à peu près à cet âge que les dents commencent en général à percer. Il n'en reste pas moins qu'il n'y a aucun lien entre les dents et l'attitude crampon due à un grand changement dans le développement mental du bébé. Il y a autant de bébés qui font leurs dents après ou avant une période crampon que pendant. Bien sûr, si les deux événements sont simultanés, le bébé peut devenir très difficile à vivre.

> Elle est d'une humeur épouvantable. Tout ce qu'elle veut, c'est s'asseoir sur mes genoux. Peut-être que ce sont les dents. Cela fait trois semaines que ça la travaille. C'est assez désagréable pour elle, mais elle n'ont pas encore percé.
>
> La maman d'Alexandra, 25e semaine

> Il pleurniche tout le temps. Le docteur dit qu'il a pas mal de dents qui vont sortir.
>
> La maman de Paul, 27e semaine
> (Sa première dent n'est sortie que 7 semaines plus tard.)

Maman est irritée

Nombreuses sont les mères qui se mettent en colère dès qu'elles s'aperçoivent que leur bébé n'a aucune raison valable d'être aussi pénible et aussi crampon. Et plus la période crampon dure, plus cette impression s'accentue. Vers la fin, certaines n'en peuvent plus, surtout celles qui ont un bébé très exigeant.

> La semaine a été plus qu'éprouvante. Il pleurait pour un rien et il fallait qu'on s'occupe sans cesse de lui. Il était sur le pont jusqu'à 10 heures du soir, très agité. J'ai dû le promener énormément dans le porte-bébé. Ça, ça lui plaisait, mais moi, je n'en pouvais plus de ces pleurs continuels, de cette agitation, j'étais épuisée, morte. Chaque fois qu'il commençait à piquer sa crise le soir dans son lit, c'était comme si je franchissais une certaine limite et je devenais franchement agressive. C'est arrivé un certain nombre de fois la semaine passée.
>
> La maman de Kevin, 25e semaine

Soins bébé

Ne perdez pas votre sang-froid

Rappelez-vous : éprouver de temps en temps des sentiments de colère et de frustration n'est ni anormal, ni dangereux, mais agir sous le coup de ces sentiments l'est. Essayez de trouver de l'aide bien avant de perdre tout contrôle.

Maman en a assez

Le moment des repas voit parfois naître les querelles, car la plupart des mères détestent que leur bébé ne mange pas. Elles persistent à le nourrir, parfois en jouant, parfois en le forçant. Généralement, quelle que soit leur démarche, elles n'arrivent à rien.

À cet âge, un bébé doté d'un fort caractère peut faire montre d'une grande obstination dans son refus. De son côté, sa mère – tout aussi entêtée, mais pour la bonne cause – va parfois se mettre en colère, et le repas devient le théâtre d'un conflit.

Si vous vous trouvez dans cette situation, essayez de rester calme. Ne vous battez pas pour qu'il mange, vous ne pouvez le forcer à avaler. Au cours des périodes crampon, les bébés sont de petits mangeurs. Cela ne durera pas. En revanche, si vous en faites une affaire d'état, il y a des chances pour qu'il continue à refuser la nourriture une fois la période crampon terminée, car il en aura pris l'habitude.

À la fin de la période crampon, vous aurez sans doute à juste titre l'impression que votre bébé est capable d'accomplir plus de choses que vous ne le pensiez. C'est le cas de beaucoup de mamans. C'est pourquoi elles sont nombreuses à estimer qu'il est temps d'en finir avec cette attitude crampon qu'elles ne supportent plus.

> Elle passe son temps à pleurnicher pour que je m'occupe d'elle ou que je la prenne. Ça ne s'arrange pas. Sans compter qu'elle n'a aucune excuse. J'ai déjà assez à faire comme ça, alors maintenant, quand j'en ai par-dessus la tête, je la fourre au lit.
>
> La maman de Juliette, 26e semaine

S'il est crampon, ce n'est pas nécessairement parce qu'il fait ses dents

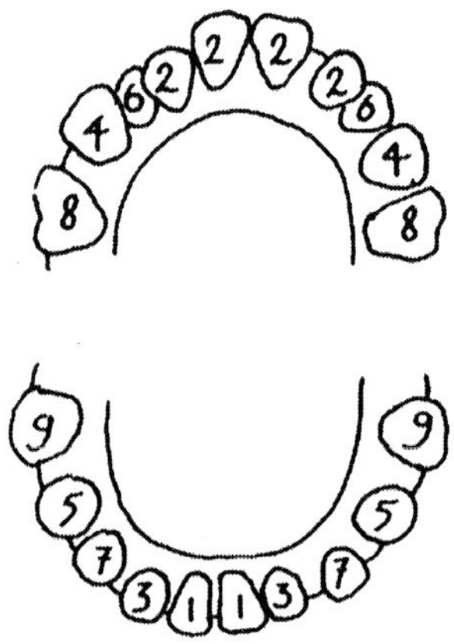

L'illustration à gauche montre dans quel ordre les dents sortent, en général. N'oubliez pas cependant que les bébés ne sont pas des machines. Votre bébé fera sa première dent quand il y sera prêt. La rapidité des poussées n'a rien à voir avec son état de santé, ni avec son développement physique ou mental. Certains font leurs dents tôt, d'autres tard, les uns lentement, les autres rapidement.

En règle générale, la première poussée a lieu quand le bébé atteint 6 mois. Ce sont les dents de devant de la mâchoire inférieure (1). À son premier anniversaire, le bébé a généralement 6 dents. À 2 ans et demi, à peu près, les dernières molaires (8) sortent. La dentition du petit enfant est complète. Elle comporte 20 dents. Le schéma ci-dessous vous permet de noter la date et l'ordre de poussée des dents de votre bébé.

Important : ni la fièvre, ni la diarrhée n'ont de rapport avec les poussées dentaires. Si votre bébé manifeste l'un de ces symptômes, conduisez-le chez le pédiatre.

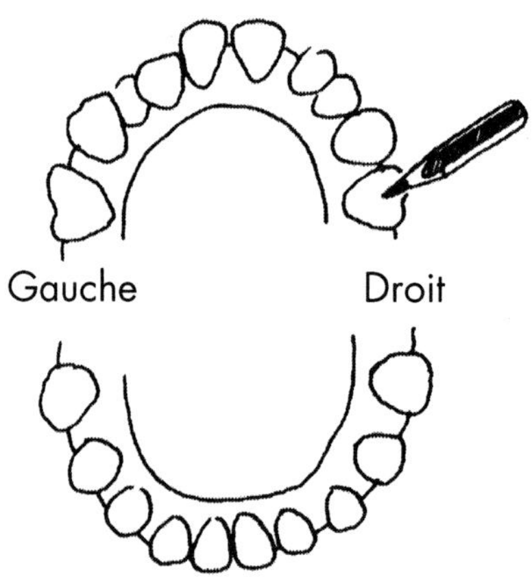

Date

G1	D1 ....
G2	D2 ....
G3	D3 ....
G4	D4 ....
G5	D5 ....
G6	D6 ....
G7	D7 ....
G8	D8 ....
G9	D9 ....
G10	D10 ....

Premières tentatives pour maîtriser de nouvelles compétences

> Je continue à constater le même schéma : une période difficile, parfois très éprouvante, qui atteint un sommet, puis est suivie par une étape paisible. À chaque fois que je crois avoir atteint mes limites, il inverse le processus et se met soudain à faire quantité de choses nouvelles.
>
> La maman de Kevin, 26e semaine

Vers 26 semaines, vous allez découvrir que votre bébé est à nouveau en train d'acquérir une ou plusieurs nouvelles compétences. C'est l'âge auquel les bébés commencent généralement à explorer « le monde des rapports ». Ce monde leur donne de nombreuses occasions de développer des compétences qui dépendent de la compréhension des rapports entre les objets, les gens, les sons et les sentiments. Selon son tempérament, ses inclinations, ses préférences et sa constitution physique, votre bébé se concentrera sur le type de rapports qui l'attirera le plus et s'en servira pour développer les compétences qui lui conviennent le mieux personnellement. Aidez-le à faire ce qu'il est prêt à faire, plutôt que d'essayer de le pousser dans des directions qui ne l'intéressent pas – ce à quoi vous parviendrez d'ailleurs de plus en plus mal, car sa personnalité émerge et ses propres idées commencent à dominer.

Le grand changement : le monde des rapports

Pour la première fois, votre bébé perçoit toutes sortes de rapports et agit sur eux. Il peut maintenant découvrir qu'il existe toujours une distance physique entre deux objets, comme entre deux personnes. Et, bien sûr, la distance qui le sépare de Maman est l'une des premières choses qu'il va remarquer et à laquelle il va réagir. Tout en observant ce phénomène, il s'aperçoit que sa mère peut l'accroître à son gré – beaucoup trop à son goût –, et il prend conscience qu'il n'y peut rien, qu'il ne contrôle pas cette distance. Cela lui fait peur et il se met à pleurer.

Nous avons un problème : elle refuse désormais d'être dans son parc. Il suffit que je l'en approche pour que ses lèvres se mettent à trembler, et si je la place à l'intérieur, elle hurle. En revanche, si je la mets sur le sol à côté de sa « cage », tout se passe bien. Aussitôt elle se tourne vers moi et gigote gentiment.

La maman de Nina, 25e semaine

La première fois où votre bébé se rend compte que les objets sont juxtaposés, c'est une véritable révélation pour lui. Il commence à comprendre qu'une chose peut se trouver à l'intérieur d'une autre, comme elle peut être placée en dehors, au-dessus, dessus, à côté, dessous, ou encore entre deux éléments. Il va adorer jouer avec ces notions.

Il passe ses journées à ôter ses jouets de son coffre et à les y remettre. Parfois, il les jette tous par-dessus son parc, parfois il installe soigneusement chacun d'eux entre les barreaux. Il enlève tout des placards et des étagères et il adore vider des bouteilles et des flacons remplis d'eau dans la baignoire. Mais le plus drôle, c'est en tétant. Il a lâché le mamelon, l'a étudié d'un air sérieux, a secoué le sein une ou deux fois, a tété, puis l'a regardé de nouveau. Ça a continué comme ça un bon moment. C'est la première fois qu'il fait ça. On dirait qu'il se demande comment quelque chose peut sortir de là.

La maman de Matthieu, 30e semaine

Ensuite, votre bébé va commencer à comprendre qu'il peut provoquer un certain nombre d'événements, comme abaisser un interrupteur qui va allumer une lumière ou déclencher une musique. Cela l'intéresse beaucoup. Il est attiré par les objets du genre chaîne stéréo, télévision, télécommande, interrupteur et piano jouet.

Il est maintenant capable d'assimiler l'idée que deux personnes, deux objets, deux sons ou deux situations peuvent être en relation. Ou qu'un son est lié à un objet dans une situation donnée. Il sait qu'une certaine activité dans la cuisine veut dire que quelqu'un est en train de préparer le repas. Que la clef dans la serrure signifie le retour de Papa. Que le chien a sa nourriture et ses propres jouets. Que Maman, Papa et lui forment un ensemble auquel il appartient. Bien sûr, il n'a pas comme vous une notion précise de la « famille », mais il comprend à sa façon qu'il en fait partie.

Il comprend également que les animaux et les êtres humains coordonnent leurs mouvements. Même si deux personnes marchent chacune de son côté, il se rend compte qu'elles tiennent compte des mouvements l'une de l'autre. Il s'agit là aussi d'un « rapport ». De même, il se rend compte quand quelque chose ne va pas. Si Maman laisse tomber un objet en poussant un cri et se baisse pour le ramasser en hâte, si deux personnes se heurtent accidentellement, si le chien tombe du canapé, il se rend compte que cela sort de l'ordinaire. Certains bébés trouvent cela très drôle, d'autres sont terrifiés. D'autres encore manifestent une grande curiosité, ou prennent cela très au sérieux. Après tout, cet événement n'était pas prévu. Chaque nouvelle observation, chaque nouvelle compétence peuvent rendre votre bébé méfiant, jusqu'à ce que les choses se révèlent sans danger.

> J'ai remarqué qu'il a peur de la machine à trancher le pain chez le boulanger. Dès qu'elle se met en marche, il me jette un regard, comme pour dire : « Tu es sûre qu'on ne risque rien ? » Alors je lui souris et il finit par se détendre, mais pas avant qu'il se soit tourné d'un air apeuré deux ou trois fois vers la machine, puis vers moi.
>
> La maman de Paul, 29e semaine

Il est aussi susceptible de se rendre compte qu'il peut coordonner les mouvements de son corps, de ses membres, de ses mains et qu'ils fonctionnent ensemble comme un tout. Une fois qu'il a compris cela, il apprend à ramper de manière beaucoup plus efficace. Ou bien il essaie de s'asseoir tout seul, ou encore de se mettre sur ses pieds en s'accrochant à quelque chose et de se rasseoir. Ou bien encore il peut fièrement tenter ses premiers pas avec un peu d'aide. De manière exceptionnelle, un bébé peut faire cela tout seul, juste avant le début du prochain bond en avant. Tout cet « exercice physique » peut également faire peur au bébé. Il se rend compte pleinement qu'il peut perdre le contrôle de son corps. Il ne sait pas encore garder l'équilibre. Et pour cela, il est important de se familiariser avec la notion de distance.

C'est à sa façon tout à fait particulière que votre bébé va commencer à être actif dans le monde des rapports, en utilisant les compétences et les concepts qu'il a acquis lors des premiers bonds en avant dans son développement mental. De la sorte, il pourra seulement percevoir et expérimenter les rapports mettant en jeu des notions qu'il comprend déjà – celles qu'il a apprises dans le monde des schémas, dans le monde des transitions douces et dans celui des événements.

Les choix de votre bébé : une clef de sa personnalité

Entre 26 et 34 semaines, vous allez pouvoir découvrir ce que votre bébé préfère dans le monde des rapports. Observez bien ce qu'il fait. Servez-vous de la liste précédente pour déterminer ce qui l'intéresse et respectez ses choix. Il est tout à fait naturel d'établir des comparaisons avec les observations des autres mamans, mais ne vous attendez pas à ce que tous les bébés se ressemblent. La seule chose dont vous pouvez être sûre, c'est qu'ils ne se ressemblent pas !

(Suite à la page 187)

Comment votre bébé explore-t-il le nouveau monde des rapports ?

Le monde des rapports offre tant de possibilités que, même s'il le voulait, il ne pourrait toutes les explorer. Selon sa personnalité, il va donc choisir d'en explorer certains aspects. S'il est très physique, il va se servir de la perception des distances pour améliorer son équilibre et se traîner à quatre pattes derrière vous s'il en est capable. S'il est du genre à observer/écouter, il va simplement chercher à comprendre comment fonctionne ce monde et cela l'occupera amplement. Dans la liste ci-dessous, cochez ou surlignez ce qui le concerne aujourd'hui. Vous aurez peut-être besoin de revenir à deux ou trois reprises à cette liste avant le prochain bond en avant, dans la mesure où votre bébé ne manifestera pas tout de suite la totalité des compétences qu'il va développer, sans compter que certaines n'apparaîtront pas avant longtemps. N'oubliez pas : la liste est divisée en divers centres d'intérêt et donc les différents éléments qui le concernent peuvent se regrouper. Vous verrez aussi, si vous avez utilisé les listes proposées dans les chapitres précédents, que cette fois, de nouveaux secteurs de développement apparaissent.

ÉQUILIBRE :

- ❑ il passe seul de la position allongée à la position assise ;
- ❑ il se tient debout seul ; se lève en s'accrochant à quelque chose ;
- ❑ il se rassoit tout seul après s'être levé ;
- ❑ il se tient debout sans être soutenu ;
- ❑ il marche en étant soutenu ;
- ❑ il fait mine de sauter, sans pour autant décoller du sol ;
- ❑ il attrape un jouet sur une étagère ou une table au-dessus de lui ;
- ❑ autres changements que vous avez remarqués : ___________

____

____

____

Comment votre bébé explore-t-il le nouveau monde des rapports ? (suite)

CONTRÔLE DE SON CORPS :

- ❑ il fait en marchant le tour de son lit, d'une table ou de son parc, en se tenant ;
- ❑ il marche en poussant un carton devant lui ;
- ❑ il va d'un meuble à l'autre en prenant son élan ;
- ❑ il se glisse sous ou dans tout ce qui se présente (placards, cartons, chaises, escaliers) ;
- ❑ il monte et descend à quatre pattes de petites marches ;
- ❑ il entre et sort de la pièce à quatre pattes ;
- ❑ il se traîne à quatre pattes autour de la table ;
- ❑ il se penche en avant ou s'allonge sur le ventre pour se saisir de quelque chose sous le canapé ou sous une chaise ;
- ❑ autres changements que vous avez remarqués : ___________

____

____

____

ATTRAPER, TOUCHER ET PALPER :

- ❑ il utilise le pouce et l'index en opposition pour palper et attraper de petits objets ;
- ❑ il peut jouer avec quelque chose en utilisant les deux mains (par exemple en frappant deux objets l'un contre l'autre) ;
- ❑ il soulève les tapis pour regarder en dessous ;
- ❑ il met son ours la tête en bas pour entendre le bruit à l'intérieur (si l'ours grogne) ;
- ❑ il fait rouler une balle sur le sol ;
- ❑ il attrape systématiquement une balle qu'on fait rouler vers lui ;
- ❑ il renverse la corbeille à papier pour vider son contenu ;
- ❑ il jette au loin les objets ;

- ☐ il met un jouet sur le dessus d'un panier ou à côté, le place dans une carton et l'en sort, le pose sur le dessus d'une chaise ou dessous, le pousse en dehors de son parc ou à travers les barreaux ;
- ☐ il essaye d'emboîter un jouet dans un autre ;
- ☐ il essaye d'extraire quelque chose d'un jouet, par exemple le battant d'une clochette ;
- ☐ il tire sur ses chaussettes et les enlève ;
- ☐ il défait vos lacets ;
- ☐ il vide placards et étagères ;
- ☐ il jette des objets du haut de sa chaise haute pour voir comment ils tombent ;
- ☐ il met de la nourriture dans la gueule du chien, dans la bouche de Papa ou de Maman ;
- ☐ il pousse les portes pour les fermer ;
- ☐ autres changements que vous avez remarqués : __________

____

____

____

OBSERVER :

- ☐ il observe les adultes quand ils se livrent à des activités comme introduire des objets dans quelque chose, les placer sur quelque chose, ou les faire passer à travers quelque chose ;
- ☐ il promène son regard d'un animal à l'autre dans différents albums illustrés ;
- ☐ il promène son regard d'une personne à l'autre sur différentes photos ;
- ☐ il promène son regard d'un jouet à l'autre (ou d'un objet/d'un morceau de nourriture à l'autre) tandis qu'il les tient dans ses mains ;

(Suite)

Comment votre bébé explore-t-il le nouveau monde des rapports ? (suite)

- ❑ il observe les mouvements d'un animal, surtout lorsqu'ils sont inhabituels (par exemple un chien qui trottine rapidement sur un parquet ciré) ;
- ❑ il observe les mouvements d'une personne qui se comporte de façon inhabituelle (par exemple, Maman en train de danser, de chanter et de battre des mains, ou papa qui fait le poirier) ;
- ❑ il explore son corps (avec un intérêt particulier pour le pénis ou le vagin) ;
- ❑ il s'intéresse énormément aux petits détails des jouets et des objets (par exemple les étiquettes sur les serviettes de toi-lette ou ses jouets tendresse, les autocollants sur les jouets) ;
- ❑ il choisit un album pour le regarder ;
- ❑ il choisit un jouet pour s'amuser avec ;
- ❑ autres changements que vous avez remarqués : __________

____

____

____

ÉCOUTER :

- ❑ il fait le lien entre les actes et les paroles ; il comprend le sens des ordres brefs, comme « non, ne fais pas ça », « viens, on y va » ou « applaudis » ;
- ❑ il écoute attentivement les explications (vous voyez bien quelquefois qu'il comprend) ;
- ❑ il aime entendre des cris d'animaux quand il regarde des dessins d'animaux ;
- ❑ il écoute attentivement les voix au téléphone ;
- ❑ il prête attention aux sons liés à une activité particulière (par exemple le bruit de légumes que l'on coupe) ;

- ❑ il écoute les bruits qu'il produit lui-même, par exemple en grattant le papier peint avec ses ongles ou en faisant gicler l'eau du bain ;
- ❑ autres changements que vous avez remarqués : ________

____

____

____

PARLER :

- ❑ il comprend le lien entre les actes et les paroles ; il prononce ses premiers mots dans le bon contexte – par exemple, il va dire « ou » pour « poum » quand il tombe, « ayi » pour « gentil » quand il caresse le chien et « a-chou » quand quelqu'un éternue ;
- ❑ il soupire et souffle ;
- ❑ autres changements que vous avez remarqués : ________

____

____

____

DISTANCE MAMAN-BÉBÉ :

- ❑ il proteste quand Maman s'éloigne ;
- ❑ il suit Maman à quatre pattes ;
- ❑ il recherche sans cesse le contact avec Maman même si celle-ci est occupée ;
- ❑ autres changements que vous avez remarqués : ________

____

____

____

(Suite)

Comment votre bébé explore-t-il le nouveau monde des rapports ? (suite)

IMITATIONS :

- ❑ il imite les « au revoir » de la main ;
- ❑ il applaudit quand on le lui demande ;
- ❑ il imite des claquements de langue ;
- ❑ il imite des hochements de tête pour dire « non » et « oui » (souvent il se contente de faire « oui » en clignant des yeux) ;
- ❑ autres changements que vous avez remarqués : __________

____

____

____

____

DIVERS :

- ❑ il danse au son de la musique (en balançant ses petites hanches) ;
- ❑ autres changements que vous avez remarqués : __________

____

____

____

____

Les bébés sont comme ça

Les bébés aiment tout ce qui est nouveau. Il est important que vous réagissiez positivement lorsque vous remarquez chez le vôtre de nouvelles compétences ou sources d'intérêt. Il appréciera que vous partagiez ces nouvelles découvertes, et ses progrès n'en seront que plus rapides.

Comment aider votre bébé á acquérir de nouvelles compétences

Pour pratiquer et expérimenter ses nouvelles compétences, chaque bébé a besoin de temps, de soutien et d'avoir des occasions en grand nombre. Vous l'aiderez en l'encourageant quand il réussit et en le réconfortant quand il échoue (selon ses critères de bébé). S'il s'obstine trop à tenter quelque chose qu'il est encore incapable de maîtriser, distrayez-le en lui proposant une activité à son niveau.

La plupart de vos activités d'adulte sont fermement enracinées dans le monde des rapports – charger la voiture, s'habiller, mettre des cartes dans des enveloppes, tenir une conversation, suivre des cours de gym en regardant une vidéocassette. Permettez à votre bébé d'observer et de participer autant que possible. À chaque fois qu'il en a envie, faites-lui partager les sons, les sensations, les spectacles, les odeurs et les goûts dont vous faites l'expérience. Dans ce monde complexe, vous êtes encore et toujours son guide !

Ne perdez jamais de vue qu'il va sans aucun doute favoriser certains types d'activités au détriment des autres. Si ce qu'il apprend des rapports appartient seulement au secteur « observer » ou « écouter », cela n'a aucune importance. Un peu plus tard, il sera apte à le mettre à profit dans d'autres domaines.

Montrez-lui que vous ne l'abandonnez pas

À cette période, chaque bébé ou presque commence à se rendre compte que sa maman peut accroître la distance entre elle et lui, s'en aller et le laisser. Auparavant, il le voyait, mais sans vraiment en comprendre le sens. Maintenant qu'il découvre que sa maman est imprévisible et échappe à son contrôle, il a peur. C'est qu'elle peut l'abandonner à tout moment ! Même s'il arrive déjà à ramper, sa maman n'a aucun mal à le distancer. Il sent bien qu'il ne maîtrise absolument pas la distance entre elle et lui, et il se sent impuissant. Il n'est pas évident, au début, d'admettre que cela représente un progrès, mais c'est pourtant le signe évident d'un bond en avant sur le plan mental. Votre bébé doit apprendre à faire face à cet état de fait et à l'intégrer à son nouveau monde, de manière à ce qu'il cesse de l'effrayer. Votre tâche est de l'y aider. Pour cela, il faut de la compréhension, de la compassion, de la pratique et du temps, beaucoup de temps.

S'il manifeste de la peur, acceptez cette peur. Il va bientôt se rendre compte qu'il n'a aucune raison d'être effrayé, puisque sa mère ne l'abandonne pas. En général, c'est autour de l'âge de 29 semaines que les bébés paniquent le plus. Ensuite, on constate une certaine amélioration, jusqu'au début du prochain bond en avant.

En ce moment, il crie jusqu'à ce que je le prenne dans mes bras. Alors, il se met à rire, très content de lui, visiblement.

La maman de Hugo, 31e semaine

Tant qu'elle ne me perd pas de vue, ça va, mais autrement, elle commence à pleurer, terrifiée.

La maman d'Éva, 29e semaine

Elle est restée chez la nourrice, comme d'habitude. Elle a refusé de manger, de dormir et elle n'a fait que pleurer sans fin. Je n'avais jamais vu ça chez elle avant. Je me sens coupable de l'abandonner ainsi. J'envisage de quitter mon travail plus tôt, mais je ne vois pas comment faire.

La maman de Laura, 28e semaine

Si elle soupçonne seulement que je vais la poser sur le sol pour qu'elle joue, elle commence à pleurnicher et à se cramponner farouchement à moi. Résultat, je la prends sous le bras toute la journée. Elle ne sourit plus comme avant, non plus. La semaine dernière encore, elle souriait à tout le monde. C'est terminé. Ça lui arrive beaucoup plus rarement. Elle a déjà été comme ça, mais à l'époque elle finissait toujours par faire un petit sourire, ce qui est hors de question aujourd'hui.

La maman de Nina, 29e semaine

Quelle semaine ! Des pleurs, rien que des pleurs. S'il restait cinq minutes tout seul, c'était trop. Je ne pouvais même pas faire un pas en dehors de la pièce qu'il poussait déjà des hurlements. Je l'avais avec moi dans le porte-bébé la plupart du temps. Mais le soir, au moment de le coucher, c'était le drame. Au bout de trois jours, j'étais à ramasser à la petite cuillère. Je n'en pouvais plus. J'ai commencé à me sentir agressive. J'avais l'impression que ça devenait un cercle vicieux. Je prenais sur moi un maximum et je me sentais très seule, complètement épuisée. Tout m'échappait des mains, je n'arrêtais pas de casser. C'est à ce moment-là que je l'ai conduit pour la première fois chez la nourrice, histoire de reprendre souffle. Mais ça n'a rien résolu et je suis allée très vite le récupérer. L'idée de le laisser quelque part me rendait malade et pourtant, j'avais bien réfléchi et ça me paraissait la meilleure solution. Je dois trop souvent prendre sur moi, ce qui ne fait que me rendre agressive. Je me sens seule, prisonnière. Je passe mon temps à me demander si ça vient de moi. Peut-être que je ne sais pas ce que je veux. Peut-être que je le gâte trop.

La maman de Kevin, 29e semaine

Pour soulager l'angoisse de votre bébé, veillez à ce qu'il sache que vous êtes là, pour le cas où il aurait vraiment besoin de vous. Donnez-lui l'occasion de s'accoutumer à la nouvelle situation à son propre rythme. Vous l'aiderez en l'emmenant plus souvent avec vous ou en passant un peu plus de temps auprès de lui. Prévenez-le avant de vous éloigner. Continuez à lui parler tout en vous éloignant et parlez-lui depuis la pièce voisine. Il apprendra ainsi que vous êtes toujours là, même s'il ne vous voit plus. Vous pouvez aussi l'exercer à « Maman s'en va » en jouant à « coucou le voilà ! ». Cachez-vous par exemple derrière un journal pendant que vous êtes assise auprès de lui. Ou bien dissimulez-vous derrière le canapé, tout près de lui, puis un peu plus loin, derrière l'armoire et pour finir derrière la porte.

Laissez-le se traîner à votre suite si cela le rassure

Si votre bébé est déjà un tant soit peu mobile, vous pouvez l'aider à ne pas se sentir abandonné en lui permettant de vous suivre. Dites-lui d'abord que vous vous en allez. Ainsi, il va apprendre qu'il n'a pas besoin de vous surveiller, qu'il peut continuer à jouer tranquillement. Puis sortez lentement, de façon à ce qu'il puisse vous suivre. Adaptez toujours votre allure à votre bébé. Il comprendra bientôt qu'il peut contrôler la distance qui vous sépare et que vous n'allez pas disparaître quand vous devez aller chercher quelque chose dans une autre pièce. Il aura confiance et sera moins après vous.

Au début, il s'accrochait à ma jambe comme un petit singe. Il se mettait sur ma chaussure et avançait avec moi quand je marchais. On aurait cru que je traînais un boulet ! Au bout de quelques jours, il a commencé à prendre un peu de distance. Je pouvais faire quelques pas de côté avant qu'il ne vienne se coller à moi. Maintenant, je peux aller dans la cuisine pendant qu'il se promène à quatre pattes. Il ne vient pas me chercher, sauf si j'y reste un bon moment.

La maman de Kevin, 31e semaine

Souvent, le désir d'être auprès de vous est si fort que même s'il n'a pas encore l'habitude de marcher à quatre pattes, votre bébé est prêt à faire un effort supplémentaire et il finit par améliorer ses performances. C'est pour lui une incitation suffisante, jointe à la coordination dont il dispose maintenant.

Ses excursions

Si votre bébé était déjà quelque peu mobile après le dernier bond en avant, vous allez maintenant voir une grande différence. Ses déplacements l'entraînaient plus loin de vous que maintenant, et pour plus longtemps. Or, voilà soudain qu'il tourne autour de vous, qu'il s'élance en avant, repart en arrière, en reprenant contact avec vous à chaque fois.

> Il passe son temps à aller et venir à quatre pattes, avant de venir s'installer quelque temps sous ma chaise. Et il s'installe plus près de moi qu'avant.
>
> La maman de David, 31e semaine

Donnez à votre bébé la chance de faire des allées et venues autour de vous. Si vous vous asseyez sur le sol, vous le verrez interrompre ses excursions pour venir ramper sur vous.

Et si, après tout, les garçons étaient différents des filles ?

Quelquefois, les mamans de petits garçons semblent avoir plus de mal avec leurs bébés que les mamans de petites filles. Il leur arrive souvent de ne pas comprendre leur fils. Veut-il ou ne veut-il pas jouer avec Maman ?

> Souvent, il se met à pleurnicher, parce qu'il a besoin de contact, que je m'occupe de lui. Je ne refuse jamais. Mais quand je le prends, pour qu'on joue ou qu'on s'occupe ensemble, je vois bien que ce n'est pas ça qu'il avait en tête. Soudain, il aperçoit quelque chose et il lui faut tout de suite. Il essaye de l'attraper en pleurnichant. Apparemment, il veut deux choses à la fois : être avec moi et explorer. Mais c'est toujours une épopée. Il se saisit brutalement des objets et les jette au sol. Il aime bien faire ça dans toute la maison. J'aimerais qu'il soit un peu plus caressant. On pourrait parler, jouer à des jeux, faire ensemble des choses gentilles et amusantes, tout simplement. Au lieu de ça, je passe mon temps à essayer d'éviter que des accidents arrivent. Parfois je me sens insatisfaite.
>
> La maman de Matthieu, 32e semaine.

Les mères qui ont des enfants des deux sexes estiment généralement qu'elles s'investissent plus avec leurs filles. Elles ont l'impression de mieux sentir de ce que veut une petite fille, d'avoir plus d'intérêts en commun. En règle générale, elles la trouvent plus « sociable ».

> Je joue plus « à la maman » avec elle. On fait toutes sortes de choses ensemble. Quand je parle, elle écoute vraiment. Elle aime jouer avec moi. Elle n'en a jamais assez. Son frère avait plus sa propre personnalité. Nous sommes plus proches, elle et moi.
>
> La maman d'Éva, 33e semaine

Ramper partout, dans tous les sens

Si votre bébé aime marcher à quatre pattes, laissez-le ramper en toute liberté dans une pièce où il ne court aucun risque. Observez simplement comment il s'y prend.

> J'aime le regarder jouer dans le living-room. Il rampe jusqu'au canapé, regarde dessous, s'assoit, crapahute jusqu'au placard, s'insinue dedans, ressort à toute vitesse, suit le tapis, toujours à quatre pattes, le soulève, regarde en dessous, se précipite vers la chaise, passe en dessous, puis file vers un autre placard, rentre à l'intérieur, se retrouve enfermé, pleure un peu, trouve le moyen de sortir et ferme la porte.
>
> La maman de Victor, 30e semaine

Si votre bébé prend plaisir à ce genre de choses, placez autour de lui des objets qui vont l'encourager à poursuivre ses explorations. Utilisez par exemple des couvertures roulées, des dessus de lit ou des oreillers qui vont jouer le rôle de « collines » qu'il pourra escalader à quatre pattes. Bien sûr, vous pouvez aménager ce circuit de la manière qui convient le mieux à ses possibilités.

Vous pouvez vous servir d'un grand carton dont vous aurez ôté un côté ; il pourra facilement y pénétrer en rampant. Des chaises ou des cartons mis bout à bout constitueront un tunnel qu'il pourra franchir en rampant. Vous pouvez aussi faire une tente avec un drap. Toujours à quatre pattes, il pourra y entrer, en sortir, passer dessous. Nombreux sont les bébés qui aiment ouvrir et fermer des portes. Si c'est le cas du vôtre, vous pouvez inclure une porte ou deux dans le parcours. Et bien sûr, si vous marchez à quatre pattes à côté de lui, ce sera deux fois plus amusant... Introduisez aussi un peu de variété en jouant à cache-cache et à « cou-cou, le voilà ! ».

Aime-t-il déplacer ses jouets ?

Si votre bébé aime déplacer ses jouets, faites-en un jeu. Donnez-lui l'occasion de les mettre sur quelque chose, ou dessous, ou à côté, ou à l'intérieur. Laissez-le les jeter – c'est important pour qu'il comprenne comment le monde fonctionne. Laissez-le aussi les faire passer dans quelque chose, par exemple un tunnel constitué par des cartons ou les pieds d'une chaise. Aux yeux d'un observateur extérieur, le bébé peut avoir l'air de papillonner d'un objet à l'autre, mais cette activité frénétique enregistre en fait les données dont son cerveau a besoin pour comprendre le nouveau monde des rapports.

> Elle pose par exemple ses briques, sa sucette ou son ours sur le dessus d'un panier. Quand elle est debout, elle prend des jouets sur le sol et les jette sur la chaise. Elle introduit aussi des objets dans son parc à travers les barreaux. Et quand elle se trouve dans le parc, elle jette tout par-dessus. Elle adore regarder ce qu'elle a fait. C'est une petite coquine.
>
> La maman d'Alexandra, 30e semaine

Réservez-lui une étagère ou un placard facile à remettre en ordre, qu'il pourra vider. Donnez-lui un coffre *dans* lequel il pourra placer ses objets à lui. Retournez un carton, afin qu'il puisse poser des objets *dessus*. Permettez-lui de pousser des objets hors de son parc *à travers* les barreaux, ou de les jeter *par-dessus*. Pour les bébés qui ne sont pas encore intéressés à ramper, c'est la façon idéale d'explorer des rapports comme *dedans*, *dehors*, *dessous*, et *dessus*.

S'amuse-t-il énormément à jeter les objets à terre ?

Votre bébé aime peut-être renverser les objets et les laisser tomber pour voir ce qui va se passer et entendre le bruit. À moins qu'il ne cherche à comprendre comment un objet en particulier se brise en plusieurs morceaux. Il jette joyeusement à bas ses piles de briques en plastique, que vous devez sans cesse reconstituer... Mais il appréciera tout autant de renverser la corbeille à papier ou le bol d'eau du chat, de laisser tomber un verre de lait ou son assiette de céréales du haut de sa chaise, et autres catastrophes domestiques.

Elle observe comment les objets tombent. Elle fait des expériences avec tout ce qui est à sa portée, sa sucette, ses briques, sa timbale. Je l'ai prise par surprise en lui donnant une plume de notre perroquet, Gros Bec. Mais elle préfère de loin les objets qui font beaucoup de bruit !

La maman de Nina, 28e semaine

Je ne l'ai jamais vu rire autant que le jour où j'ai cassé une assiette en mille morceaux. Il était plié en quatre.

La maman de David, 30e semaine

Votre bébé peut aussi essayer de pousser ou de faire rouler des objets, comme une balle ou un cube de plastique souple avec un carillon musical à l'intérieur. Faites-en un jeu en les lui renvoyant de la même manière.

Elle arrive à lancer en l'air une balle légère, même si ce n'est pas très haut. Elle la fait aussi rouler et quand je la lui renvoie de la même manière, elle l'attrape.

La maman d'Audrey, 27e semaine

Est-il fasciné par les objets qui ont quelque chose à l'intérieur ?

Votre bébé est-il intrigué par une boule transparente emplie d'eau avec un canard qui flotte à *l'intérieur*, par un jouet qui couine ou un petit piano ?

Laissez-le explorer ces objets, mais prenez garde, car pour lui, un flacon de parfum ou de vernis à ongles, un interrupteur ou une montre qui marche ont le même attrait !

J'ai tenu son ours la tête en bas, pour qu'il grogne. Ensuite, je l'ai posé sur le sol et Paul a tout de suite rampé vers lui et l'a tourné dans tous les sens jusqu'à ce qu'il produise ce bruit. Il était si fasciné qu'il a continué à tourner et retourner ce nounours, de plus en plus vite.

La maman de Paul, 33e semaine

Aime-t-il démonter les objets ?

S'il découvre que l'on peut *démonter* les objets, donnez-lui des jouets conçus dans ce but – des gobelets emboîtables, des briques empilables, des perles géantes encastrables. Il va tirer sur ce qui est attaché aux objets ou aux jouets, comme les étiquettes, les autocollants, les yeux et le nez des jouets tendresse, les roues, les portières et les poignées des petites voitures. Mais prenez garde : les boutons sur les vêtements, les interrupteurs et les fils électriques, les capsules de bouteilles sont tout aussi attrayants à ses yeux et tout aussi susceptibles d'être ôtés ou arrachés. Pour votre bébé, il n'y a pas de « domaine réservé » dans cet univers nouveau et excitant.

Il passe son temps à enlever ses socquettes.

La maman de Hugo, 31e semaine

Soins bébé

Rendez la maison sûre

Souvenez-vous : votre bébé peut être fasciné par des objets dangereux pour lui ! Il peut introduire sa langue ou un doigt dans tout ce qui comporte une fente ou un trou, ce qui inclut les prises de courant, l'équipement électronique, la tuyauterie et la gueule du chien. À chaque fois que vous le laissez explorer librement la maison, vous devez toujours rester auprès de lui.

Est-il intrigué par ce qui disparaît à l'intérieur de quelque chose ?

S'il adore voir une chose disparaître à *l'intérieur* d'une autre, permettez-lui d'observer vos activités. Pour vous, faire la cuisine est banal, mais pour lui, tous ces ingrédients qui disparaissent dans une même casserole constituent un spectacle magique. Gardez toutefois l'œil sur lui, car il peut essayer de faire disparaître des objets de son propre chef.

> Elle aime voir le chien vider sa gamelle et elle s'approche le plus possible de lui. Ça me paraît dangereux, car le chien, se sachant observé, avale de plus en plus vite sa pâtée. D'un autre côté, le chien s'est mis à s'intéresser à elle quand elle mange et il s'installe au pied de sa chaise haute quand elle est à table. Eh bien, croyez-moi si vous voulez, elle lâche des petits morceaux de pain et le chien les avale.
>
> La maman de Laura, 31e semaine

Parfois, les bébés aiment à placer une chose dans une autre, mais c'est en fait une pure coïncidence, car ils ne peuvent encore faire la différence entre des tailles et des formes diverses.

Elle essaye d'emboîter un tas d'objets. La plupart du temps, ça va pour la taille, mais la forme ne convient jamais, sans compter qu'elle n'a pas le compas dans l'œil. Pourtant, quand ça ne marche pas, elle se met dans une rage folle.

La maman d'Alexandra, 29e semaine

Il a découvert ses narines et a un fourré un doigt inquisiteur dedans. J'espère qu'il ne va pas faire la même chose avec une de ses grosses perles en plastique.

La maman de David, 32e semaine

Comprend-il certaines phrases courtes ou certains gestes ?

Les bébés qui ont montré auparavant une sensibilité particulière aux sons et aux gestes vont maintenant commencer à saisir le lien entre des phrases courtes et leur signification, ou entre des gestes particuliers et leur signification. En fait, ils peuvent même arriver à faire le lien entre les mots et les gestes qui les accompagnent. Néanmoins, vous constaterez que ces bébés ne peuvent comprendre cela que dans leur environnement habituel et dans le cadre de la routine familiale. Si vous leur faites écouter les mêmes phrases enregistrées sur un magnétophone dans un endroit inconnu, ils n'auront pas la moindre idée de leur sens. Cela viendra beaucoup plus tard.

Si votre bébé aime jouer avec les mots et les gestes, profitez-en pour l'aider à comprendre ce que vous dites. Faites des phrases courtes, accompagnées de gestes simples et précis. Quand vous vous livrez à une activité, expliquez ce que vous êtes en train de faire. Faites-lui aussi voir, toucher, sentir et goûter, le cas échéant, ce dont vous parlez. Il comprend plus de choses que vous ne le pensez.

À un moment, je lui ai dit de regarder le lapin. Il a compris. Il écoute très attentivement.

La maman de Paul, 26e semaine

J'ai l'impression qu'il comprend quand j'explique quelque chose ou que j'émets une suggestion, par exemple : « Et si on allait faire une petite promenade ? » ou « C'est le moment d'aller au lit ». C'est vraiment mignon – il n'aime pas entendre le mot « lit » !

La maman de Kevin, 30e semaine

Quand on lui dit : « Applaudis ! » elle le fait. Et quand on lui dit « Saute ! » elle plie les genoux et fait des mouvements de ressort, mais ses pieds ne décollent pas du sol.

La maman d'Alexandra, 32e semaine

Quand je lui dis « Fais au revoir » tout en agitant la main en direction de son papa, elle fait pareil, l'œil rivé sur ma main.

La maman de Nina, 32e semaine

Arrive-t-il à prononcer un vrai mot ou à faire un vrai geste ?

Si votre bébé essaye de dire ou de demander quelque chose vocalement ou par des gestes, veillez à lui faire savoir combien vous êtes ravie. Exploitez ce potentiel. Parlez-lui, adressez-lui des gestes. La meilleure façon de lui apprendre à parler, c'est de lui parler aussi souvent que possible. Nommez les objets usuels. Posez-lui des questions – demandez par exemple : « Veux-tu ton yaourt ? » quand vous placez son bol devant lui. Faites-lui écouter des chansons pour enfants et jouez à des jeux où l'on chante. En bref, rendez la parole attrayante.

À chaque fois qu'il veut un objet, il met la main dessus et me regarde, comme pour me dire « Je peux ? » Il comprend aussi « Non ». Bien sûr, ça ne l'empêche pas d'essayer, mais il sait que « Non » veut dire non.

La maman de Kevin, 32e semaine

La semaine dernière, elle a dit « ou » (boum), la première fois qu'elle est tombée et elle a prononcé très clairement « ayi » (gentil) quand elle a caressé le chat. Nous avons aussi remarqué qu'elle commençait à imiter les sons que nous prononçons, alors on a commencé à lui apprendre à parler.

La maman d'Alexandra, 29e semaine

Son premier mot

Une fois que votre bébé aura la capacité de percevoir et d'expérimenter les rapports, il va peut-être découvrir son premier mot. Cela ne veut pas dire pour autant qu'il va parler. L'âge auquel les bébés commencent à se servir des mots est très variable. Ne vous inquiétez donc pas si le vôtre attend encore quelques mois avant de le faire. La plupart prononcent véritablement leur premier mot au cours du 10e ou du 11e mois.

Si votre bébé est obsédé par autre chose, marcher à quatre pattes ou se tenir debout, par exemple, il n'a peut-être tout simplement plus de temps à consacrer aux mots. Il ne peut tout faire à la fois.

C'est un vrai petit moulin à paroles. Elle est surtout très bavarde quand elle marche à quatre pattes et quand elle reconnaît quelqu'un ou quelque chose. Elle parle à ses peluches et elle nous parle quand nous la tenons sur les genoux. On dirait qu'elle raconte une histoire. Elle utilise toutes sortes de voyelles et de consonnes, avec d'infinies variations.

La maman d'Anaïs, 29e semaine

Il hoche la tête en émettant un certain son. Si je me mets à l'imiter, il se tord littéralement de rire.

La maman de Paul, 28e semaine

Aime-t-il les albums illustrés ?

En règle générale, si votre bébé aime bavarder, il aime aussi regarder les images d'un album illustré. Profitez-en pour exploiter ce goût. Laissez-le choisir son livre tout seul. Il a sans doute sa préférence. Certains bébés regardent des albums parce que ce qu'ils aiment, en fait, c'est les ouvrir et les refermer. Les illustrations ne les intéressent pas du tout.

Souvent, il attrape un album en plastique et passe son temps à l'ouvrir et à le refermer, la bouche en coeur.

La maman de Paul, 29e semaine

Elle choisit elle-même le livre qui l'intéresse. Elle s'absorbe dans la contemplation des illustrations, et c'est même elle qui tourne les pages.

La maman d'Alexandra, 27e semaine

Quand j'imite le cri de l'animal dont on regarde le dessin, elle est ravie.

La maman de Nina, 30e semaine

Aime-t-il danser et écouter de la musique ?

S'il aime la musique, veillez à chanter avec lui un maximum de chansons où l'on danse et où l'on claque dans ses mains. Ainsi, il pourra s'exercer à utiliser des gestes et des mots. Si vous ne connaissez pas beaucoup de chansons pour enfants, achetez des cassettes ou empruntez-les aux discothèques municipales.

Au cours de natation pour bébés, on a chanté et soudain elle nous a accompagnés.

La maman de Nina, 30e semaine

Dès qu'elle entend de la musique ou que je me mets à chanter, elle commence à se tortiller.

La maman d'Éva, 32e semaine

Aime-t-il se mettre tout seul sur son séant ?
A-t-il un bon équilibre ?

Maintenant, il a appris à s'asseoir. Il a commencé par balancer sur une fesse, les deux mains à plat devant lui, puis il a utilisé une seule main et maintenant, il s'assoit sans les mains.

La maman de Matthieu, 25e semaine

Ça y est, elle s'assoit seule, sans craindre de perdre l'équilibre. La semaine dernière, elle n'y arrivait pas. Quelquefois, elle saisit un objet, le soulève à deux mains jusqu'au-dessus de sa tête et puis le lance.

La maman d'Alexandra, 28e semaine

Quand il est assis, il tombe souvent sur le côté. Il lui arrive aussi de tomber en avant ou en arrière. À chaque fois, je me dépêche d'en rire. Alors, souvent, lui aussi se met à rire.

La maman de Kevin, 26e semaine

Si votre bébé manque encore d'équilibre et d'assurance quand il est assis, aidez-le. Voyez si vous pouvez lui donner un peu plus d'assurance en jouant avec lui à des jeux où il doit retrouver l'équilibre à chaque fois qu'il vacille. Vous trouverez un peu plus loin dans ce chapitre des jeux d'équilibre sous la rubrique « Les meilleurs jeux pour le monde des rapports ».

A-t-il plaisir à se tenir debout tout seul ? A-t-il un bon équilibre ?

Toute cette semaine, elle a essayé de se mettre debout et elle a fini par y arriver. Elle s'est accrochée à son lit pour se lever et elle a même réussi à rester debout. Maintenant, elle y arrive vraiment. Elle se redresse en se servant du canapé, de son parc, de la table, de la chaise ou des jambes de quelqu'un. Elle se tient aussi debout près de son parc et, d'une main, elle va y chercher des jouets.

La maman d'Alexandra, 28e semaine

Elle commence à se tenir debout dans son parc, mais elle ne sait pas comment se rasseoir. C'est épuisant. Aujourd'hui, je l'ai trouvée debout pour la première fois dans son lit, en larmes. Je dois dire que ça m'irrite, parce qu'elle est censée dormir quand elle est dans son lit. J'espère que ça ne va pas durer trop longtemps et qu'elle va bientôt trouver le moyen de se rasseoir.

La maman de Juliette, 31e semaine

Elle tient absolument à ce que je l'assoie quand elle est debout. Sa soeur n'a pas le droit de l'aider, même si elle lui laisse faire pas mal de choses. Visiblement, elle a peur que sa soeur ne sache pas s'y prendre.

La maman d'Audrey, 32e semaine

On a essayé de le mettre sur ses pieds à côté de la table. Il est resté là, à vaciller, en équilibre franchement instable, comme s'il allait culbuter. On aurait dit une marionnette au bout de ses fils. C'est trop tôt pour lui.

La maman de Victor, 31e semaine

Si votre bébé n'est pas solide sur ses jambes ou qu'il a peur de tomber, aidez-le. Jouez avec lui à des jeux d'équilibre, qui vont le familiariser avec la position verticale. Mais ne tentez jamais de le forcer à s'asseoir ou à se mettre debout. Si vous essayez trop tôt à son goût, il peut prendre peur et même ralentir ses progrès.

Aime-t-il marcher avec de l'aide ? A-t-il un bon équilibre ?

Quand je la tiens par les deux mains, elle marche, sans aucun problème d'équilibre. Elle franchit sur ses deux pieds le petit espace entre la chaise et la télévision. Elle marche en suivant les contours de la table basse. Elle marche en poussant un carton de couches vide. L'autre jour, le carton a glissé et elle a fait trois pas toute seule.

La maman d'Alexandra, 34e semaine

Les premiers pas

Une fois que votre bébé a pris le pli de percevoir et d'expérimenter les rapports, il est à même de comprendre ce que c'est que marcher. Mais ce n'est pas parce qu'il le comprend qu'il va le faire. Pour véritablement se mettre à marcher, il faut qu'il en ait envie. Et même dans ce cas, il peut échouer si son corps n'y est pas prêt. À cet âge, il n'apprendra à marcher que s'il existe une certaine proportion entre le poids de sa masse osseuse, sa masse musculaire et la longueur de ses muscles par rapport au tronc. Si votre bébé est occupé par autre chose – par exemple la parole, les sons et la musique –, il n'a peut-être tout simplement plus assez de temps à consacrer à la marche. Il ne peut pas tout faire en même temps.

Si vous constatez que votre bébé prend beaucoup de plaisir à marcher – et seulement dans ce cas –, donnez-lui un petit coup de main. Tenez-le solidement, parce qu'en règle générale, il est dans un équilibre instable. Jouez avec lui à des jeux qui vont le familiariser avec l'équilibre, notamment dans le cas où il fait porter son poids d'un pied sur l'autre. Ne vous lancez pas dans de longues promenades. Il n'apprendra pas plus vite. Votre bébé ne commencera à marcher que lorsqu'il y sera prêt.

> Sa coordination est très lente et ça m'énerve. Il ne marche pas à quatre pattes, il ne se met pas sur ses pieds. Il reste là, à s'amuser avec ses jouets.
>
> La maman de Hugo, 29e semaine

Joue-t-il avec les rapports entre les parties de son corps ?

Si votre bébé essaye de maîtriser l'action simultanée de deux doigts – par exemple le pouce et l'index – il est en même temps occupé à inventer un nouvel « outil », la pince, dont il va pouvoir se servir immédiatement.

Il peut maintenant apprendre à saisir des objets tout petits, par exemple arracher des fils du tapis ou cueillir des brins d'herbe. Il peut prendre plaisir à toucher et à caresser toutes sortes de surface avec ses doigts et à examiner en détail de très petits objets.

> Elle parcourt la pièce à la recherche de la moindre bricole, de la plus infime miette sur le sol, qu'elle va saisir entre le pouce et l'index avant de la fourrer dans sa bouche. Je dois veiller à ce qu'elle n'avale rien d'embêtant. Je la laisse manger toute seule de petits morceaux de pain, maintenant. Au début, elle mettait son pouce dans sa bouche au lieu du pain qu'elle tenait, mais elle commence à faire des progrès.
>
> La maman d'Anaïs, 32e semaine

Les bébés sont également capables de commencer à saisir le lien entre ce que font leurs deux mains et de mieux les contrôler. Ils peuvent ainsi s'occuper de deux choses à la fois. Si vous voyez que le vôtre essaye de se servir de ses deux mains en même temps, encouragez-le. Mettez-lui un jouet dans chaque main et faites-les se heurter. Ou bien faites-lui faire la même chose, sans les jouets, pour qu'il batte des mains. Laissez-le aussi frapper un jouet sur le sol ou le mur. Encouragez-le à faire passer des jouets d'une main dans l'autre. Faites-lui poser deux jouets au sol en même temps, puis les reprendre.

> C'est un vrai bébé frappeur. Elle tape sur tout ce qui lui tombe sous la main.
>
> La maman d'Alexandra, 29e semaine

(Suite à la page 214)

Les meilleurs jeux pour le monde des rapports

Voici des jeux et des activités qui semblent des plus efficaces et des plus appréciés des bébés en train d'explorer le monde des rapports. Quel que soit le type de jeu que vous choisirez, le langage va commencer à y jouer un rôle important.

JEUX DU TYPE « CACHE-CACHE ET COUCOU, LE VOILÀ »

Ce sont des jeux qui ont beaucoup de succès à cet âge. On peut les varier à l'infini.

COUCOU, LE VOILÀ ! AVEC UN MOUCHOIR

Placez un mouchoir sur votre tête et voyez si votre bébé va l'ôter. Vous pouvez demander en même temps « Où est Maman ? » Il saura que vous êtes toujours là, parce qu'il vous entend. S'il ne fait aucune tentative pour enlever le mouchoir, prenez sa main et retirez-le. Dites « Coucou, la voilà ! » quand vous réapparaissez.

VARIATIONS SUR COUCOU, LE VOILÀ !

Mettez vos mains sur votre visage, puis ôtez-les. Ou bien cachez-vous derrière un journal ou un livre placé entre vous et votre bébé, puis montrez-vous soudain. Il aimera aussi quand vous réapparaissez derrière une plante verte ou émergez de dessous une table. Après tout, vous n'êtes pas complètement dissimulée et il peut encore vous voir en partie.

ESSAYEZ DE VOUS DISSIMULER ENTIÈREMENT

Cachez-vous dans un endroit bien en vue, par exemple derrière un rideau, de façon à ce que votre bébé suive les mouvements du rideau. Veillez à ce qu'il vous voie disparaître. Par exemple, annoncez que vous allez vous cacher (s'il ne marche

Les meilleurs jeux pour le monde des rapports (suite)

pas à quatre pattes) ou qu'il doit venir vous chercher (s'il marche à quatre pattes). S'il ne vous observe pas ou est distrait par autre chose, appelez-le par son nom. Essayez aussi de faire de même sur le seuil d'une porte. Ainsi il apprendra que si vous le quittez, vous revenez ensuite. Récompensez-le à chaque fois qu'il parvient à vous trouver, en le soulevant en l'air ou en le câlinant, selon ses préférences.

OÙ EST LE BÉBÉ ?

Beaucoup de bébés découvrent qu'ils peuvent eux-mêmes se cacher derrière ou sous quelque chose. Généralement, ils commencent avec un morceau d'étoffe ou un vêtement pendant qu'on les change. Profitez de toutes les occasions de prolonger le jeu dont votre bébé a eu l'initiative. Il apprendra ainsi qu'il peut prendre la direction des opérations.

CACHER DES JOUETS

Essayez aussi de dissimuler un jouet sous un mouchoir. Assurez-vous qu'il fait partie de ceux que votre bébé affectionne. Montrez-lui où et comment vous le cachez. La première fois facilitez-lui la tâche. Veillez à ce qu'une petite partie du jouet soit encore visible pour lui.

CACHER DES JOUETS DANS SON BAIN

Utilisez un bain moussant et laissez votre bébé jouer avec. Essayez de temps en temps de dissimuler des jouets sous la mousse et invitez-le à les chercher. S'il sait souffler, soufflez sur la mousse. Ou donnez-lui une paille et encouragez-le à souffler dedans.

ENOURAGEZ-LE À PARLER

Vous pouvez rendre la parole attrayante pour votre bébé en parlant fréquemment, en l'écoutant, en lisant des albums avec lui et en jouant à des jeux où l'on chuchote, ou l'on chante ou l'on prononce des mots.

REGARDEZ ENSEMBLE DES ALBUMS ILLUSTRÉS

Prenez votre bébé sur vos genoux – c'est généralement ce qu'il ai le mieux. Laissez-le choisir un album et regardez-le ensemble. Nommez tout ce qu'il regarde. Si c'est un album qui comporte des animaux, imitez ses cris. En général, les bébés adorent entendre leur mère aboyer, faire « meuh » et « coin-coin ». En outre, ces sons sont de ceux qu'il peut imiter. Ainsi, il peut vrai-ment participer. Laissez-le tourner seul les pages s'il le souhaite.

LE JEU DU CHUCHOTIS

La plupart des bébés adorent qu'on leur chuchote quelque chose à l'oreille. Votre bébé sera aussi intéressé si vous lui soufflez doucement dans l'oreille, peut-être parce qu'il peut maintenant comprendre ce que c'est que souffler.

DES JEUX OÙ L'ON CHANTE ET OÙ L'ON BOUGE

Ces jeux servent à encourager le bébé à chanter et à parler, en même temps qu'ils exercent son sens de l'équilibre.

« AU TROT, AU TROT, AU GALOP »

Placez votre bébé debout sur vos genoux, face à vous, en le tenant sous les bras. Prenez le petit trot, en chantonnant « Au trot, au trot, au galop » ou toute autre chanson similaire.

(Suite)

Les meilleurs jeux pour le monde des rapports (suite)

C'EST COMME ÇA QUE MONTE MADAME

Placez votre bébé debout sur vos genoux, face à vous, en le tenant sous les bras et chantez la chanson suivante :

C'est comme ça que monte Madame,
monte Madame,
monte Madame,
que monte Madame à cheval
Au petit matin sur le chemin.

(Chantez lentement, d'un ton solennel, en prenant le petit trot, de façon à ce que votre bébé monte et descende gentiment sur vos genoux.)

C'est comme ça que monte Monsieur,
monte Monsieur,
monte Monsieur,
que monte Monsieur à cheval
Au petit matin sur le chemin.

(Accélérez le rythme de la chanson et de la chevauchée)

C'est comme ça que monte 'fermier
monte l'fermier,
monte l'fermier,
que monte (fermier à cheval
Au petit matin sur le chemin.

(Chantez en prenant l'air fatigué et faites « trotter » votre bébé de haut en bas et de droite à gauche)

Clip, clop, clip, clop, le cheval va
Il va où ça ?
Dans le fossé, patatras !

(« Dans le fossé, patatras » doit venir par surprise. Ouvrez les genoux et faites « tomber » votre bébé au milieu.)

DES JEUX POUR GARDER L'ÉQUILIBRE

Beaucoup de jeux où l'on chante, comme ceux qui précèdent, sont aussi des jeux pour garder l'équilibre. En voici quelques-uns :

ASSIS !

Asseyez-vous confortablement. Prenez votre bébé sur vos genoux. Tenez-le par les mains et faites-le bouger doucement de droite à gauche, de façon à ce qu'il fasse porter le poids de son corps d'une fesse sur l'autre. Essayez aussi de le faire se pencher en avant ou en arrière avec précaution. En règle générale, c'est la position en arrière qu'il préférera. Vous pouvez aussi lui faire décrire des grands cercles ou des petits cercles, toujours en le tenant bien, en partant par la gauche, arrière, et en revenant par la droite. Adaptez le jeu à votre bébé. Il doit juste le pousser à retrouver seul l'équilibre. Vous pouvez aussi le déplacer d'avant en arrière, comme un métronome, tout en chantonnant en rythme : tic-tac-tic-tac.

DEBOUT !

Agenouillez-vous sur le sol. Installez-vous confortablement et placez-le debout devant vous. Tenez-le par les mains ou par les hanches et faites-le bouger doucement de droite à gauche, afin qu'il fasse porter le poids de son corps d'une jambe sur l'autre. Faites de même d'avant en arrière, afin que cette fois il déplace son poids des orteils vers les talons. Adaptez le jeu à votre bébé. Il doit juste le pousser à retrouver seul l'équilibre.

BÉBÉ VOLE !

Tenez solidement votre bébé, soulevez-le du sol et faites-le « voler » dans la pièce. Montez et descendez. Faites-le aller à droite et à gauche. Faites-le voler en petits cercles et en ligne droite. Vous pouvez aussi inverser le sens. Variez autant que

(Suite)

Les meilleurs jeux pour le monde des rapports (suite)

possible le mouvement et la vitesse. Si votre bébé aime ça, essayez alors de le faire atterrir tout doucement la tête en bas. Bien entendu, vous accompagnerez toute la séance de bruits appropriés, dans le genre « zoom » et autres « vroum ». Adaptez le jeu à votre bébé. Plus vous suivrez de près ses réactions, plus vous pourrez personnaliser le jeu.

TÊTE EN BAS, PIEDS EN L'AIR

La plupart des bébés physiquement très actifs aiment bien les culbutes. Ils apprécient qu'on les fasse se tenir sur la tête. D'autres, néanmoins, auront peur ou seront surexcités. Un jeu est fait pour amuser. Ne jouez donc à celui-ci que si votre bébé apprécie les jeux un peu rudes. Ce sera pour lui un exercice sain, mais n'oubliez pas que vous devez soutenir tout son corps pendant que vous le tenez la tête en bas.

S'AMUSER AVEC DES JOUETS

À l'heure actuelle, les meilleurs jouets)) de votre bébé sont en fait tous les objets qu'il trouve sur son chemin dans la mai-son. Rien ne l'amuse plus que de vider les placards et les étagères, de laisser tomber et de jeter au loin des objets.

UN PLACARD RIEN QUE POUR BÉBÉ

Libérez un placard rien que pour lui et remplissez-le de tout ce qui lui paraît particulièrement attrayant. En général, ce sera des cartons vides, des boîtes à oeufs en carton vides, des dévidoirs de papier toilette vides, des assiettes en plastique, des flacons en plastique avec couvercle remplis avec quelque chose qui fait du bruit. Il appréciera aussi énormément les objets qui lui permettent de faire beaucoup de bruit, comme une casserole, des cuillères en bois et un vieux jeu de clefs.

CRASH !

Certains bébés aiment laisser tomber un objet à grand bruit. Si tel est le cas du vôtre, vous pouvez en faire un jeu. Installez-le dans sa chaise haute et placez sur le sol un plateau de métal. Tendez-lui ses cubes et montrez-lui comment les lâcher pour qu'ils tombent bruyamment sur le plateau.

PRENDRE L'AIR ENSEMBLE

Tous les bébés aiment être à l'extérieur par beau temps. Ils aiment être sur un siège de bébé quand leur maman fait du vélo. À moins que vous ne préfériez l'emmener en promenade à pied sur votre dos, dans un porte-bébé. Veillez à vous arrêter fréquemment en chemin pour lui montrer des choses ici et là et les lui commenter.

ACTIVITÉS NAUTIQUES POUR BÉBÉS

Beaucoup de bébés adorent jouer dans l'eau. Certaines piscines ont des bassins spécialement chauffés pour les tout-petits, auxquels des heures sont réservés. Des groupes de bébés peuvent alors jouer dans l'eau avec leurs parents.

VISITE À LA FERME

Une visite à la ferme ou à la mare aux canards la plus proche peut être extrêmement excitante pour votre bébé. Il y verra les animaux qu'il connaît déjà par ses albums illustrés. Leurs mouvements, leurs bonds, leurs trottinements le raviront. Et il appréciera particulièrement de leur donner de la nourriture et de les regarder manger.

Les meilleurs jouets pour le monde des rapports

Voici des jouets et des objets pour s'amuser particulièrement bien adaptés aux compétences que votre bébé est en train de développer :

- un placard ou une étagère rien qu'à lui ;
- des portes ;
- des boîtes en carton de différentes tailles ; des boîtes à oeufs vides en carton ;
- des cuillers en bois ;
- des gobelets ronds emboîtables ou empilables ;
- des cubes en bois ;
- des perles géantes ;
- des briques en plastique ;
- des balles pour bébé (suffisamment légères pour qu'il les fasse rouler) ;
- des albums illustrés ;
- des albums de photos ;
- des cassettes audio/CD ;
- des jouets pour le bain : des objets susceptibles d'être remplis et vidés, comme des flacons en plastique, des gobelets en plastique, des entonnoirs, des arrosoirs, des passoires en plastique ;
- des voitures avec des roues qui tournent et des portes qui s'ouvrent et se ferment ;
- des jouets tendresse qui font du bruit quand on les met à l'envers ;
- des jouets qui couinent ;
- des tambours ;
- des mini pianos ;
- des téléphones jouets.

Important ! Prenez les mesures de sécurité nécessaires avec les objets suivants ou mettez-les hors de portée de votre bébé :

- prises de courant ;
- fiches ;
- fils ;
- jeux de clefs ;
- canalisations ;
- escaliers ;
- bouteilles de verre ;
- tubes (dentifrice, pommades antiseptiques) ;
- installation stéréo ;
- télécommande (télévision, magnétoscope) ;
- plantes ;
- corbeilles à papier, poubelles ;
- montres, réveils.

Rompre avec les vieilles habitudes et établir de nouvelles règles

Votre bébé peut se montrer très énervant pendant qu'il acquiert de nouvelles compétences, parce que les anciennes pratiques et les règles de conduite établies ne correspondent plus à son évolution. Lui et vous devez renégocier de nouvelles règles afin de restaurer la paix et l'harmonie.

Souvenez-vous

Le développement de chaque nouvelle compétence passe aussi par la rupture avec les vieilles habitudes et l'établissement de nouvelles règles. Vous pouvez exiger de votre bébé qu'il respecte toutes les nouvelles règles qu'il est à même de comprendre – pas plus, mais pas moins.

Quand je lui donnais le sein, j'avais l'habitude de le bercer pour l'endormir. Mais maintenant, ça m'énerve. J'estime qu'il est assez grand pour aller directement au lit. Mon mari aime bien le coucher aussi, mais il n'en est plus question désormais. Et puis, on ne sait jamais, un jour ce pourrait être quelqu'un d'autre qui devra le faire. J'ai commencé à l'habituer à aller au lit directement une fois par jour, mais ça ne va pas sans mal.

La maman de Matthieu, 31e semaine

Le problème « Maman s'en va »

Au fil des semaines, les parents sont de plus en plus agacés s'ils n'arrivent pas à vaquer à leurs occupations. La plupart des mères, une fois que leur bébé a atteint 29 semaines, estiment que les choses ont assez duré et entreprennent de rompre progressive-ment avec une vieille habitude (« Je suis toujours là pour que tu te cramponnes à moi ») et d'instaurer une nouvelle règle (« J'ai aussi besoin d'espace vital et d'avoir du temps à moi »). La plupart du temps, elles y parviennent en distrayant leur bébé. Parfois, aussi, elles ignorent ses gémissements pendant quelque temps, ou bien, si elles en ont vraiment assez de son comportement, elles le mettent au lit.

Quel que soit votre choix, vous devez toujours estimer la capacité de votre bébé à supporter ce changement sans être vraiment terrifié. Savoir que vous pouvez le laisser quand vous le décidez peut être terriblement effrayant pour lui et très difficile à supporter.

> Quand j'essaye de préparer à manger, il a une façon de se cramponner à mes jambes qui me contrarie. On dirait qu'il fait exprès de se montrer particulièrement difficile quand je suis occupée. Alors je le mets au lit.
>
> La maman de Louis, 30e semaine

Des repas de plus en plus pénibles

À cet âge, les bébés commencent à se rendre compte que certains aliments ont meilleur goût que d'autres. Pourquoi donc ne pas choisir ceux-là ? Au début, la plupart des mères s'en amusent, mais, bientôt, toutes ou presque finissent par s'énerver devant ce pinaillage. Elles se demandent si leur bébé se nourrit suffisamment et s'inquiètent. Elles essaient de distraire leur petit chipoteur et de profiter d'un moment d'inattention pour lui fourrer la cuillère dans la bouche. À moins qu'elles ne lui courent après toute la journée avec son repas.

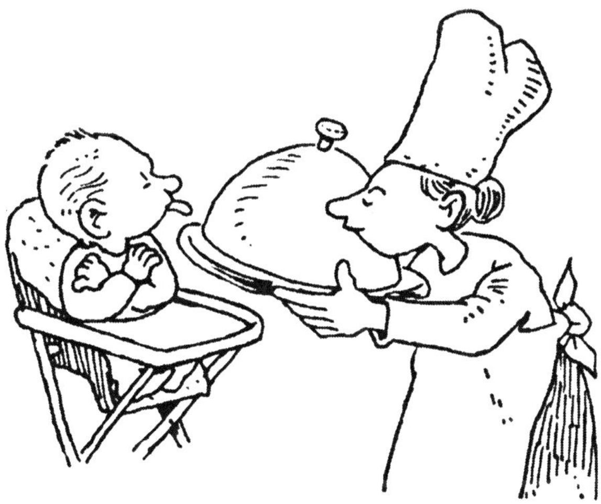

Cette attitude est à déconseiller. Un bébé doté d'un fort caractère résistera encore plus si on le force. Sa mère, inquiète, va réagir en retour. Ainsi les repas vont-ils dégénérer en bataille rangée. Ne discutez pas. On ne peut forcer un bébé à avaler. Il est inutile d'essayer, car cela risquerait d'accentuer encore son dégoût de tout ce qui touche à la nourriture. Ayez recours à différentes tactiques et servez-vous d'autres compétences nouvelles que votre bébé est à même d'acquérir. Il est maintenant capable d'essayer de saisir quelque chose entre le pouce et l'index, mais il a encore besoin de beaucoup s'exercer. Se nourrir est donc excellent pour sa coordination. De même, à cet âge, il aime décider par lui-même et l'heure des repas sera plus agréable s'il est libre de se nourrir seul. Mettez ses compétences à profit. Pendant qu'il se nourrit avec ses doigts, il sera peut-être plus enclin à recevoir de la nourriture de votre main par la même occasion. Bien sûr, ce sera plutôt salissant, mais il faut l'encourager. Mettez toujours de la nourriture en double dans son assiette, afin qu'il soit constamment occupé. Généralement, il est plus facile d'essayer de lui faire avaler quelque chose pendant qu'il a aussi devant lui une portion qu'il essaye de manger tout seul.

Vous pouvez aussi rendre son repas plus agréable en lui donnant à manger devant un miroir. Il pourra ainsi observer la manière dont il porte à sa bouche sa main ou une cuillère pleines de nourriture, et celle dont Maman prend une cuillerée pour elle, puis une cuillerée pour lui. Il est possible que cela ne marche pas la première fois. Ne vous inquiétez pas. Beaucoup de bébés ont du mal avec la nourriture et cela s'arrange toujours.

En fin de compte, il y a des mamans qui sont irritées par certaines habitudes alimentaires, tandis que d'autres les considèrent comme parfaitement normales.

> Ce qui me porte sur les nerfs, c'est qu'elle essaie de se mettre le pouce dans la bouche après chaque bouchée. Il est hors de question que je lui permette cette petite fantaisie.
>
> La maman d'Audrey, 29e semaine

Il touche à tout et ce n'est pas drôle

Brusquement, maintenant que leur bébé est en train d'acquérir de nouvelles compétences, les mamans se retrouvent souvent obligées d'interdire beaucoup plus de choses. Un bébé qui s'aventure partout, à quatre pattes notamment, est susceptible d'inspecter tout ce qui vous appartient. Ce qui lui plaît ne vous plaît pas forcément, c'est le moins que l'on puisse dire. C'est pourquoi tout effort de votre part pour vous faciliter mutuellement la vie sera bienvenu. Essayez d'éviter qu'il fasse ce qu'il n'est pas question d'autoriser et aidez-le à faire ce qui l'intéresse. Et surtout, surtout, souvenez-vous que vous n'êtes pas la seule mère à être confrontée à ce problème.

> Je passe mon temps à interdire. Elle s'attaque à tout, avec une préférence pour le casier à bouteilles, le magnétoscope, mon nécessaire à couture, les placards, les étagères et les chaussures. Elle adore aussi renverser et déterrer les plantes vertes, et elle considère la pâtée du chat comme un mets de roi. Je n'arrête pas de la mettre en garde. Alors, quand ça va trop loin, je lui donne une tape sur la main.
>
> La maman d'Alexandra, 31e semaine

Le problème « je veux ça tout de suite »

Les bébés ont des raisons diverses de se montrer impatients. Ils veulent manger sans attendre. Ils sont furieux si un jouet ne réagit pas comme ils le souhaitent. Si on leur interdit quelque chose. Ou si Maman tarde trop à leur prêter attention. Il faut dire qu'ils savent parfaitement ce qu'ils veulent faire ou obtenir. Ils ne comprennent donc pas pourquoi leur mère le leur interdit ou ne le leur donne pas immédiatement. Cela les frustre. C'est pourquoi il faut être compréhensive.

> Elle devient très impatiente. Elle veut tout. Si elle essaie sans succès d'atteindre quelque chose et que je lui dis « non ! », elle se fâche et se met à hurler. Ça m'énerve et je me demande si elle n'agit pas comme ça uniquement parce que je travaille, dans la mesure où, avec la nourrice, elle est beaucoup plus gentille.
>
> La maman de Laura, 31e semaine

La semaine dernière, je l'ai mise au lit parce qu'elle n'en finissait pas de hurler pendant son repas du soir. Elle trouve que ça ne va pas assez vite pour elle, alors elle se met à crier et à se tordre dans tous les sens après chaque bouchée. Une fois mon mouvement d'humeur passé, quelques minutes après, on a repris. J'avais retrouvé mon calme et elle aussi.

La maman d'Audrey, 28e semaine

Un répit après le bond en avant

Entre 30 et 35 semaines, une période relativement plus facile débute. Pendant une à trois semaines, c'est selon, le bébé se fait remarquer pour sa bonne humeur, son indépendance et ses progrès.

Elle devient de moins en moins timide. Elle rit tout le temps et s'occupe très bien toute seule. Elle est à nouveau très active, très agile. Je me suis rendue compte de ce changement la semaine dernière, mais ça a l'air de durer.

La maman de Nina, 33e semaine

Elle est vraiment adorable, ce n'est plus la même. Avant, elle criait et pleurnichait tout le temps. Il faut aussi voir comment elle raconte des histoires, c'est mignon comme tout. C'est déjà un petit bout de chou qui trottine partout derrière son carton vide.

La maman d'Alexandra, 35e semaine

Hugo est très gai. On n'a aucun mal à s'amuser avec lui, maintenant. Et puis je suis ravie de le voir un peu plus actif, un peu plus vivant, au sens physique du terme. Mais ce qu'il aime par-dessus tout, c'est observer les gens. Il parle énormément. Il est vraiment formidable.

La maman de Hugo, 30e semaine

Elle a grandi de façon visible, physiquement et mentalement. Elle réagit à tout ce que nous faisons, elle observe tout. Et ce que nous avons, elle le veut aussi, elle veut en quelque sorte être de la partie.

La maman d'Audrey, 34e semaine

Enfin, un peu de repos après une longue période de changements constants. La semaine a été merveilleuse. Il a passé un nouveau cap. Il pleure moins et dort mieux. Une fois encore, je vois se dessiner un certain schéma. Je lui parle beaucoup plus. J'ai remarqué que je lui explique tout ce que je fais. Quand je vais lui préparer son biberon, je le lui dis. Quand il est temps qu'il aille au lit, je lui dis qu'il va faire de beaux rêves, que je serai dans le living-room et que je viendrai le chercher plus tard. Je lui explique pourquoi il doit faire la sieste. Et le fait que je lui parle comme ça semble avoir une bonne influence sur nous deux.

La maman de Kevin, 30 semaine

Nous n'avons plus le même genre de contact. C'est comme si nous avions enfin coupé le cordon ombilical. L'impression de dépendance absolue a disparu et je fais plus volontiers appel à la baby-sitter. Je m'aperçois aussi que je lui laisse beaucoup plus de liberté. Je n'ai plus besoin d'être tout le temps sur son dos.

La maman de Kevin, 31e semaine

La semaine a été très agréable. Il est enjoué, il arrive à s'occuper tout seul avec ses jouets. Chez la nourrice, tout continue à aller comme sur des roulettes. Il se montre très amical avec les autres enfants. Pas de problèmes d'appétit. C'est un chouette petit bonhomme. Il a sa personnalité, maintenant.

La maman de Kevin, 31e semaine

Photographie

Après le bond en avant

Âge ______________________________

Remarques ______________________________

____

____

____

____

____

____

____

chapitre 8

37 semaines : le monde des catégories

Vers 37 (36 à 40) semaines, vous allez sans doute remarquer que votre bébé entreprend de nouvelles activités. Les explorations dans lesquelles se lancent les tout-petits à cet âge paraissent généralement très méthodiques. Votre bout de chou va ramasser la moindre particule sur le sol et l'examiner scrupuleusement entre le pouce et l'index, ou bien, cordon bleu en herbe, il recomposera son assiette en testant la manière dont une banane ou des épi-nards s'écrasent entre ses petits doigts. Au cours de ces investigations, il manifeste une grande concentration et un sérieux extrême. Car c'est bien d'investigations qu'il s'agit – elles vont l'aider à entreprendre de classer son monde en catégories.

Il est maintenant capable de reconnaître que des objets, des idées et des sensations se regroupent selon certaines catégories. Dans son assiette, une banane ne ressemble pas à des épinards, ni au goût, ni au toucher, ni à l'œil, mais l'un comme l'autre sont des aliments. Ce sont là des différences et des similitudes importantes à déterminer. Le bond que votre bébé va accomplir dans le monde des catégories concerne tous ses sens – la vue, l'ouïe, l'odorat, le goût et le toucher. Il va aussi beaucoup apprendre sur les gens et sur ses propres émotions. Ses compétences concernant le langage vont se développer. Peut-être ne commencera-t-il pas pour autant à se servir de mots, mais il comprendra plus de termes.

Comme précédemment, l'arrivée de ces perceptions nouvelles commence par mettre son univers sens dessus dessous. À cette période, on constate de nouveau des modifications radicales dans les ondes du cerveau des tout-petits, et il ne fait aucun doute que ces changements sont perçus intérieurement par votre bébé. Ils vont modifier sa perception du monde, ce qui, au début, ne manquera pas de le perturber. Vous pouvez vous attendre à ce qu'une période crampon commence vers ses 34 semaines (ou entre 32 et 37 semaines). Sa durée est en général de quatre semaines, quoique qu'elle puisse osciller entre trois et six semaines.

Souvenez-vous

Si votre bébé se cramponne à vous, observez-le de près, pour voir s'il est en train d'essayer de maîtriser de nouvelles compétences.

Les nuages d'orage s'amoncellent : Les signes annonciateurs d'un grand changement

Tous les bébés vont pleurer plus facilement que lors des semaines précédentes. Leurs mamans les trouvent capricieux, pleurnicheurs, grognons, impossibles, agités ou encore impatients. Ce qui est en fait parfaitement compréhensible.

Votre tout-petit est maintenant soumis à un surcroît de pression. Depuis son dernier bond en avant, en effet, il sait que vous pouvez vous en aller quand vous en avez envie et le laisser. Au début, cette découverte l'a angoissé, comme la plupart des autres bébés, mais au cours des dernières semaines, il a appris à s'en accommoder. Les choses semblaient s'améliorer. Or, voilà que le grand changement suivant vient tout gâcher. Maintenant, Bébé se fait à nouveau du souci. Il veut de nouveau rester avec Maman, mais en même temps il se rend très bien compte qu'elle peut s'en aller. Son sentiment d'insécurité en est encore accru, et la tension est de plus en plus forte.

Depuis quelques jours, elle veut sans arrêt être sur mes genoux. Sans raison apparente, je dois dire. Si je ne l'emmène pas partout avec moi, elle se met à hurler. Quand je la promène dans son landau, avant même que je m'arrête, elle demande à ce que je la prenne dans mes bras.

La maman d'Audrey, 34e semaine

Elle fait des caprices et on dirait qu'elle s'ennuie. Elle ramasse tout ce qu'elle trouve, pour le rejeter aussitôt.

La maman de Laura, 35e semaine

Tant qu'elle est sur les genoux, ça va, mais autrement elle n'arrête pas de geindre et de gémir. Ce n'est pas son habitude. On dirait qu'elle s'ennuie très vite, où qu'elle soit – dans son parc, dans sa chaise ou sur le sol.

La maman d'Éva, 34e semaine

Généralement, les bébés crampons pleurent moins quand ils sont avec leur mère, surtout quand ils l'ont toute à eux.

Il n'a pas arrêté de hurler et d'être grognon. Il était vraiment impossible. Il fallait que je reste avec lui ou que je le prenne sur mes genoux. Plusieurs fois, je l'ai mis au lit quand j'en ai eu assez de ses exigences.

La maman de Hugo, 36e semaine

Les signes indiquant que votre bébé grandit à nouveau

Entre 32 et 37 semaines, vous remarquerez peut-être que votre bébé commence à manifester l'un ou l'autre des comportements ci-dessous. C'est probablement signe qu'il est prêt à faire le prochain bond, dans le monde des catégories.

- ❑ il pleure plus souvent ; il est souvent de mauvaise humeur, capricieux ou agité ;
- ❑ il est de bonne humeur à un moment, en larmes l'instant suivant ;
- ❑ il veut que vous le teniez occupé (plus souvent) ;
- ❑ il se cramponne à vos vêtements (plus souvent) ;
- ❑ il se montre « trop » gentil ;
- ❑ il pique des crises de colère (plus souvent) ;
- ❑ il est visiblement plus timide avec les étrangers ;
- ❑ il recherche un contact physique « plus serré » ou « de plus près » ;
- ❑ il dort mal ;
- ❑ il semble avoir des cauchemars (plus souvent) ;
- ❑ il perd l'appétit ;
- ❑ il babille moins ;
- ❑ il est moins vivant ;
- ❑ il rêve quelquefois tout éveillé ;
- ❑ il refuse qu'on le change ;
- ❑ il suce son pouce (plus souvent) ;
- ❑ il cherche à atteindre ses jouets tendresse (plus souvent) ;
- ❑ il est plus « bébé » ;
- ❑ autres changements que vous avez remarqués : __________

____

____

____

Comment savoir que le moment de grandir est venu ?

Se cramponne-t-il à vos vêtements ?

Votre bébé risque d'être anxieux quand vous vaquez à vos occupations sans lui. S'il ne marche pas encore à quatre pattes, il ne peut que pleurer. Pour certains, c'est la panique à chaque fois que leur maman fait un pas. S'il rampe, il a la capacité de vous suivre et dans ce cas, il risque de se cramponner si fort à vous que vous ne pourrez pratiquement plus bouger.

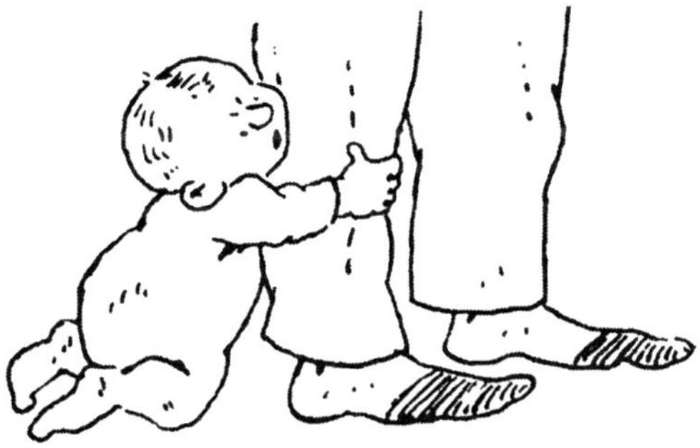

Encore une semaine pénible. Il n'arrête pas de pleurer. Il se cramponne à mes jupes. Si je quitte la pièce, il se met à pleurer et me suit à quatre pattes. Quand je prépare les repas, il rampe derrière moi, m'attrape la jambe et s'y accroche, de sorte que je ne peux plus faire un pas. Pour le coucher, c'est de nouveau la comédie. Sans compter qu'il s'endort plus tard. Il ne joue que si je joue avec lui. J'ai cru à certains moments que je n'allais pas tenir le coup.

La maman de Kevin, 38e semaine

En ce moment, c'est vraiment le petit bébé à sa maman. Tant qu'elle m'a sous les yeux, tout va bien, mais sinon, ce sont des hurlements.

La maman d'Alexandra, 38e semaine

C'est une vraie petite sangsue. Elle est littéralement scotchée à mes jambes. Elle recommence à refuser de me laisser faire un pas sans elle.

La maman de Sarah, 36e semaine

Est-il timide avec les étrangers ?

Votre bébé va peut-être prendre ses distances avec les autres personnes. Son désir d'être tout près de Maman risque de se manifester encore plus en présence d'autres personnes, même s'il s'agit de son père ou de ses frères et sœurs. Parfois, il ne permet à personne d'autre qu'à sa mère de le regarder et de lui parler. Et presque toujours, elle est la seule à pouvoir le toucher.

Elle est de nouveau plus timide avec les gens qu'elle ne connaît pas.

La maman d'Anaïs, 34e semaine

Quand des étrangers lui parlent ou le prennent, il se met immédiatement à hurler.

La maman de Paul, 34e semaine

Quand des visiteurs arrivent, il se précipite pour grimper sur mes genoux et se coller contre mon ventre et seulement alors, il jette un œil pour voir qui est là.

La maman de Louis, 34e semaine

Les étrangers l'intimident à nouveau. Si quelqu'un veut la prendre ou la toucher, ça lui fait peur.

La maman de Sarah, 36e semaine

Recherche-t-il un contact physique plus étroit avec vous ?

Votre bébé s'accroche peut-être à vous de toutes ses forces lorsque vous le tenez sur vos genoux ou que vous le portez dans vos bras. Il peut même réagir violemment, si vous osez le poser à terre sans qu'il s'y attende.

Si je la pose ne serait-ce qu'une seconde, elle est folle de rage. Alors, quand je la reprends dans mes bras, elle me pince à chaque fois. Pour peu que notre brave chien soit à sa portée, c'est lui qui prend, avant même que j'aie pu la soulever de terre.

La maman de Sarah, 35e semaine

Il n'a qu'une envie, c'est d'être porté dans les bras et il s'accroche très fort à mon cou ou à mes cheveux.

La maman de Matthieu, 36e semaine

On dirait que quelque chose cloche avec son lit. Je la monte à sa chambre, profondément endormie et voilà qu'elle n'a pas plutôt touché le matelas qu'elle ouvre les yeux et se met à hurler, mais à hurler !

La maman de Laura, 33e semaine

Veut-il que vous le teniez occupé ?

La plupart des bébés réclament plus d'attention, et même les plus faciles ne sont pas toujours ravis d'être laissés seuls. Certains, particulièrement exigeants, ne sont pas contents tant que leur maman ne se consacre pas uniquement à eux. Quand ils jouent, elle doit passer son temps à les regarder. Quelques-uns se montrent particulièrement insupportables dès qu'elle ose reporter son attention ailleurs, comme s'ils étaient jaloux.

Quand je parle à quelqu'un, il se met toujours à hurler pour que je m'occupe de lui.

La maman de Paul, 36e semaine

Il a plus de mal à rester seul dans son parc. Il commence à exiger qu'on s'occupe de lui. Il aime qu'on soit tout près.

La maman de Hugo, 34e semaine

Dort-il mal ?

Il est possible que votre bébé dorme maintenant moins bien, comme la plupart. Il peut refuser d'aller au lit, s'endormir plus mal et se réveiller plus tôt. Certains ont surtout du mal à s'endormir le jour, d'autres la nuit. Et certains restent plus longtemps éveillés la nuit comme le jour.

Il se réveille tout le temps la nuit. Quelquefois, à 3 heures du matin, il joue dans son lit pendant une bonne heure et demie.

La maman de Matthieu, 33e semaine

Le soir, elle ne veut pas aller au lit et elle s'endort tard. Elle ne dort pas beaucoup.

La maman d'Anaïs, 35e semaine

Ces jours-ci, elle pleure jusqu'à ce que le sommeil la prenne.

La maman de Juliette, 33e semaine

Fait-il des « cauchemars » ?

Un bébé crampon peut aussi avoir un sommeil très agité. Quelquefois, en le voyant hurler, se tourner et se retourner, vous avez l'impression qu'il fait des cauchemars.

Il se réveille souvent pendant la nuit. Une fois, il m'a semblé qu'il rêvait.

La maman de Paul, 37e semaine

Elle se réveille sans cesse au milieu de la nuit en hurlant. Quand je la sors de son lit, elle se calme. Alors, je la recouche et elle se rendort.

La maman de Sarah, 35e semaine

Est-il « trop » gentil ?

À cet âge, il est possible que votre bébé utilise une méthode totalement nouvelle pour pouvoir rester auprès de vous et vous étouffe sous les câlins et les baisers au lieu de gémir et de se plaindre. Il n'est pas dit, d'ailleurs, qu'il n'alterne pas la douceur et les pleurs, pour voir ce qui lui vaut le plus d'attention de votre part. La mère d'un bébé indépendant est souvent agréablement surprise quand il devient enfin câlin avec elle !

À certains moments, elle a été impossible, à d'autres c'était des super câlins.

La maman d'Audrey, 36e semaine

Il est plus affectueux que jamais. Dès que je m'approche de lui, il m'attrape et il me serre contre lui. J'ai le cou plein de marques, à force. Il me repousse moins volontiers qu'avant. Quelquefois, il se tient bien sage et je peux lire un album avec lui. J'adore ça ! Et puis il veut bien jouer avec moi, enfin.

La maman de Matthieu, 35e semaine

Il a une manière plus gentille, plus affectueuse d'être crampon. Il vient se blottir ou s'allonger contre moi, il se met entre nous deux dans le lit. Les gens disent qu'il ne faut pas encourager ce genre de comportement, mais pour nous, tant que ça lui fait plaisir, ça nous fait plaisir aussi.

La maman de Victor, 36e semaine

Est-il apathique ?

Votre bébé peut également devenir plus calme. Il babille moins souvent, ou remue moins, joue moins. À d'autres moments, il va cesser toute occupation et rester quelque temps immobile, le regard perdu dans le vague. Ne vous inquiétez pas. Tout cela n'est que temporaire.

Il est plus calme et souvent, il regarde dans le vide. Je me demande s'il ne couve pas quelque chose.

La maman de Victor, 36e semaine

Refuse-t-il qu'on le change ?

Quand vous posez votre bébé sur le matelas pour le changer, l'habiller, ou le déshabiller, il risque de protester. Il va crier, se tortiller dans tous les sens, marquer son impatience, rendre les choses difficiles. C'est le cas de beaucoup de bébés au cours de cette période.

Quand il s'agit de l'habiller, de la déshabiller et de la changer, c'est un vrai cauchemar. Dès que je la pose sur le matelas, elle se met à crier et ça me rend folle. C'est épouvantable.

La maman de Juliette, 35e semaine

Elle commence à détester qu'on l'habille et la déshabille. Ce sont des comédies à n'en plus finir.

La maman de Sarah, 36e semaine

A-t-il l'air plus « bébé » ?

Pour la première fois, certaines mamans vont s'apercevoir de la réapparition d'un comportement infantile qu'elles croyaient définitivement abandonné. Ce n'est sans doute pas le premier retour en arrière de ce genre, mais plus le bébé grandit, plus ces reculs se remarquent. Ils déstabilisent les mères, et elles ne les apprécient pas du tout. Or ces changements sont dans l'ordre des choses. Ils sont la promesse qu'il va se passer quelque chose de nouveau. Essayez de découvrir quoi. De brefs retours en arrière peuvent avoir lieu au cours de chaque période crampon. Cela ne peut que vous réjouir car votre bébé évolue bien.

Elle a du mal à s'endormir. Elle pleure de la même façon que lorsqu'elle n'était qu'un nouveau-né.

La maman de Juliette, 32e semaine

Il faut que je le berce en chantonnant tous les soirs pour l'endormir, comme avant.

La maman de Victor, 35e semaine

A-t-il perdu l'appétit ?

Au cours de cette phase, beaucoup de bébés s'intéressent moins à ce qu'ils mangent et boivent. Les uns semblent n'avoir aucun appétit et peuvent refuser tout net certains repas, les autres mangent uniquement ce qu'ils portent eux-mêmes à leur bouche, d'autres enfin chipotent, recrachent les aliments et en mettent partout. Évidemment, il leur faut beaucoup plus de temps qu'avant pour se nourrir.

Si votre bébé est de ceux-là, il risque également de se montrer impossible pendant les repas. Il va refuser la nourriture que vous lui proposez et la réclamer dès que vous l'aurez remportée, ou bien exiger une grande quantité d'aliments un jour et refuser de manger le lendemain. Tout est possible, dans ce domaine.

Trois jours de suite, il a refusé le sein. C'était épouvantable, j'ai cru que j'allais exploser. Et puis, au moment où j'ai décidé qu'il était temps de le sevrer, parce que la belle saison arrivait, il a décidé de téter toute la journée. À ce moment-là, j'ai eu peur de ne pas avoir assez de lait, dans la mesure où il ne voulait plus rien manger par ailleurs. Mais en fin de compte, ça a l'air d'aller, parce que jusqu'à maintenant, je ne l'ai pas entendu se plaindre.

La maman de Matthieu, 34e semaine

Des moments éprouvants

Maman est inquiète

Un bébé crampon et grognon est généralement une source d'inquiétude pour sa mère, qui aimerait comprendre les raisons de ce comportement. Lorsqu'elle a trouvé une explication, elle se sent rassurée. En général, à cet âge, la plupart des mamans pensent que leur bébé fait ses dents, mais ce n'est pas toujours le cas[1].

Ses dents du haut la tracassent. Elle veut que je fasse tout le temps quelque chose avec elle. Par exemple, aller se promener ou jouer.

La maman d'Éva, 34e semaine

(Sa dent suivante n'a pas percé avant la 42e semaine.)

Maman est épuisée

Si votre bébé est très exigeant et a besoin de peu de sommeil, il y a des chances pour que vous soyez extrêmement fatiguée, notamment vers la fin de la période crampon. La plupart des mères qui se trouvent dans ce cas sont épuisées. Elles ont l'impression d'être à bout et se plaignent parfois de maux de tête, de douleurs dorsales, de nausées.

---

1 Dans le doute, consultez toujours le médecin.

Il y a des moments, quand elle reste éveillée jusqu'à minuit, où je me sens complètement découragée, même si elle joue, en pleine forme. Quand elle finit par s'endormir, je m'effondre littéralement. Je suis vidée, incapable de penser. Mon mari ne m'aide pas le moins du monde. Il me reproche même de trop m'occuper d'elle. Pour lui, il faut « la laisser pleurer, c'est tout ».

La maman de Nina, 37e semaine

Quand il fait ses caprices, qu'il n'arrête pas de pleurer et de bouder, la journée n'en finit plus.

La maman de Kevin, 35e semaine

Maman en a assez

Au cours des périodes crampons, presque toutes les mères sont de plus en plus irritées par le comportement de leur bébé, par sa mauvaise humeur, son impatience, ses larmes, ses gémissements, son besoin constant de contact physique ou sa façon d'exiger qu'elles s'occupent tout le temps de lui. Et le fait qu'il se cramponne sans arrêt à elles, qu'elles aient du mal à le changer ou à l'habiller et qu'il chipote sa nourriture vient encore tout aggraver.

Elle m'a encore fait la comédie. Rien ne lui plaisait et elle s'agitait sans cesse. Alors, je l'ai mise au lit. Je ne supporte plus ça.

La maman d'Alexandra, 37e semaine

Pendant que je l'habillais, ça m'a tapé sur les nerfs et je l'ai reposée assez sèchement sur le matelas à langer. Je ne pouvais plus supporter qu'elle gigote et geigne. En plus, elle avait grogné toute la journée – dans son parc, dans sa chaise et dans son lit.

La maman de Juliette, 35e semaine

Pendant que je le changeais, il est devenu impossible. Alors je l'ai mis sur le sol de sa chambre et je l'ai laissé là. L'effet a été immédiat et quelques instants plus tard, il est venu me chercher en pleurant. Et là, il s'est tout de même montré plus coopératif.

La maman de Louis, 37e semaine

Cette semaine, je me suis mise une fois en colère contre lui. Il criait tellement que j'ai soudain hurlé : « Maintenant, tu te tais ! » Ça lui a fait une peur bleue. Il m'a regardée avec de grands yeux, puis il a baissé la tête, comme s'il avait honte de sa conduite. C'était vraiment touchant. Après ça, il est devenu beaucoup plus calme.

La maman de Paul, 37e semaine

J'ai décidé de ne lui donner le sein que deux fois par jour. J'en ai assez de ses atermoiements, un jour je veux tout, un jour je veux rien. À la maison, j'ai aussi arrêté de lui chanter une chanson pour qu'il s'endorme en tétant et j'ai l'impression que ça fonctionne bien. Mais quand nous sommes chez quelqu'un, je continue à le faire.

La maman de Matthieu, 37e semaine

Les disputes

Vers la fin de chaque période crampon, la plupart des mères qui nourrissent leur bébé au sein envisagent d'arrêter. L'attitude capricieuse du tout-petit, qui veut bien téter une fois et refuse la fois suivante, les irrite. Sa façon d'exiger, d'essayer sans cesse de parvenir à ses fins, est aussi une des raisons sérieuses qui les pousse.

Il veut téter quand ça lui chante et il le veut tout de suite. Si ça ne me convient pas, il pique une colère. J'ai peur que ces crises ne deviennent une habitude et qu'il finisse par obtenir ce qu'il veut à coups de hurlements. Je préfère y mettre un terme dès maintenant, je crois que c'est mieux.

La maman de Victor, 36e semaine

Les disputes peuvent naître également lorsque la mère et le bébé ne réussissent pas à « négocier » la quantité de contact physique et d'attention que la petite personne veut obtenir et celle que sa maman est prête à lui accorder.

Sa façon de geindre et de se cramponner à moi me pose de plus en plus de problèmes. Quand nous allons voir des amis, il ne me lâche pratiquement pas. Ça me donne envie de le repousser et c'est ce que je fais, de temps en temps. Mais il n'en est que plus furieux à mon égard.

La maman de Louis, 37e semaine

Soins bébé

Ne perdez pas votre sang-froid

Rappelez-vous : éprouver de temps en temps des sentiments de colère et de frustration n'est ni anormal, ni dangereux, mais agir sous le coup de ces sentiments l'est. Essayez de trouver de l'aide bien avant de perdre tout contrôle.

Premières tentatives pour maîtriser de nouvelles compétences

J'ai à nouveau l'impression d'être au point mort. Ses jouets gisent dans un coin depuis plusieurs semaines, maintenant. Il me semble que je vais devoir lui acheter des jouets qui vont le stimuler un peu plus. À l'extérieur, il est plein de vie, il y a plein de choses à voir, mais à la maison, il s'ennuie.

La maman de Kevin, 36e semaine

Lorsque votre bébé aura environ 37 semaines, vous remarquerez qu'il devient plus calme et si vous l'observez attentivement, vous vous apercevrez peut-être qu'il fait ou essaye de faire des choses nouvelles. Il peut, par exemple, manipuler ses jouets de manière différente, prendre plaisir à d'autres activités ou avoir un comportement plus concentré, plus curieux. Félicitations ! Il effectue un autre bond en avant. Il commence à explorer le monde des catégories.

Le grand changement : le monde des catégories

Après le dernier bond en avant, votre bébé a commencé à découvrir les rapports existant entre les différents éléments qu'il rencontrait, tant dans le monde extérieur que dans la relation à son propre corps. Il s'est un peu plus familiarisé avec chaque aspect de son univers. Il a découvert qu'il appartenait à la même catégorie d'être vivant que sa maman, qu'il pouvait se mouvoir exactement comme elle – il peut l'imiter et réciproquement. Il a également appris que d'autres choses pouvaient bouger, elles aussi, mais différemment des êtres humains et que d'autres encore ne pouvaient se déplacer seules.

Une fois qu'il a acquis la capacité de percevoir et d'expérimenter les catégories, il commence à comprendre qu'il peut classer son monde en groupes. Il se rend compte que certaines choses se ressemblent énormément, qu'elles ont la même apparence ou rendent un son similaire, ou bien qu'elles ont le même goût, la même odeur, le même toucher. En bref, il découvre que des éléments différents peuvent avoir des caractéristiques communes.

Par exemple, il est maintenant à même de comprendre la signification du mot « cheval ». Il est capable d'apprendre que tout cheval entre dans cette catégorie, qu'il soit blanc, brun ou tacheté, qu'il soit dans un champ, à l'écurie, sur une photo, un tableau ou un album illustré, qu'il soit en bois ou en chair et en os. Chacun de ces chevaux est toujours un « cheval ».

Bien entendu, il ne va pas le comprendre du jour au lendemain. Il doit d'abord apprendre à bien connaître les gens, les animaux et les objets. Il lui faut prendre conscience que, pour appartenir à une catégorie donnée, les choses doivent posséder certains points communs. Il doit donc être capable de repérer ces points communs, ce qui nécessite du temps et de la pratique. Une fois qu'il aura la capacité de percevoir les catégories, il va expérimenter. Il va se mettre à étudier les gens, les animaux et les objets d'une manière particulière. Il les observera, les comparera et les organisera selon ces points communs, puis les placera dans des catégories spécifiques. Pour comprendre ce qu'est une catégorie, il effectue de nombreuses recherches, comme le ferait un chercheur scientifique, à quelque chose près. Il observe, il écoute, il goûte, il expérimente similitudes et différences. C'est un gros travail pour votre bébé.

Plus tard, quand il commencera à parler, vous vous apercevrez qu'il a déjà découvert la plupart des catégories dont nous nous servons et même, parfois, qu'il aura forgé des termes à lui pour les désigner. Par exemple : sa « maison voiture » correspondra à ce que nous intitulons « garage », sa « maison briques » à notre « immeuble » et sa « plante plumes » à une fougère. C'est à partir de ce qu'il considère comme la caractéristique majeure de certaines choses qu'il forge les termes pour les désigner.

Dès que votre bébé acquiert la capacité de diviser son monde en catégories, il peut s'y consacrer entièrement. Il examine non seulement ce qui fait que quelque chose est un *cheval,* un *chien* ou un *ours,* mais aussi ce qui fait que quelque chose est *gros, petit, lourd, léger, rond, doux ou collant* ou encore *triste, gai, gentil ou vilain.*

Les études menées par les chercheurs en se fondant sur le jeu montrent clairement qu'à partir de cet âge, les réactions des bébés sont d'une autre qualité. Certains en ont même conclu que c'est à cet âge que l'intelligence apparaît pour la première fois. Au premier abord, cela semble juste, mais il ne faudrait pas en déduire pour autant que les bébés n'ont eu aucune pensée auparavant. En fait, ils ont eu leur propre mode de pensée, parfaitement adapté à chaque étape de leur développement. Malheureusement, les adultes n'y ont pas accès, et nous en sommes réduits à l'imaginer (exactement ce que nous essayons de faire dans cet ouvrage). À partir du moment où le bébé commence à classer le monde en groupes, comme nous-mêmes, son mode de pensée se rapproche de celui de l'adulte. Il commence à penser à notre manière et en conséquence, nous sommes mieux à même de le comprendre.

Pour lui, cette faculté de perception et d'expérimentation des catégories

Plus proche de nous

L'usage de différentes catégories dans notre discours est révélateur de notre mode de pensée. Maintenant, votre bébé va aussi pouvoir commencer à comprendre et à utiliser ce mode de pensée. Désormais, vous vous comprendrez plus facilement l'un et l'autre.

affecte tout ce qu'il fait. Son expérience des choses n'est plus la même, et il est temps, maintenant, de le comprendre.

Les changements du cerveau

Vers l'âge de 8 mois, il va se produire de nouveaux changements spectaculaires dans les ondes du cerveau de votre bébé. En outre, la circonférence de son crâne s'accroît considérablement et le métabolisme du glucose dans le cerveau se modifie.

(Suite à la page 241)

Comment votre bébé explore-t-il le nouveau monde des catégories ?

Comme tous les mondes précédents, celui-ci est trop important pour que votre bébé l'explore d'un seul coup. Ses nouvelles compétences commencent à s'épanouir à 37 semaines à peu près, mais ses talents de chercheur peuvent s'investir dans un grand nombre de domaines. Ce que votre bébé va faire et le moment exact auquel il va commencer à le faire dépend totalement de sa constitution, de ses préférences personnelles et des opportunités que lui offre son environnement. Ne vous alarmez pas si nombre de ces activités ne font pas partie de son répertoire avant longtemps. Ce dont votre bébé fait vraiment l'apprentissage dans cet univers, c'est du concept de catégorie : une fois qu'il l'aura saisi en acquérant une compétence particulière, il l'intégrera tôt ou tard aux autres compétences. Respectez cette règle d'or : « aider sans jamais pousser ».

RECONNAÎTRE LES ANIMAUX ET LES OBJETS :

- ☐ il montre qu'il sait reconnaître une catégorie ; par exemple il reconnaît des animaux ou des objets, comme des voitures ou des avions, à la fois dans la réalité, sur des images ou bien en tant que jouets ;
- ☐ il montre qu'il distingue les formes les unes des autres – par exemple le « rond » – en choisissant plusieurs fois de suite des objets ronds dans une pile ;
- ☐ il montre que quelque chose lui paraît « sale », par exemple en fronçant le nez ;
- ☐ il montre que quelque chose lui paraît « drôle » ou « bon » en l'exprimant par le bruit ou le geste adéquat il comprend le nom des animaux ou des objets, comme « brosse à dents », « chaussette », « pain », « minet », « agneau », « canard » ; quand vous lui demandez où est ceci ou cela, il le cherche du regard ; quand vous lui dites de prendre ceci ou cela, il lui arrive de le faire ;
- ☐ il répète de temps en temps un mot après vous ;

- ❑ il examine les objets à travers un écran, par exemple une passoire, un grillage ou une vitre ;
- ❑ autres changements que vous avez remarqués : __________

____

____

____

RECONNAÎTRE LES PERSONNES EN TANT QUE PERSONNES :

- ❑ il communique nettement plus avec les autres personnes par des sons et des gestes ;
- ❑ il imite très souvent les autres personnes ; il imite leurs gestes ;
- ❑ il veut jouer nettement plus souvent avec les autres personnes ;
- ❑ il appelle les membres de la famille (il utilise un son particulier pour chacun) ;
- ❑ autres changements que vous avez remarqués : __________

____

____

____

RECONNAÎTRE DES PERSONNES MÊME DANS UN ENVIRONNEMENT DIFFÉRENT :

- ❑ il reconnaît des personnes quand il les voit dans un tout autre contexte ;
- ❑ il s'adresse des grimaces dans le miroir, se tire la langue et se met à rire ;
- ❑ il regarde un objet ou une personne dans la pièce puis tente de les retrouver dans le miroir ;
- ❑ autres changements que vous avez remarqués : __________

____

____

____

(Suite)

Comment votre bébé explore-t-il le nouveau monde des catégories ? (suite)

RECONNAÎTRE DES ÉMOTIONS :

- ❑ il se rend compte quand sa maman est gentille avec un autre enfant ; il devient jaloux pour la première fois lorsqu'elle s'occupe d'un autre enfant (mais pas si elle se fâche contre ce dernier) ;
- ❑ il console un de ses jouets tendresse s'il le fait tomber sur le sol, volontairement ou non ;
- ❑ il se montre particulièrement gentil s'il veut quelque chose ;
- ❑ il exagère ses états d'humeur ; il en fait des tonnes pour que tout le monde sache ce qu'il éprouve ;
- ❑ il est plus sensible aux humeurs des autres ; par exemple, il se met à pleurer lorsqu'un autre enfant pleure ;
- ❑ autres changements que vous avez remarqués : __________

____

____

____

ÉCHANGER LES RÔLES :

- ❑ il peut inverser les rôles et prendre l'initiative d'un jeu ;
- ❑ il joue à « coucou le voilà ! » avec un bébé plus jeune ;
- ❑ il dorme à boire à sa maman avec le biberon ;
- ❑ il demande à sa maman de chanter une chanson, puis se met à battre des mains ;
- ❑ il demande à jouer à cache-cache, en se glissant à quatre pattes derrière quelque chose de sa propre initiative ;
- ❑ il vous tend ses briques en plastique pour que vous construisiez quelque chose avec lui ;
- ❑ autres changements que vous avez remarqués : __________

____

____

____

Les choix de votre bébé : une clef de sa personnalité

Un monde nouveau, riche de possibilités nouvelles, s'ouvre à votre bébé dans le monde des catégories. Entre 37 et 42 semaines, il va établir sa propre sélection dans tout ce dont il dispose pour ses expérimentations. Il va choisir ce qui, à ce stade de son développement, lui convient le mieux. Peut-être va-t-il manifester plus précisément certaines inclinations, à moins qu'il ne s'aventure sur un nouveau territoire. Le monde à explorer est vaste, et il ne faut surtout pas que vous fassiez de comparaison avec les autres bébés. Chaque bébé est unique.

Observez attentivement le vôtre. Dans les listes qui précèdent (« Comment votre bébé explore-t-il le nouveau monde des catégories ? »), cochez ou surlignez ce qu'il choisit de faire. Vous découvrirez ses centres d'intérêt et ce qui fait qu'il ne ressemble à aucun autre. Respectez ses choix et aidez-le à explorer ce qui l'intéresse.

Les bébés sont comme ça

Les bébés aiment tout ce qui est nouveau. Il est important que vous réagissiez positivement lorsque vous remarquez chez le vôtre de nouvelles compétences ou sources d'intérêt. Il appréciera que vous partagiez ces nouvelles découvertes, et ses progrès n'en seront que plus rapides.

Comment aider votre bébé à acquérir de nouvelles compétences

Il faut du temps et de l'aide à votre bébé pour bien comprendre pourquoi ceci ou cela tombe ou ne tombe pas dans une catégorie donnée. Vous l'aiderez si vous lui permettez de le découvrir en jouant et en expérimentant. Favorisez les occasions. Donnez-lui suffisamment de temps. Encouragez-le et consolez-le si nécessaire. Vous pouvez également lui proposer de nouvelles idées.

Offrez-lui l'opportunité d'élargir son champ de connaissance des catégories. Qu'importe celles qu'il va choisir d'explorer en premier. Une fois qu'il se sera fait une idée d'une ou deux catégories, il appliquera ce qu'il sait à d'autres. Certains bébés préféreront débuter en reconnaissant des objets, d'autres en reconnaissant des personnes. Laissez le vôtre vous guider. Après tout, il ne peut tout apprendre en même temps.

Permettez-lui de découvrir les catégories

Quand votre bébé va commencer à expérimenter les catégories, vous vous apercevrez qu'il est en fait très occupé à examiner toute une gamme de caractéristiques et à les comparer entre elles. Il se sert des rapports pour constituer des catégories. Ce faisant, il apprend quelles sont les caractéristiques les plus importantes de ce qu'il examine, si cela rebondit ou non, si c'est lourd ou léger, petit ou grand, rond ou carré, à quoi cela ressemble au toucher et ainsi de suite. Il examine chaque objet sous toutes les coutures, le retourne à l'envers, le contemple de biais, le déplace lentement, le secoue. C'est pour lui la seule façon de découvrir que « ça c'est une balle, ça non », ou que « voici une forme carrée, celle-là ne l'est pas ».

Avez-vous jamais remarqué la manière dont il regarde ce qui se trouve à distance ? Généralement, il avance et recule la tête. En fait, il apprend que même s'il bouge, les choses conservent la même taille et la même forme. Il joue avec cette découverte. Cherchez ce qu'il aime explorer et de quelle manière. Offrez-lui les opportunités dont il a besoin.

> Quand l'eau coule du robinet de la baignoire, il essaie de l'attraper. Il referme la main sur l'eau et quand il l'ouvre, sa main est vide. Ça lui semble bizarre. Il peut pourtant continuer pendant pas mal de temps.
>
> La maman de Paul, 43e semaine

Laissez-le jouer avec le concept de « un » et « plus d'un »

Si vous voyez que votre bébé commence à démantibuler un objet, donnez-lui des jouets qu'il puisse explorer de cette manière. Construisez une pile de cubes, qu'il pourra défaire en les ôtant un par un. Montrez-lui comment s'y prendre. Vous pouvez faire de même avec une pyramide d'anneaux de plastique de tailles différentes à enfiler. Essayez également de lui donner une pile de magazines qu'il pourra retirer un par un. Et vous verrez par vous-même quels autres jeux invente votre bébé à partir du concept de « un » et « plus d'un ».

Il commence par mettre une perle dans une boîte ronde transparente et il agite la boîte, puis il rajoute des perles et il recommence. À chaque fois, il écoute le bruit qu'elles font avec beaucoup d'attention. J'ai l'impression qu'il s'amuse comme un fou.

La maman de David, 41 semaine

« Donner » et « prendre »

Certains bébés aiment donner et recevoir. La nature des objets n'a aucune importance. Ce qui compte, c'est en donner et en recevoir – de préférence en recevoir. Si par hasard votre bébé donne quelque chose, il va de soi qu'il s'attend à ce qu'on le lui rende sur le champ. Il comprend en général le sens des mots « Est-ce que je peux avoir ceci ou cela ? » et « S'il te plaît ». Vous pouvez ainsi combiner le jeu du « donner et recevoir » avec le langage, ce qui l'aidera à comprendre encore mieux les choses.

« Brutalement » et « doucement »

Certains bébés font des essais avec la façon de manipuler les personnes, les animaux et les objets – brutalement ou doucement. Si tel est le cas du vôtre, faites-lui savoir que certains gestes font mal ou que certaines choses se cassent. S'il expérimente de la sorte, il sait parfaitement ce qu'il est en train de faire.

Il me mord souvent et quelquefois, il manipule ses jouets et d'autres objets avec une certaine brutalité. Paradoxalement, il peut aussi exagérer dans la douceur. Il va caresser du doigt des fleurs ou des fourmis et les écrabouiller l'instant suivant. Dans ce cas, si je lui dis « Attention », il recommence à les toucher uniquement avec le doigt.

La maman de Kevin, 40e semaine

On était dans la baignoire. Il a commencé à examiner le bout de mon sein d'un doigt léger, avant de poursuivre son exploration sans douceur. Après, il est passé à son pénis, mais là, je dois dire qu'il a fait plus attention !

La maman de Matthieu, 41e semaine

Elle commence par examiner mes yeux, mon nez et mes oreilles avec son index. Elle les chatouille, puis elle s'excite de plus en plus et alors là, elle devient brutale. Elle me met le doigt dans me tire les oreilles et le nez, me fourre le doigt dans une narine.

La maman de Nina, 39e semaine

Formes et tailles

Certains bébés sont tout particulièrement intéressés par certaines formes, par exemple les formes rondes, carrées et dentées. Ils contemplent une forme, en suivent le contour avec un doigt, puis font de même avec une autre, différente, cette fois. En quelque sorte, ils les comparent. Généralement, si on les place devant différentes formes de bois ou de plastique, ils prennent les rondes en premier, ce qui montre qu'ils sont capables de les reconnaître. Si les formes semblent fasciner votre bébé, donnez-lui des briques de taille et de formes variées. La maison comporte également quantité d'objets dont les formes sont susceptibles de l'intéresser. Aidez-le à explorer.

La somme des parties

De nombreux bébés aiment à examiner les différents éléments qui composent les objets. Si tel est le cas du vôtre, il va par exemple porter à sa bouche un objet successivement sous plusieurs angles, ou bien lui appuyer sur le dessus, le milieu et le bas. En explorant un objet de cette manière, il finira par découvrir comment il est assemblé. Mais ses explorations peuvent aller beaucoup plus loin.

> Il aime jouer avec les serrures des portes et des armoires. Si l'on a tourné la clef d'un quart de tour, il arrive quand même à l'ôter.
>
> La maman de David, 37e semaine

> Les boutons de porte et les loquets sont sa passion. Cette semaine, il a tripoté l'aspirateur sous tous les angles. Par hasard, il a appuyé sur le bouton de commande ; voilà que soudain, l'aspirateur s'est mis en marche. Ça lui a fait une peur de tous les diables.
>
> La maman de Kevin, 38e semaine

Permettez-lui de s'amuser en touchant différentes substances

Certains bébés aiment toucher avec leurs mains. Ainsi, ils testent ce qui est ferme, collant, chaud, glissant, râpeux et ainsi de suite. Permettez-lui d'explorer ces sensations.

> Il joue avec beaucoup plus de concentration, maintenant. Il lui arrive même d'examiner deux objets à la fois. Par exemple, il va écraser un bout de banane d'une main, tranquillement, en prenant son temps, et aplatir un morceau de pomme de l'autre. Et tout en s'occupant ainsi, il promène son regard d'une main à l'autre.
>
> La maman de Hugo, 42e semaine

> Il prend dans sa main du sable, de l'eau, du gravier ou du sucre, et les garde un long moment. Il étudie leur contact. Ce n'est que beaucoup plus tard qu'il va les porter à sa bouche.
>
> La maman de Kevin, 40e semaine

Parfois, les bébés aiment frotter des parties de leur corps autres que les mains contre certains matériaux ou substances, ou bien ils passent sur leur corps quelque chose qu'ils viennent de ramasser. Ils veulent ainsi toucher les choses avec chaque partie de leur corps. Cela les familiarise plus encore avec ce qu'ils examinent. Offrez à votre tout-petit l'opportunité d'agir ainsi.

Je lui ai installé une balançoire dans l'encadrement de la porte. Il y a un nœud sous le siège et c'est sa grande affaire. Il s'assied sous la balançoire et se tient au montant de la porte, de façon à se soulever un peu quand on balance le siège et que le nœud, en passant, lui effleure les cheveux. Il reste là, juste pour sentir ce contact.

La maman de Kevin, 39e semaine

« Lourd » et « léger »

Votre bébé soupèse-t-il ses jouets et autres objets ? Dans ce cas, donnez-lui l'occasion de le faire – dans les limites permises par votre appartement, bien entendu.

Dès qu'elle passe à côté de quelque chose, elle le soulève quelques instants.

La maman d'Alexandra, 41e semaine

« Haut » et « bas », « petit » et « grand »

C'est généralement avec son corps que votre bébé étudie ces concepts. Il escalade, franchit, se glisse sous tout ce qu'il rencontre. Il le fait calmement, méthodiquement, un peu comme si c'était le résultat d'un plan d'action délibéré.

Il essaye de s'introduire partout en rampant. Il jette un œil, puis ressort. Hier, il est resté coincé sous la première marche de l'escalier. On était tous complètement affolés !

La maman de David, 40e semaine

Donnez à un bébé actif suffisamment de place pour grandir

Un bébé déjà actif, physiquement, va sans doute maintenant être plus habile et plus stable pour s'asseoir, se tenir debout, ramper et marcher. Ses possibilités corporelles en sont accrues. Il peut décider de s'accroupir, de ramper sur les meubles ou de les escalader, ou de se tenir sur la pointe des pieds pour attraper quelque chose.

On constate qu'il évolue dans sa façon de se tenir debout. Il peut maintenant remettre ses pieds dans la bonne position quand ils partent de travers. Il jette un oeil sur eux, puis autour de lui, pour voir ce qui se passe quand il les place correctement.

La maman de Louis, 39e semaine

Elle marche beaucoup mieux, de manière moins heurtée. Elle tombe moins souvent et quand il y a une marche, elle arrive plus facilement à la monter.

La maman d'Alexandra, 38e semaine

À partir de cet âge, il est de plus en plus important qu'un bébé mobile dispose de suffisamment d'espace. À la maison, laissez-le ramper, escalader, se hisser dans des endroits impossibles. Bloquez les escaliers par des barrières de sécurité sur la deuxième ou la troisième marche et laissez-le s'exercer. Veillez à placer un matelas au bas des marches, afin qu'il ne se fasse pas mal. Il peut aussi s'exercer à l'extérieur. Là aussi, laissez-lui de l'espace, par exemple dans les bois, à la plage, près d'un lac, au tas de sable, au jardin public. En faisant bien attention, évidemment, à ne jamais le perdre de vue.

Il escalade tout. Même la surface lisse d'un mur ne lui fait pas peur.

La maman de David, 42e semaine

L'autre jour, elle était à table, sur sa chaise haute. Et voilà qu'avant que j'aie fait « ouf! », elle était sur la table. Il me faudrait des yeux derrière la tête, je crois bien. Une fois, elle est même tombée en arrière avec sa chaise – une chaise normale. Heureusement, elle en a été quitte pour la peur.

La maman de Sarah, 42e semaine

Soins bébé

Rendez son environnement sûr

Veillez à la sécurité dans l'espace où votre bébé se livre à ses escalades. Ne le quittez pas des yeux un seul instant pour autant. Il peut toujours rencontrer sur sa route un danger auquel vous n'auriez peut-être pas pensé.

Montrez-vous compréhensive à l'égard de ses peurs irrationnelles

Lorsque votre bébé fait l'acquisition d'une nouvelle compétence, il peut en même temps découvrir des dangers qu'il ignorait jusqu'à ce jour. La peur du vide est de ceux-là. S'il semble soudain effrayé, manifestez-lui votre sympathie. Essayez de découvrir ce qui le perturbe et aidez-le. Il a tendance à se méfier de ce qui est nouveau, tant qu'il n'a pas la certitude que ce n'est pas dangereux.

Jusqu'à maintenant, elle aimait bien marcher quand je la tenais. Elle s'est arrêtée d'un seul coup. On dirait même qu'elle a peur. Pour peu qu'elle craigne que je lui lâche une seule main, elle s'assoit tout net.

La maman d'Audrey, 46e semaine

Il ne supporte plus d'être à l'étroit. Quand on l'attache sur un siège auto, il devient complètement hystérique.

La maman de Paul, 40e semaine

Intervertissons les rôles

Il arrive qu'un bébé se mette à jouer le rôle qu'il a vu sa mère tenir, ou un enfant plus âgé. C'est parce qu'il sait maintenant qu'il est une personne, au même titre que les autres, et peut donc les imiter. Il peut se cacher, comme il a vu sa mère le faire, de façon à ce que ce soit elle qui le cherche. Il peut aller chercher ses propres jouets quand l'envie lui prend de jouer avec. Réagissez toujours positivement à ce genre d'attitude, même brièvement. Cela lui montrera qu'il se fait comprendre et qu'il a de l'importance.

Cette semaine, nous avons eu un autre enfant en visite à la maison, une petite fille d'un peu plus d'un an. Tous les deux avaient un biberon. À un moment donné, la petite a mis son biberon dans la bouche de mon bébé et l'a fait téter en tenant le biberon toute seule. Le lendemain, je donnais le biberon à mon fils sur mes genoux. Soit dit en passant, c'est le seul moment où il veut bien y rester. Bref, soudain, il a pris le biberon et me l'a glissé dans la bouche. Puis il s'est mis à rire, a bu un peu à son tour et me l'a fourré de nouveau dans la bouche. J'étais stupéfaite. Il n'avait jamais rien fait de pareil auparavant.

La maman de Paul, 41e semaine

Elle était à côté de la poussette où il y avait le bébé des voisins et, de sa propre initiative, elle s'est mise à jouer à « coucou, le voilà ! ». Tous les deux avaient l'air ravis.

La maman de Sarah, 40e semaine

Un vrai petit acteur

Si votre bébé est du genre brillant en société, il va désormais pouvoir faire semblant d'être triste, gentil ou malheureux. Autrement dit, il est capable de vous manipuler ou de vous utiliser. En général, les mamans s'y laissent prendre très brièvement. Certaines refusent de croire que leur tout-petit est capable d'agir ainsi de manière délibérée à cet âge si tendre. D'autres sont secrètement fières de lui. Si vous constatez que votre bébé joue la comédie, permettez-lui de savourer son succès, si possible. En même temps, montrez-lui que vous n'êtes pas dupe. Cela lui apprendra qu'il est important de se servir des émotions, mais qu'il ne doit pas les utiliser pour vous manipuler.

Dans la journée, elle est turbulente, une vraie petite peste, mais le soir, quand arrive le moment d'aller au lit, elle est en train de jouer tranquillement. Un ange du ciel… C'est comme si elle se disait « tant que je suis sage, je sais que je ne vais pas au lit ». De toute façon, ça ne sert à rien d'essayer de la coucher quand elle n'est pas encore fatiguée. Elle refuse de rester allongée. Vendredi dernier, elle est allée au lit à 11 heures et demi.

La maman d'Alexandra, 37e semaine

Si je parle à quelqu'un, c'est sûr qu'aussitôt il va avoir besoin de moi, ou qu'il fera semblant de s'être fait mal.

La maman de Matthieu, 39e semaine

Soyez logique avec votre bébé

Toutes les mamans sont fières des progrès et des nouveaux talents de leur progéniture, auxquels elles réagissent automatiquement par la surprise et l'excitation. D'un autre côté, certains peuvent avoir des conséquences fâcheuses. Au premier abord, ils peuvent sembler amusants et votre bébé peut prendre votre surprise ou votre ravissement pour de l'approbation. Se croyant drôle, il va recommencer encore et encore, même si vous lui dites « non ».

N'oubliez pas

Rompre avec les vieilles habitudes et établir de nouvelles règles fait aussi partie du développement de chaque nouvelle compétence. Vous pouvez exiger de votre bébé qu'il respecte toutes les nouvelles règles qu'il est à même de comprendre – pas plus, mais pas moins.

Elle est de plus en plus drôle, parce qu'elle commence à faire des bêtises. Quand elle a la bouche pleine de bouillie, elle fait « brr » et je reçois tout dessus. Elle ouvre les placards que je lui interdis, elle répand l'eau du chat dans toute la cuisine, et la liste est loin d'être close.

La maman de Laura, 38e semaine

Elle ne m'écoute pas. Quand je lui dis « non », elle se met à rire. Elle rit même si je lui donne une petite fessée. Mais quand sa nourrice dit « non », elle se met à pleurer. Je me demande si c'est dû au fait que je travaille. Peut-être est-ce que je la laisse trop faire quand je rentre, parce que je me sens coupable.

La maman de Laura, 39e semaine

Soyez logique

Désormais, vous allez devoir être plus logique avec votre bébé. Quand vous refusez de permettre quelque chose une fois, mieux vaut ne pas le tolérer la fois suivante. Votre bébé aime vous mettre à l'épreuve.

(Suite à la page 258)

Les meilleurs jeux pour le monde des catégories

Voici quelques jeux et activités préférés des bébés au cours de cette période. Ils vont les aider à mettre en pratique les compétences qu'ils ont commencé à développer.

ON EXPLORE ENSEMBLE

Si certains objets semblent, absolument fascinants aux yeux de votre bébé, ils ne sont pas pour autant à sa portée, et partir en exploration peut se révéler dangereux pour lui. Mieux vaut l'aider. Par exemple, vous pouvez l'aider à manipuler les photographies encadrées ou les petits objets lourds et fragiles, pour éviter qu'il les casse ou se blesse, tout en satisfaisant sa curiosité.

SONNETTES ET INTERRUPTEURS

Permettez à votre bébé d'appuyer sur la sonnette de l'appartement. Il entendra tout de suite le bruit que son geste déclenche. De même, laissez-le appuyer sur le bouton de l'ascenseur. Il aura l'impression d'agir comme un grand. Faites-lui appuyer sur l'interrupteur pour allumer quand il fait sombre, afin qu'il constate le résultat. Faites de même avec la sonnette qui demande l'arrêt dans un bus ou le bouton de commande du feu rouge à certains passages cloutés. Expliquez-lui à chaque fois ce qui va se passer, à quoi il doit s'attendre. Il apprendra ainsi quelques notions sur le rapport qui existe entre son acte et les conséquences de celui-ci.

PROFITER ENSEMBLE DES SORTIES

À cet âge, la plupart des bébés ne se lassent pas d'être à l'extérieur. Emmenez-le en promenade. Il apprendra beaucoup, par la même occasion. Il découvrira des choses qu'il ne connaît pas. Il pourra voir loin. Que vous le promeniez dans sa poussette ou dans un porte-bébé, veillez à vous arrêter de temps à autre pour qu'il regarde de près et touche telle ou telle chose, ou qu'il écoute un bruit intéressant.

MONTREZ-LUI À QUOI IL RESSEMBLE QUAND IL EST HABILLÉ ET DÉSHABILLÉ

La plupart des bébés semblent n'avoir aucune minute à consacrer à l'habillement et aux apparences, car ils sont accaparés par tout le reste. Mais ils aiment contempler leur image et ils sont particulièrement fascinés lorsqu'ils peuvent vous voir en train de leur brosser les cheveux, de les habiller, de les déshabiller. Mettez cet intérêt à profit pour sécher de temps en temps votre bébé avec sa serviette devant le miroir. Il pourra en même temps jouer à une sorte de « coucou le voilà » avec lui-même

JEUX DE MOTS

Votre bébé comprend souvent beaucoup plus de choses qu'il n'en a l'air et il apprécie de pouvoir le démontrer. Désormais, il va élargir le champ des mots et des phrases qu'il comprend.

NOMMER LES CHOSES

Nommez ce que votre bébé voit ou écoute. Lorsqu'il exprime par gestes ce qu'il veut, traduisez sa question en mots. Cela lui apprendra qu'il peut utiliser des mots pour s'exprimer.

NOMMER CE QU'ON VOIT DANS LES LIVRES

Prenez-le sur vos genoux ou bien installez-le tout près de vous. Laissez-le choisir un album et tendez-le lui, de sorte qu'il puisse tourner lui-même les pages. Montrez du doigt l'image qu'il regarde. Nommez ce qu'elle représente. Et, le cas échéant, imitez le cri de l'animal ou le bruit de l'objet représentés. Encouragez le tout-petit à prononcer après vous ce mot ou à émettre ce bruit. Quand son intérêt retombe, n'insistez pas. Certains bébés ont besoin d'un câlin ou d'une petite chatouille après chaque page pour maintenir leur attention.

(Suite)

Les meilleurs jeux pour le monde des catégories (suite)

DONNEZ-LUI DE PETITES TÂCHES À ACCOMPLIR

Demandez à votre bébé s'il veut bien vous donner ce qu'il tient à la main, par exemple en lui disant : « Donne à Maman. » Demandez-lui également de temps en temps de donner à Papa. Vous pouvez aussi lui demander de vous passer un objet, par exemple « Passe-moi la brosse à dents » ou « Va me chercher la balle. » Essayez aussi de temps en temps de l'appeler quand vous êtes hors de son champ de vision (« Où es-tu ? ») et attendez la réponse. Ou demandez-lui de venir à vous (« Viens ici, s'il te plaît »). S'il participe, félicitez-le et ne continuez que dans la mesure où il s'amuse.

« SINGER »

De nombreux bébés étudient avec grand intérêt les autres personnes et adorent imiter ce qu'ils leur voient faire. Si tel est le cas, mettez-le à profit.

FAIS PAREIL !

Commencez par pousser votre bébé à imiter ce que vous faites, puis imitez-le à nouveau. La plupart du temps, il sera capable de répéter indéfiniment les mêmes attitudes en prenant son tour à chaque fois. Essayez aussi d'alterner : accélérez ou ralentissez vos jestes, accomplissez-les de l'autre main, ou avec les deux mains, ajoutez des sons et ainsi de suite. Pratiquez également ce jeu devant un miroir. Certains bébés aiment répéter les mêmes attitudes devant un miroir tout en s'observant pour voir comment on fait.

PARLER DEVANT LE MIROIR

Si cela l'intéresse, essayez de lui montrer devant un miroir les mouvements de vos lèvres quand vous articulez. Faites-en un jeu. Asseyez-vous avec lui devant le miroir et jouez avec les voyelles, les consonnes, les mots – ce qui lui plaît le plus. Donnez-lui le temps de vous observer et de vous copier. La plupart des bébés aiment en même temps s'observer en train d'imiter des gestes, par exemple des mains ou de la tête. Essayez également ce genre de choses de temps à autre. S'il peut se voir pendant qu'il vous imite, il saura immédiatement s'il fait bien comme vous.

JEUX OÙ L'ON CHANTE ET OÙ L'ON BOUGE

Chantez « Ainsi font, font, font, les petites marionnettes », tout en lui faisant prendre conscience de chaque geste qui accompagne la chanson. Pour cela, prenez ses mains dans les vôtres et faites ensemble les mouvements. Certains bébés imitent de leur propre initiative le geste de claquer dans ses mains. Ou bien ils lèvent les mains en l'air. À cet âge, ils sont encore incapables d'imiter tous les mouvements à la suite, mais ils peuvent prendre plaisir au jeu.

DES JEUX QUI PERMETTANT D'ÉCHANGER LES RÔLES

Encouragez votre bébé à jouer un rôle que vous-même ou un autre enfant plus âgé avez joué devant lui.

(Suite)

Les meilleurs jeux pour le monde des catégories (suite)

JE VAIS T'ATTRAPER !

Ce jeu peut se pratiquer en marchant ou en rampant. Essayez de temps en temps d'intervertir les rôles et de faire mine de quitter la pièce – en marchant ou à quatre pattes – tout en montrant clairement que vous attendez de lui qu'il vous suive. Faites mine de vous échapper s'il essaie de vous attraper. S'il parvient à vous attraper, ou si vous l'attrapez, faites-lui un câlin ou soulevez-le en l'air.

CACHE-CACHE

Cachez-vous de façon à ce qu'il vous voie disparaître, puis laissez-le vous chercher. Faites aussi semblant de l'avoir perdu et de le chercher. Certains bébés se prennent vite au jeu. Ils se dissimulent derrière leur lit ou dans un petit coin et ne bougent plus. Généralement, ils choisissent l'endroit qui s'est révélé une bonne cachette la veille, ou celui où vous venez de vous cacher. Quand vous vous retrouvez enfin tous les deux, manifestez beaucoup d'enthousiasme.

Les meilleurs jouets pour le monde des catégories

Voici les jouets et les objets qui plaisent le plus à la plupart des bébés au cours de cette période :

- les casseroles avec leur couvercle ;
- la sonnette de la maison, du bus, du vélo, les boutons d'ascenseur et ceux des feux de signalisation ;
- les réveils ;
- les cintres ;
- les magazines et les journaux (pour les déchirer) ;

Les meilleurs jouets pour le monde des catégories (suite)

- les assiettes, les gobelets et les couverts en plastique ;
- les objets plus grands que lui, comme des caisses ou des seaux ;
- les coussins et les couettes, pour ramper dessus ou dessous ;
- les boîtes (surtout rondes), les pots, les bouteilles ;
- tout ce qu'il peut faire bouger, comme les poignées, les verrous, les loquets ;
- tout ce qui bouge tout seul, comme les ombres, les branches, les fleurs, les lumières qui s'allument et s'éteignent, le linge qui sèche dans le vent ;
- les balles de toutes tailles, des balles de ping-pong aux ballons de plage ;
- les couvercles qui se vissent ;
- les poupées au visage réaliste ;
- les briques de toutes les formes et de toutes les tailles – les plus grosses possible ;
- les mini piscines gonflables ;
- de l'eau, du sable, des cailloux et une petite pelle ;
- les balançoires ;
- les albums illustrés avec une ou deux grandes images distinctes par page ;
- les posters avec plusieurs images distinctes ;
- les voitures pour bébé.

ATTENTION AUX :

- prises de courant ;
- interrupteurs électriques et boutons de mise en marche des appareils de toute sorte ;
- machines à laver le linge et la vaisselle, aspirateurs, sèche cheveux et tous appareils ménagers ;
- escaliers.

Un répit après le bond en avant

En ce moment, c'est un amour. Il rit toute la journée. Quelquefois, il joue dans son parc pendant une heure, vraiment très gentiment. Ce n'est plus le même, depuis une semaine. Il fait moins « gros bébé ». Il a toujours été un peu gauche, maintenant il prend de l'aisance. Il est plus vivant, plus énergique, plus entreprenant.

La maman de Hugo, 42e semaine

Il comprend beaucoup mieux, alors il faut maintenant que je l'installe dans un endroit où il puisse communiquer avec tout le monde, par exemple à table. Je dois m'arranger pour qu'on puisse plus facilement parler avec lui. Nous devons être à portée de voix. Quand il n'est pas à la maison, c'est pareil, il s'intéresse beaucoup plus aux autres. Il établit le contact sur le champ. Pour ça, il fait des bulles, il lance des petits cris d'appel ou bien il hoche la tête d'un air interrogateur.

La maman de Kevin, 40e semaine

Entre 40 et 45 semaines, une nouvelle période de calme relatif s'installe. Pendant une à trois semaines, les bébés se font remarquer par leurs progrès, leur indépendance, leur joie de vivre. Ils s'intéressent maintenant à beaucoup de choses, du cavalier qui passe sur son cheval aux fleurs, en passant par les feuilles, les fourmis et les moustiques. Beaucoup ont une préférence pour les activités à l'extérieur. Les autres personnes commencent soudain à jouer un rôle important dans leur vie. Ils établissent des contacts beaucoup plus fréquents avec elles et sont plus facilement prêts à jouer avec. En bref, les perspectives de votre bébé sont plus vastes que jamais.

Photographie

Après le bond en avant

Âge ____________________

Remarques ____________________

____

____

____

____

____

____

____

chapitre 9

46 semaines : le monde des séquences

Les bébés sont naturellement doués pour faire des dégâts. Votre tout-petit vous a probablement paru être à l'apogée de ce talent lors du précédent bond en avant dans son développement mental. Pas de doute : il a fait preuve de stupéfiantes capacités à détruire et à démantibuler tout ce qui se trouvait sur sa route. Or, si vous êtes à l'affût des compétences qu'il est en train de développer, vous allez soudain remarquer, vers l'âge de 46 semaines (44 à 48), qu'il se livre à des activités tout à fait inverses. Pour la première fois, il tente *d'assembler des choses.*

Ce qu'il est maintenant prêt à découvrir, c'est le monde des séquences. À cet âge, il prend conscience que, pour atteindre son but, il doit dans la plupart des cas procéder dans un certain ordre. En l'observant, vous constaterez qu'il regarde quel élément va avec quel autre, et de quelle manière, *avant* d'essayer de les encastrer, de les assembler ou de les empiler. Par exemple, avant de placer un cube sur l'autre, il va se concentrer de son mieux et ajuster son geste. Ou bien il n'insérera un écrou dans un tableau à fentes qu'*après* avoir comparé la taille de l'écrou à celle de la fente et choisi la bonne.

Ce monde offre de nouveaux champs d'exploration à votre bébé. Vous remarquerez que, pour la première fois, il semble capable de tirer ses conclusions. Parfois, il arrive à enchaîner des actions de manière tout à fait spontanée. Apparemment, il est plus que jamais « conscient » de ses actes – il prend maintenant conscience de ce qu'il fait.

C'est vers 42 semaines (40 à 44) que se déclenche ce bond en avant dans son développement mental. Au cours du processus d'acquisition de ses nouvelles compétences, il aura tendance à se montrer une fois de plus crampon et exigeant, le temps d'apprendre à être à l'aise dans ce monde nouveau. Après tout, il est beaucoup plus difficile d'essayer de comprendre comment les choses s'assemblent que de les démantibuler ! On conçoit aisément que ce changement soudain dans tout son mode de pensée le perturbe considérablement. Cette période crampon dure en général cinq semaines, mais elle peut durer aussi entre trois et sept semaines.

Souvenez-vous

Si votre bébé est crampon, observez-le de près, pour voir s'il est en train d'essayer de maîtriser de nouvelles compétences.

Les nuages d'orage s'amoncellent : les signes annonciateurs d'un grand changement

Il est possible que votre bébé pleure plus qu'au cours de la ou des semaines passées. C'est le cas de la plupart des bébés, qui se montrent crampons, capricieux, difficiles. Ils pleurent, pleurnichent, gémissent, sont de mauvaise humeur, s'agitent. En règle générale, ils font des pieds et des mains pour rester au plus près de leur maman. Certains y consacrent toute leur journée, pour d'autres c'est une préoccupation temporaire. Certains se bornent à faire preuve d'une agitation accrue à la perspective d'être séparés de leur maman, d'autres essayent par tous les moyens d'éviter la séparation.

Dès que son frère s'approche de lui et le touche, il se met à pleurer, parce qu'il sait que ses pleurs me font réagir.

La maman de Louis, 41e semaine

Votre bébé pleure peut-être moins quand il est avec vous ou près de vous. C'est le cas de la plupart des bébés crampons quand ils sont avec leur maman. Si elle se consacre entièrement à eux, les larmes sont moins fréquentes encore.

Dans la mesure où je tiens à réduire ses pleurnicheries au minimum, je fais tout avec elle. Je m'occupe de la maison en la tenant sous le bras. Autrement, elle s'agrippe à ma jambe et je ne peux pas avancer d'un centimètre. Je lui explique ce que je fais, comment je prépare le café, etc. On va généralement aux toilettes ensemble et si j'y vais seule, je laisse la porte ouverte. D'abord parce que je peux la surveiller et ensuite parce qu'elle peut me voir et me suivre si elle veut. Ce dont elle ne se prive pas. C'est la seule façon pour que nous soyons tranquilles toutes les deux.

La maman de Sarah, 43 semaines

Comment savoir que le moment de grandir est venu ?

Se cramponne-t-il à vos vêtements ?

Pour rester aussi près que possible de sa maman, votre bout de chou est capable d'aller très loin. Il peut s'enrouler littéralement autour de vous, même en dehors de la présence d'étrangers. Certains bébés ne s'accrochent pas nécessairement à leur mère, mais tiennent à rester tout près d'elle pour ne pas la perdre de vue un seul instant. Il y a aussi ceux qui reviennent sans cesse auprès d'elle, comme s'ils avaient besoin d'être rassurés avant de la quitter de nouveau.

Toute la sainte journée, il s'assoit sur mes genoux, me rampe dessus, s'installe sur moi ou s'agrippe à mes jambes, comme un parasite. Et quand je le pose, il éclate en sanglots.

La maman de Kevin, 41e semaine

Les signes indiquant que votre bébé grandit à nouveau

Entre 40 et 44 semaines, vous remarquerez peut-être chez lui l'un ou l'autre des comportements ci-dessous. C'est probablement le signe qu'il est prêt à faire un nouveau bond en avant dans le monde des séquences.

❑ il pleure plus souvent ; il est souvent de mauvaise humeur, capricieux ou agité ;
❑ il est de bonne humeur à un moment, en larmes l'instant suivant ;
❑ il veut que vous le teniez occupé (plus souvent) ;
❑ il se cramponne à vos vêtements ou veut être plus près de vous (plus souvent);
❑ il se montre « trop » gentil ;
❑ il est délibérément vilain ;
❑ il pique des crises de colère (plus souvent) ;
❑ il est jaloux ;
❑ il est visiblement plus timide avec les étrangers ;
❑ il veut être en contact physique « plus serré » ou « de plus près »;
❑ il dort mal ;
❑ il semble avoir des cauchemars (plus souvent);
❑ il perd l'appétit ;
❑ il babille moins ;
❑ il est moins vivant;
❑ il rêve quelquefois tout éveillé ;
❑ il refuse qu'on le change ;
❑ il suce son pouce (plus souvent) ;
❑ il cherche à atteindre ses jouets tendresse (plus souvent);
❑ il est plus « bébé »;
❑ autres changements que vous avez remarqués : __________

____

____

____

Elle s'assoit sur ma chaussure et entoure ma jambe de ses petits bras. Et une fois qu'elle me tient, rien ne la fera lâcher. Il faut que j'imagine une diversion – généralement, d'ailleurs, c'est un échec complet.

La maman de Sarah, 43e semaine

En ce moment, elle a tendance à ne pas me quitter d'une semelle, mais elle s'occupe toute seule. C'est un peu comme si j'étais la Terre mère et elle un satellite. Quand je suis dans le living, elle fait ses petites affaires à côté de moi. Si je vais dans la cuisine, elle se met à vider un placard à trois pas.

La maman d'Alexandra, 47e semaine

Souvent, il vient à moi pour un petit bisou, puis il repart. Je remarque qu'il fait ça surtout quand je suis assise ou que je m'accroupis dans le cadre de mes tâches quotidiennes. J'appelle ça « faire le plein de Maman ».

La maman de Matthieu, 41e semaine

Se montre-t-il timide avec les étrangers ?

Lorsque des personnes étrangères se trouvent à proximité de votre bébé, le regardent, lui parlent, ou, pire, tendent la main vers lui, le tout-petit est susceptible de devenir encore plus crampon avec vous. C'est le cas de beaucoup de tout-petits à cette période.

Il est un peu timide. Quand il voit des gens qu'il ne connaît pas, ou si quelqu'un – même son père ! – pénètre soudain dans la pièce, il enfouit son visage dans mon cou. Ça ne dure pas longtemps, en fait. Il a juste besoin de s'accoutumer à eux.

La maman de Matthieu, 42e semaine

Il est plus timide que jamais. Même son Papy n'a pas le droit de le regarder.

La maman de Louis, 43e semaine

Cette semaine, j'ai remarqué qu'elle commençait vraiment à s'accrocher beaucoup à moi. Maintenant, quand un étranger tend affectueusement les mains vers elle, elle m'agrippe. Mais si on lui en laisse le temps, elle finit par aller d'elle-même vers eux. Simplement, ils ne doivent pas chercher à la prendre trop tôt dans leurs bras.

La maman d'Audrey, 47e semaine

Recherche-t-il un contact physique plus étroit avec vous ?

Certains bébés de nature inquiète s'accrochent à leur maman de toutes leurs forces dès qu'ils parviennent auprès d'elle ou lorsqu'ils sont assis sur ses genoux. D'autres réagissent violemment lorsqu'elle les pose à terre ou va faire quelque chose à l'autre bout de la pièce.

Si l'on est séparées ne serait-ce que quelques minutes, elle pleure de rage et quand je reviens, elle commence toujours par me taper, me griffer, me pincer. Si le chien est dans les environs, c'est lui qui prend. Une fois, je suis entrée dans la pièce et je l'ai trouvée en train de tirer sur ses moustaches.

La maman de Sarah, 43e semaine

Veut-il que vous le teniez occupé ?

À cette période, la plupart des bébés veulent qu'on s'occupe encore plus d'eux. C'est peut-être le cas du vôtre. Même s'il est de nature facile, il va généralement préférer faire les choses avec sa maman. Quant aux tout-petits particulièrement exigeants, si on les laissait faire, ils exigeraient l'attention de leur mère jour et nuit. Généralement, ils ne sont contents que lorsqu'elle se consacre exclusivement à eux.

> Il vient me voir pour qu'on regarde ensemble un album et il reste bien patiemment assis avec moi. C'est vraiment mignon. Exactement ce dont j'ai toujours rêvé. Il s'occupe tout le temps, c'est une vraie petite abeille. Alors, quand il veut bien me consacrer un peu de temps, on se rattrape.
>
> La maman de Paul, 44e semaine

> Il devient moins vif. Il y a une sorte de pause dans son développement moteur, on dirait que ça ne l'intéresse plus beaucoup. Ses jouets ne l'intéressent plus beaucoup non plus. Même quand je joue avec lui, il a une capacité d'attention très courte. Il me préfère à ses jouets, en fait.
>
> La maman de Kevin, 41e semaine

> Quand je lui donne le sein, je n'ai pas le droit de faire autre chose, ni de parler à quelqu'un. Dès que j'arrête de le regarder et de le caresser, il gigote dans tous les sens, avec des coups de pieds furieux, comme pour dire : « Je suis là, dis donc ! »
>
> La maman de Matthieu, 43e semaine

Est-il jaloux ?

Lorsque vous vous intéressez à quelqu'un ou à quelque chose d'autre que lui, il est possible que votre tout-petit se montre particulièrement capricieux ou pénible, ou au contraire particulièrement gentil. Ce genre d'attitude pousse généralement les mamans à se demander si leur bébé n'est pas jaloux, non sans surprise.

> Je m'occupe d'un autre bébé qui a 4 mois et je dois lui donner le biberon. Habituellement, il trouve cela très intéressant, mais cette semaine, il s'est montré intenable. Il a fait des choses qu'il ne fait jamais d'habitude. Je crois qu'il était un peu jaloux.
>
> La maman de David, 4e semaine

A-t-il des changements d'humeur prononcés ?

Il se peut que votre bébé soit très enjoué un jour et tout le contraire le lendemain. De même, son humeur peut se modifier brutalement. Il s'occupe gentiment, en pleine forme et voilà qu'en l'espace de quelques instants, il se met à gémir et à protester. Ce changement d'humeur, qui n'a apparemment aucune raison d'être, surgit sans crier gare. Il arrive que ce genre de comportement déstabilise les mères.

> À un moment, elle se cramponne à moi en pleurant toutes les larmes de son corps et l'instant suivant, elle a l'air de s'amuser comme une folle. On dirait qu'elle change d'humeur en appuyant sur un bouton. Franchement, je ne sais pas quoi faire. Je me demande à chaque fois si elle n'a pas brusquement mal quelque part.
>
> La maman de Nina, 43e semaine

Dort-il mal ?

Comme beaucoup, votre bébé est susceptible de moins bien dormir. Certains refusent d'aller se coucher, d'autres ont plus de mal à s'endormir, d'autres encore se réveillent plus tôt. Il y a des bébés qui dorment particulièrement mal pendant la journée, d'autres pendant la nuit. D'autres enfin ont systématiquement du mal à aller se coucher, quelle que soit l'heure.

> Elle n'a pas besoin de beaucoup de sommeil. Le soir, elle veille beaucoup plus longtemps qu'avant et joue tranquillement.
>
> La maman d'Anaïs, 43e semaine

Elle se réveille deux ou trois fois dans la nuit. Dans l'après-midi, elle ne dort guère mieux. Parfois, je mets trois heures à l'endormir.

La maman d'Alexandra, 48e semaine

Elle refuse purement et simplement d'aller au lit. À chaque fois, ce sont des larmes et des cris.

La maman de Juliette, 42e semaine

Il est plus agité. Il se réveille plusieurs fois dans la soirée. Quand il est temps d'aller au lit, il faut l'obliger à se calmer.

La maman de Hugo, 45e semaine

Avant, il restait tard au lit. Malheureusement, c'est fini.

La maman de Matthieu, 41e semaine

Fait-il des « cauchemars » ?

Votre bébé peut devenir un mauvais dormeur et même avoir un sommeil si agité que vous pensez qu'il fait des cauchemars.

Elle s'est réveillée en hurlant. Les mêmes cris que lorsqu'elle est furieuse. J'en déduis qu'elle a fait un mauvais rêve.

La maman de Sarah, 45e semaine

Est-il apathique ?

Il se peut que votre bébé manifeste une légère apathie passagère. C'est en effet le cas de certains tout-petits, qui se montrent moins actifs ou « babillent » moins. Ils peuvent même rester quelque temps inactifs et contempler tranquillement le plafond. Leurs mères n'apprécient guère de les voir ainsi, car elles jugent cette attitude « anormale ». En général, elles essayent de rendre à nouveau actif leur petit rêveur.

Elle n'est plus aussi active. Elle se contente souvent d'ouvrir de grands yeux sur ce qui l'entoure.

La maman d'Anaïs, 45e semaine

Il lui arrive de rester tranquille, le nez en l'air, alors qu'avant, il était toujours en train de faire quelque chose.

La maman de Matthieu, 43e semaine

Il est plus passif, plus calme. Quelquefois, il reste assis, les yeux dans le vague. Je n'aime pas ça du tout. On dirait qu'il n'est pas normal.

La maman de Kevin, 41e semaine

Refuse-t-il qu'on le change ?

Il est possible que votre tout-petit se montre plus impatient et plus difficile quand vous l'habillez, le déshabillez ou le changez. Il se met à geindre, à crier et à se tortiller dès que vous le touchez. Cette attitude exaspère certaines mamans et en inquiète d'autres.

Il ne reste pas tranquille un seul instant. À certains moment, c'est un vrai match de catch pour lui ôter sa couche. J'apprécie qu'il soit plus actif, mais je ne vois pas pour quelle raison il ne peut se tenir tranquille pendant quelques secondes.

La maman de Hugo, 43e semaine

Cela a été un cauchemar de l'habiller, la déshabiller et la changer. Ce n'est pas la première fois : c'est arrivé aussi il y a quelque temps. J'ai cru alors qu'elle souffrait des lombaires. J'ai commencé à m'inquiéter sérieusement et je l'ai conduite chez le pédiatre, mais son dos était en parfait état. Le docteur n'avait pas non plus la moindre idée de ce qui pouvait provoquer cette réaction. Maintenant, ça s'est arrangé tout seul !

La maman de Juliette, 46e semaine

A-t-il perdu l'appétit ?

Au cours de cette période, beaucoup de bébés semblent moins intéressés par la nourriture. Il est possible que le vôtre perde l'appétit, ou soit très difficile, ne mangeant que s'il en a envie et au moment où il l'a décidé. Ces chipotages et ce petit appétit inquiètent et irritent toujours les mamans.

Il ne mange pas beaucoup. Et puis soudain, au beau milieu de la journée, voilà qu'il tire sur ma blouse en pleurnichant pour que je lui donne le sein. Il se réveille aussi la nuit en réclamant le sein. Je me demande si cela suffit à le nourrir.

La maman de Matthieu, 43e semaine

Est-il plus « bébé » ?

Parfois, vous voyez réapparaître un comportement « bébé » que vous croyiez disparu depuis longtemps. Les mères n'apprécient guère ce retour, qu'elles considèrent comme un pas en arrière. Elles aimeraient pouvoir y mettre un terme. En fait, ce genre de rechute est parfaitement normal au cours des périodes crampons. Cela signifie simplement qu'un autre grand bond en avant est sur le point de se produire.

Cette semaine, elle est revenue en arrière et elle a recommencé à se traîner à quatre pattes. J'espère que ça n'a rien à voir avec ses hanches, ni avec le fait qu'elle se soit mise très précocement à marcher.

La maman d'Alexandra, 44e semaine

Il refuse désormais de tenir son biberon. Il préfère que je le fasse téter comme un nourrisson, lové dans mes bras, alors qu'il y a quelque temps, il voulait à tout prix tenir le biberon lui-même. Ce retour en arrière m'inquiète, à vrai dire. En moi-même, je me dis : « Vasy, mon grand, je sais que tu peux le faire seul. » À deux ou trois reprises, je lui ai posé les mains sur le biberon, sans résultat.

La maman de Kevin, 41e semaine

Très souvent, je dois de nouveau le bercer pour l'endormir.

La maman de Victor, 41e semaine

Il refuse de continuer à se tenir debout et s'effondre sur le sol. Sur le plan de la vivacité, on ne peut pas dire qu'il fasse des étincelles.

La maman de Kevin, 41e semaine

Se montre-t-il « trop » gentil ?

Un bébé crampon aura également recours à des méthodes beaucoup plus douces pour réclamer un surcroît de contact physique ou d'attention. Ses demandes seront de plus en plus fréquentes, ses manières de plus en plus sophistiquées. Il va, par exemple, apporter des livres ou des jouets à ses parents, en leur « demandant » de jouer avec lui. Ou bien il va inciter sa maman à jouer avec lui par des petites gentillesses, comme de venir se blottir contre elle, de poser sa menotte ou sa tête sur ses genoux, ou de lui adresser un joli sourire. Pour obtenir ce qu'il veut, il alterne souvent gentillesse et maussaderie. Ou encore il tente ce qui marchera le mieux sur le moment.

Pour les mères de bébés indépendants, qui ne recherchent guère habituellement le contact physique, la perspective de pouvoir enfin faire un petit câlin avec eux est plutôt réjouissante...

> De temps en temps, elle est venue me faire un câlin. Elle se blottissait contre moi, même quand j'étais avec des gens. Cette semaine, elle a été particulièrement adorable.
>
> La maman d'Audrey, 46e semaine

> Elle est venue se blottir contre moi vraiment souvent.
>
> La maman d'Alexandra, 45e semaine

> Il était très câlin et n'a pas arrêté de s'accrocher à moi.
>
> La maman de Matthieu, 42e semaine

> Il passe son temps à frotter sa tête contre moi, à se serrer contre moi et m'adresse de grands éclats de rire.
>
> La maman de Kevin, 43e semaine

> Quand il est dans sa poussette ou dans son siège à l'avant du vélo, il se retourne tout le temps, pour voir si je suis toujours là, et puis il me tend sa menotte.
>
> La maman de Paul, 44e semaine

Elle veut beaucoup plus fréquemment qu'on lise ensemble un livre. Alors elle se blottit contre moi et on est bien.

La maman d'Alexandra, 47e semaine

Elle est tout le temps en train de me suivre à quatre pattes. Quand elle arrive au seuil de la porte, elle m'adresse un grand sourire et se hâte de repartir dans l'autre sens. C'est un petit jeu entre nous. On adore !

La maman d'Audrey, 43e semaine

Fait-il exprès des bêtises ?

Certaines mamans remarquent que leur bébé se comporte plus mal qu'auparavant. On dirait qu'il choisit de faire exactement tout ce qui lui est interdit. Ou alors, il fait toutes les bêtises du monde au moment où elles se hâtent de terminer quelque chose et n'ont pas une minute à lui consacrer.

Nous n'avons pas le droit de nous occuper de nos affaires. Quand ça nous arrive, elle s'intéresse brusquement à tout ce nous lui avons interdit, le téléphone, mes aiguilles à coudre, les touches de la chaîne stéréo. Impossible de la quitter des yeux de toute la journée.

La maman d'Alexandra, 47e semaine

Elle me suit partout à quatre pattes. C'est très mignon. Mais quand elle n'est pas derrière moi, elle ne fait que des bêtises. Elle retire les livres des étagères, elle ôte la terre des plantes vertes. C'est sans fin.

La maman d'Audrey, 43e semaine

Quand elle me voit occupée, elle passe son temps à toucher à ce qui est interdit.

La maman de Nina, 43e semaine

Il se cramponne à moi toute la sainte journée. Quand par hasard il me lâche, je passe mon temps à le discipliner et à éloigner de lui les objets dangereux.

La maman de Louis, 43e semaine

Un mauvais moment à passer

Maman est inquiète

Les mères s'inquiètent souvent quand leur bébé est perturbé. Elles cherchent pourquoi ses pleurs sont plus fréquents et lorsqu'elles ont découvert une raison, elle se sentent plus tranquilles[1]. La raison la plus couramment avancée à cet âge, c'est qu'il « fait ses dents ».

Je crois qu'il avait mal aux gencives, parce qu'il n'était pas gai comme d'habitude. Il n'était pas dans son état normal.

La maman de David, 43e semaine

Il a beaucoup pleuré, comme s'il manquait de sommeil.

La maman de Hugo, 43e semaine

Dès que je fais quelque chose, elle s'agrippe à moi en pleurnichant. Peut-être a-t-elle un peu de mal avec ses sœurs, en ce moment.

La maman de Juliette, 42e semaine

1 Dans le doute, consultez toujours le médecin.

Maman est épuisée

À la fin d'une période crampon, les mères dont le bébé réclame beaucoup d'attention et a besoin de peu de sommeil se sentent complètement épuisées. Certaines se plaignent de migraines, de douleurs dorsales, de nausées, et ont du mal à se concentrer.

> J'ai l'impression d'être en train de craquer, parce que je n'ai personne pour me soutenir, pour me réconforter. J'aimerais avoir une soirée de repos. Je passe mes nuits à monter à l'étage et à redescendre. Pour moi, c'est vraiment l'âge le plus pénible. J'ai même repoussé le moment d'écrire ce journal, car je n'arrivais pas à me concentrer. La dépression, quoi.
>
> La maman de Sarah, 46e semaine

Maman en a assez

Vers la fin de cette période crampon, les mères commencent à être de plus en plus agacées par ce tout-petit qui s'agrippe à elle et s'agite. Ses exigences perpétuelles, qui ne leur permettent plus d'avoir une vie propre, leur posent problème.

> J'ai vraiment beaucoup de travail et je ne peux plus l'avoir tout le temps cramponnée à mes jambes ou bien assise près de l'évier quand je suis occupée. Maintenant, quand j'en ai assez, je la mets au lit. Peut-être que je commence à perdre patience.
>
> La maman de Juliette, 45e semaine

> C'est franchement pénible de ne pouvoir faire trois pas, au sens propre. Il exige sans cesse que je m'occupe de lui, sinon il pique une colère et ça commence à m'irriter sérieusement. Quelquefois, j'ai l'impression qu'il joue avec mes nerfs et je finis par en avoir assez. Je me demande si je ne vais pas le remettre chez la nourrice. Il y a quelques semaines qu'il est à la maison, maintenant. Au début, c'était mieux, mais maintenant, il m'arrive de sentir à nouveau une pointe d'agressivité, de temps en temps.
>
> La maman de Kevin, 46e semaine

> Même si j'ai le bébé le plus facile du monde, quand il commence à pleurer comme ça, je remarque que je perds un peu patience et que je le fourre au lit.
>
> La maman de David, 43e semaine

De temps en temps, la mère est préoccupée parce qu'au fond d'elle-même, elle sait que son enfant peut faire mieux. Elle juge son comportement actuel trop « bébé » pour son âge et estime qu'il serait temps qu'il se montre plus indépendant.

> Quand je le pose sur le canapé pour lui changer sa couche, il se met systématiquement à hurler. Pareil pour l'habiller. Ça commence à m'ennuyer. Il n'a plus l'âge de se comporter ainsi. Il est temps qu'il se mette à coopérer un peu.
>
> La maman de Kevin, 47e semaine

Les disputes

Vers la fin de chaque période crampon, toutes les mamans qui nourrissent encore leur bébé au sein se demandent si elles ne devraient pas arrêter, entre autres, parce qu'il veut téter toute la journée. Cela les préoccupe et les épuise. Certaines commencent à lui refuser de temps en temps le sein. Le tout-petit, quant à lui, juge cela inacceptable, et sa mère et lui se retrouvent en désaccord.

> Je suis de plus en plus ennuyée, car je dois continuer à le bercer pour l'endormir quand il est au sein. J'ai dû m'y remettre à la période où il a eu beaucoup de mal à s'endormir, mais maintenant ça redevient une habitude. En plus, il veut tout le temps téter et se met à hurler si je ne le satisfais pas. Je n'ai pas envie de continuer comme ça !
>
> La maman de Matthieu, 47e semaine

Que les mères qui continuent à donner le sein ne s'inquiètent pas : dès que la période crampon se termine, le bébé se nourrit de nouveau normalement. Et elles oublient aussitôt qu'elles se sont énervées.

Autre source de conflit, les exigences du tout-petit en matière de contact physique et d'attention. Sa mère et lui doivent essayer de trouver un terrain d'entente sur cette question déjà familière.

Il crie sans arrêt pour que je le prenne sur les genoux et ça m'énerve. Sans compter que, si je ne réagis pas assez vite, il me mord. Ça fait terriblement mal et, instinctivement, je le repousse. Une fois, il est tombé contre le radiateur et s'est cogné la tête. Bien sûr, je n'avais pas voulu ça. Je me suis sentie coupable et j'étais furieuse. Je ne supporte plus qu'il se cramponne à moi. Surtout quand il y a d'autres personnes présentes.

La maman de Louis, 44e semaine

Soins bébé

Ne perdez pas votre sang-froid

Rappelez-vous : éprouver de temps en temps des sentiments de colère et de frustration n'est ni anormal, ni dangereux, mais agir sous le coup de ces sentiments l'est. Essayez de trouver de l'aide bien avant de perdre tout contrôle.

Les premières tentatives pour maîtriser de nouvelles compétences

Vers 46 semaines à peu près, vous vous apercevrez que votre bébé devient de plus en calme et essaye de faire des choses tout à fait nouvelles pour lui. Il manipule différemment ses jouets, prend plaisir à de nouvelles activités. Ses gestes sont plus précis que jamais, et il prête une attention plus grande encore aux détails.

Il est maintenant capable de comprendre que, pour constituer une séquence, une chose doit en suivre une autre. Il peut découvrir et construire des séquences dans les différents domaines des sens, mais, comme toujours, il ne peut pas tout explorer à la fois. Ses inclinations, ses préférences, son tempérament, vont l'aider à choisir les aspects de ce monde nouveau les plus intéressants pour lui et les compétences qu'il va développer. Ne cherchez pas à le pousser. Essayez plutôt de l'aider à faire ce à quoi il est prêt.

Le grand changement : le monde des séquences

Au cours du précédent bond en avant, votre enfant a pris conscience du fait que certaines choses ont des éléments communs et appartiennent au même groupe ou à la même catégorie. Souvent, pour pouvoir les ranger en catégories, il les a examinées en les démontant et en les mettant en pièces. Il a enlevé un à un les cubes d'une pile, ôté une clef de la serrure, défait le bouton du tiroir de la commode. Ainsi préparait-il le prochain bond en avant, où il se passe exactement l'inverse : il commence à expérimenter en reconstituant les choses. Tous les bébés sont capables de défaire une pile de cubes avant de pouvoir en construire une... Pour votre bébé, le simple fait de choisir le cube suivant et de le mettre délibérément en place nécessite un bond en avant dans son développement mental qu'il n'était pas encore préparé à faire.

Au fur et à mesure que ses nouvelles compétences se développent, il est confronté pour la première fois à la notion de « construction », d'assemblage et de « lien ». Par exemple, il peut maintenant prendre une clef sur la table et essayer de la mettre dans la serrure du placard, creuser le sable avec sa pelle et en verser dans un seau, apprendre à viser avec une balle et la lancer. Il peut, quand vous chantez une chanson accompagnée de gestes, comme « Ainsi, font, font, font les petites marionnettes », entamer une succession de gestes différents sans que vous ayez à lui montrer l'exemple. Il peut aussi apprendre à se servir de sa cuillère pour recueillir des aliments et les porter à sa bouche, ramasser ses vêtements sur le sol et les placer dans le panier à linge. À cet âge, les bébés commencent tout juste à avoir conscience des séquences, et c'est pour eux un véritable exploit lorsqu'ils parviennent à enchaîner deux actions. Ils ont beau savoir ce qui va ensemble, leurs tentatives ne seront pas toujours couronnées de succès. Votre bébé peut ainsi essayer de « se chausser ». Il va aller prendre ses chaussures, s'asseoir et les frotter contre ses pieds, pensant ainsi parvenir à ses fins...

Par ses réactions il vous montrera également qu'il commence à s'apercevoir de la manière dont certains événements se succèdent dans l'ordre normal des choses. Vous vous apercevrez qu'il sait désormais quelle est la prochaine étape.

> Quand une cassette est au bout, il lève maintenant les yeux vers le lecteur et non vers les enceintes. Il sait que je dois faire quelque chose pour que la musique continue.
>
> La maman de Kevin, 48e semaine

Maintenant, votre bébé est également capable de montrer du doigt et de nommer différentes personnes, différents animaux, différents objets. Quand il est seul, il dit souvent « da », au lieu de prononcer le terme exact. Quand il le fait en votre compagnie, il peut tendre le doigt vers les choses et vouloir que vous les nommiez ou que vous imitiez le bruit qu'elles font. Il peut aussi faire l'inverse et jouer à ce que vous désigniez un objet qu'il va nommer. Et bien sûr, il appréciera que ce soit vous qui montriez du doigt et nommiez. Vous allez peut-être bientôt vous apercevoir, quand vous promenez votre bébé dans vos bras, qu'il tend le doigt dans la direction où il veut aller.

Les bébés qui, jusque-là, n'avaient pas l'air très portés sur la parole, peuvent maintenant commencer à nommer pour la première fois des gens, des animaux, des objets, des parties du corps. L'acte même de nommer est une façon de relier un nom ou un son que l'on prononce à une personne, un animal ou un objet. Désigner du doigt ou du regard, puis prononcer un mot, est aussi une séquence. Mais certains bébés vont préférer repousser encore le moment de parler et se consacrer à d'autres compétences.

(Suite à la page 286)

Comment votre bébé explore-t-il le nouveau monde des séquences ?

Ce monde des séquences a des facettes aussi nombreuses que les précédents univers dans lesquels votre bébé est entré au cours de sa toute jeune existence. Une fois encore, il faut savoir que chaque bébé a son idée sur ce qui est intéressant. Il ne peut tout expérimenter à la fois. S'il a toujours été du genre à écouter et regarder, il est possible qu'il continue, au détriment d'activités plus physiques. Il est parfaitement normal que la plupart des compétences qui suivent ne se manifestent pas avant plusieurs mois.

MONTRER DU DOIGT ET PARLER :

- ❑ il suit du regard et montre du doigt une personne, un animal, un objet que vous venez de nommer (dans la réalité ou sur une image ou un poster) ;
- ❑ il montre du doigt, pour que vous les nommiez, une personne, un animal ou un objet – ou deux ;
- ❑ il montre du doigt et nomme alternativement un ou deux animaux, objets ou personnes ;
- ❑ il feuillette délibérément un album, en accompagnant une ou deux images par des bruits adéquats ;
- ❑ il montre son nez du doigt quand vous lui demandez : « Où est ton nez ? » ;
- ❑ il montre du doigt une partie du corps, par exemple son nez ou le vôtre, pour que vous la nommiez ;
- ❑ il imite le cri d'un animal quand vous le nommez – par exemple, il fait « miaou » si vous lui demandez : « Comment fait le minou ? » ;
- ❑ il lève les bras quand vous lui dites : « Fais voir comment tu vas être grand » ;
- ❑ il dit « miam » quand il veut la bouchée suivante ;
- ❑ il dit « non, non » quand il ne veut pas faire quelque chose ;

- ❑ il fait une utilisation élargie d'un mot – par exemple, il dit « pouah » pour désigner quelque chose de sale, mais aussi quand il doit se méfier de quelque chose (« pouah » est devenu pour lui synonyme de « touche pas ») ;
- ❑ autres changements que vous avez remarqués : ________

____

____

____

CE QUI VA ENSEMBLE ET CE QUI VIENT ENSUITE :

- ❑ il sait qu'il peut mettre un écrou rond dans un trou rond ; il va choisir l'écrou rond dans une pile et essayer de le mettre dans le trou rond d'un tableau d'activités ;
- ❑ il essaye d'assembler trois éléments d'un puzzle simple ;
- ❑ il essaye de glisser des pièces dans une fente ;
- ❑ il essaye d'emboîter deux récipients de taille différente ;
- ❑ il prend une clef à un endroit et tente de l'introduire dans une serrure ;
- ❑ il regarde la lampe et tend la main vers elle quand vous appuyez sur l'interrupteur pour l'allumer ;
- ❑ il perçoit un lien entre la voix et le combiné téléphonique ;
- ❑ il met des objets dans un récipient, place le couvercle, ôte le couvercle, enlève les objets et recommence tout ;
- ❑ il tente d'enfiler un anneau sur la tige d'une pyramide ;
- ❑ il se promène à califourchon sur un petit camion en faisant « VTOUM » ;
- ❑ il ramasse du sable dans une pelle et le vide dans un seau ;
- ❑ il remplit d'eau ses jouets pour le bain, puis les vide ;
- ❑ il regarde attentivement deux briques, puis essaye de les assembler ;

(Suite)

Comment votre bébé explore-t-il le nouveau monde des séquences ? (suite)

- ❑ il essayer de gribouiller sur une feuille de papier avec un crayon ou un crayon de couleur ;
- ❑ autres changements que vous avez remarqués : ____________

____

____

____

FABRIQUER ET UTILISER DES OUTILS :

- ❑ il se procure un objet qu'il va pousser pour apprendre à marcher ;
- ❑ il se procure un objet qui va lui servir de marchepied pour accéder à un lieu ou à un objet ;
- ❑ il montre souvent du doigt où il veut aller quand on le promène dans les bras ;
- ❑ autres changements que vous avez remarqués : ____________

____

____

____

LA LOCOMOTION :

- ❑ il descend les marches à reculons et descend de même d'une chaise ou du canapé. Au début, il rampe à reculons vers les escaliers avant même d'entamer sa descente ;
- ❑ il plonge la tête en direction du sol pour faire la culbute si on l'aide ;
- ❑ il plie les genoux, puis détend ses jambes pour bondir à pieds joints ;
- ❑ il essaie de viser avant de lancer une balle à la main ou au pied ;

- ❑ il cherche d'abord du regard à quoi s'accrocher avant de faire seul les quelques pas dont il est capable ;
- ❑ autres changements que vous avez remarqués : __________

____

____

____

JOUER AVEC LES AUTRES :

- ❑ il joue vraiment avec vous ; il montre clairement le jeu qu'il a choisi en commençant à jouer, puis en vous regardant avec l'air d'attendre la suite ;
- ❑ il répète un jeu ;
- ❑ il vous incite à jouer avec lui, peut-être en feignant d'être incapable de faire quelque chose que vous l'avez vu accomplir seul auparavant ;
- ❑ autres changements que vous avez remarqués : __________

____

____

____

À CACHE-CACHE :

- ❑ il cherche un objet que vous avez caché en le dissimulant sous autre chose, soit pour jouer, soit pour éviter qu'il ne l'attrape ;
- ❑ il cache tout seul un objet qui appartient à quelqu'un d'autre, attend la réaction et se met à rire quand l'autre personne le découvre ;
- ❑ autres changements que vous avez remarqués : __________

____

____

____

(Suite)

Comment votre bébé explore-t-il le nouveau monde des séquences ? (suite)

COPIER UNE SÉQUENCE DE GESTES :

- ❑ il imite une séquence de deux gestes ou plus ;
- ❑ il regarde à quoi ressemble une même séquence de gestes dans la réalité et dans le miroir ;
- ❑ il copie un ou deux mouvements tandis que vous chantez une chanson avec lui ;
- ❑ autres changements que vous avez remarqués : ________

____

____

____

AIDER À LA MAISON :

- ❑ il vous tend un par un des objets que vous voulez ranger dans le placard, par exemple ses couches ;
- ❑ il va chercher des objets simples, par exemple une couche, si vous le lui demandez ;
- ❑ il ramasse le vêtement que vous venez de lui ôter et le met dans le panier à linge ;
- ❑ il ramasse sa « lessive » ou celle de ses poupées et les place dans la machine à laver ;
- ❑ il va prendre le balai et « balaie » le sol avec ;
- ❑ il va prendre un vêtement et le brosse ;
- ❑ quand vous faites la cuisine, il imite certains de vos gestes, comme battre un aliment avec une fourchette dans un bol ou le remuer avec une cuillère ;
- ❑ autres changements que vous avez remarqués : ________

____

____

____

S'HABILLER ET FAIRE SA TOILETTE :

- ❑ il essaie de se déshabiller tout seul ; il entreprend d'ôter seul sa socquette en tirant sur ses orteils ; il tente d'enlever son tee-shirt ;
- ❑ il essaie de mettre tout seul sa chaussure ou sa socquette – par exemple, il saisit son pied et en approche la chaussure ou la socquette ;
- ❑ il vous aide vraiment quand vous l'habillez ; il se penche vers vous quand vous lui mettez son sweater ou le lui enlevez ; peut-être même tend-il le bras pour le glisser dans la manche ; il lève le pied quand vous en approchez la chaussure ou la socquette ;
- ❑ il se brosse les cheveux ;
- ❑ il se sert d'une brosse à dents ;
- ❑ il fait de temps en temps pipi sur le pot ;
- ❑ autres changements que vous avez remarqués : __________

____

____

____

S'ALIMENTER :

- ❑ il propose aux autres une bouchée ou une gorgée pendant qu'il mange et boit ;
- ❑ il souffle tout seul sur un aliment chaud avant de prendre une bouchée ;
- ❑ il pique un bout de pain du bout de sa petite fourchette et le mange ;
- ❑ il est capable de remplir sa cuillère de nourriture et de la placer dans sa bouche ;
- ❑ autres changements que vous avez remarqués : __________

____

____

____

Les choix de votre bébé : une clef de sa personnalité

Maintenant, chaque bébé est capable de percevoir les séquences et de jouer avec, ce qui lui ouvre un nouveau monde de possibilités. Il va effectuer ses propres choix selon son développement mental, son poids, sa constitution, son niveau de coordination. Certains bébés sont très sociables et aiment se concentrer sur les compétences qui mettent en jeu les personnes, d'autres préfèrent leurs jouets. Les uns s'intéressent au moindre détail, les autres vont plutôt chercher à avoir une idée d'ensemble de plusieurs compétences. Vous ne résisterez sans doute pas à faire des comparaisons entre votre enfant et les autres, mais souvenez-vous que chacun est unique.

Les bébés sont comme ça

Les bébés aiment tout ce qui est nouveau. Il est important que vous réagissiez positivement lorsque vous remarquez chez le vôtre de nouvelles compétences ou sources d'intérêt. Il appréciera que vous partagiez ces nouvelles découvertes et ses progrès n'en seront que plus rapides.

Observez-le attentivement pour déterminer quels sont ses centres d'intérêt. Dans la section qui précède (« Comment votre bébé explore-t-il le nouveau monde des séquences ? », p. 276) vous pouvez cocher ou surligner ce qu'il choisit. Entre 46 et 51 semaines, il va sélectionner dans ce monde les compétences qu'il préfère. Respectez-les. Vous découvrirez ce qui le rend unique et, en le suivant dans ces choix, vous l'aiderez au mieux dans ses jeux et ses apprentissages.

Comment aider votre bébé à acquérir de nouvelles compétences

Chaque bébé a besoin d'aide et de temps pour acquérir de nouvelles compétences. Vous pouvez aider le vôtre en lui fournissant des occasions de jouer avec le monde des séquences et en lui laissant le temps nécessaire. Encouragez-le et consolez-le s'il ne réussit pas du premier coup. Essayez de faciliter ses tentatives et de l'aider à mieux supporter ses échecs.

Offrez-lui de nombreuses occasions d'être au contact des séquences. Permettez-lui de les voir, de les entendre, de les toucher, de les sentir, de les goûter et laissez-le pratiquer tranquillement ce qui lui plaît le plus. Plus il aura l'occasion de rencontrer des séquences et de jouer avec, mieux il apprendra à les comprendre. Qu'importe la manière dont il préférera apprendre – par l'observation, par la manipulation de ses jouets, par la parole, par les sons, par la musique ou la locomotion. Bientôt, il sera capable de mettre en pratique dans un domaine l'expertise qu'il aura acquise dans un autre secteur.

Tient-il à tout faire tout seul ?

De nombreux bébés n'aiment pas qu'on les aide et refusent toute forme d'intervention. Ils veulent faire seuls tout ce qu'ils peuvent – ou croient pouvoir – accomplir. Le vôtre est-il de ceux-là ? Veut-il manger tout seul ? Se brosser les cheveux, se laver tout seul ? Essaye-t-il de marcher sans aide, de monter et descendre seul les escaliers ? Refuse-t-il même qu'une main secourable s'approche de lui ? Dans ce cas, respectez autant que faire se peut cette attitude. Il est à l'âge où beaucoup de tout-petits commencent à affirmer leur indépendance.

Il a toujours aimé marcher avec mon aide, mais maintenant, si je lui tiens les mains, il s'assoit immédiatement. Dès que j'ai le dos tourné, il essaie à nouveau. Et à chaque fois qu'un de ses efforts, si petit soit-il, est couronné de succès, il me lance un regard triomphant.

La maman de Paul, 46e semaine

Il essaie tout le temps de griffonner sur un bout de papier avec un crayon, exactement comme son frère aîné. Mais quand son frère essaie de lui guider la main, il le repousse.

La maman de Louis, 48e semaine

Quand on met ensemble des écrous dans le tableau, il commence à les jeter par terre, mais dès qu'il est tout seul dans son parc, il essaie d'imiter ce qu'on faisait. Pour dire la vérité, ça m'embête.

La maman de Paul, 53e semaine

Elle ne mangera que si elle peut mettre toute seule un morceau de pain dans sa bouche. Si c'est moi, elle l'ôte.

La maman de Laura, 43e semaine

S'il essaie d'expérimenter tout seul, prenez garde !

Votre bébé cherche-t-il à découvrir si l'on peut faire les choses de plusieurs manières, par exemple descendre les escaliers ? Tente-t-il de voir s'il peut faire aussi bien avec la main gauche qu'avec la main droite ? Place-t-il toutes sortes d'objets dans différents endroits, même s'il sait que ce n'est pas là qu'on les range ? Si tel est le cas, il est tout simplement en train d'expérimenter. Il regarde ce qui se passe s'il modifie l'ordre des choses. Après tout, pourquoi mettre les vêtements sales dans le panier à linge et pas dans la poubelle ou dans les toilettes ? L'effet est à peu près le même... Vous devrez donc faire sans cesse très attention, car votre bébé ignore encore le sens du mot « danger ».

Quand elle veut escalader la table de nuit, elle ouvre d'abord le tiroir, monte dessus, puis grimpe sur la table, mais si elle ouvre trop grand le tiroir tout le meuble commence à vaciller.

La maman d'Alexandra, 49e semaine

Il enlève les prises électriques et essaie de les introduire dans le mur. Il essaie aussi d'introduire des objets qui ont trois saillies dans les prises murales. Il faut donc que je le surveille d'encore plus près.

La maman de Kevin, 48e semaine

Montrez un peu de compréhension à l'égard des frustrations

Pour beaucoup de mamans, leur bébé a une attitude rebelle, mais si l'on veut bien y réfléchir, ce n'est pas le cas. Votre enfant veut tout simplement faire les choses par lui-même. Après tout, il commence à prendre conscience de ce qui appartient à un même ensemble ou de l'ordre dans lequel les choses doivent se faire. Il est convaincu de tout savoir et d'être capable de tout faire. Il refuse désormais que vous interveniez ou lui disiez comment s'y prendre. Il veut être seul à décider. Mais vous, en tant que mère, vous n'êtes pas vraiment habituée à ça. Vous l'aidez comme vous l'avez toujours fait, sans même y réfléchir. Vous savez parfaite-ment qu'il n'est pas encore capable de faire correctement ce dont il a envie et qu'il va inévitablement faire des dégâts s'il essaie.

La mère et le bébé ont souvent une vision différente des choses, ce qui peut entraîner des conflits. La maman trouve son bébé difficile et lui pense que tout le problème vient de sa mère. Tout le monde sait que les adolescents passent par une phase délicate, mais on pourrait en dire autant des bébés et des tout-petits qui commencent à marcher.

Il veut absolument monter seul les escaliers, mais il s'y prend de manière dangereuse. Il se traîne à genoux jusqu'à la marche suivante, se met debout, se remet à avancer sur les genoux, se relève et ainsi de suite. Je n'aime pas ça du tout. Je ne dois surtout pas le quitter des yeux.

La maman de Victor, 45e semaine

Est-ce qu'il vous nargue ?

Avez-vous parfois l'impression que vous passez votre temps à lui enlever des objets et à le discipliner ? Dans ce cas, observez-le bien : est-il vraiment désobéissant, ou bien veut-il simplement faire les choses lui-même et décider seul ? N'aurait-il pas l'impression d'échouer parce qu'on ne lui permet pas vraiment d'essayer ?

Elle n'est pas gentille. Elle n'en fait qu'à sa tête et quand je l'empêche de faire quelque chose, elle se met en colère. C'est vraiment fatigant.

La maman d'Alexandra, 50e semaine

Il hurle et pique des colères pour essayer d'obtenir ce qu'il veut.

La maman de Matthieu, 46e semaine

Quand je rouspète, elle se met à crier, elle rue dans tous les sens ou bien elle arrache les plantes vertes de leur pot. Cela me déplaît souverainement. Elle se comporte mieux avec sa nourrice.

La maman de Laura, 49e semaine

Actuellement, on ne sort pas de la phase « ne touche pas à ça », « ne fais pas ça ». Mais il sait parfaitement ce qu'il veut et il est capable de se mettre en fureur s'il n'est pas d'accord avec moi. Récemment, il est entré dans une rage telle qu'il n'a pas remarqué qu'il tenait debout tout seul !

La maman de Hugo, 49e semaine

Faites-lui savoir quand il agit mal

À cet âge, les bébés commencent à expérimenter jusqu'où ils peuvent aller avant qu'on ne les arrête. Mais si vous leur montrez clairement à quel moment ils agissent mal et pourquoi c'est mal ou dangereux, cela leur apprendra beaucoup.

N'oubliez pas

Rompre avec les vieilles habitudes et établir de nouvelles règles fait aussi partie du développement de nouvelles compétences. Vous pouvez exiger de votre bébé qu'il respecte toutes les nouvelles règles qu'il est à même de comprendre – pas plus, mais pas moins.

Faites-lui savoir quand il agit bien

Quand il fait quelque chose correctement, veillez à le féliciter et à manifester votre admiration. Cela lui apprendra ce qui est « bien » et ce qui est « mal ». Certains bébés le réclament d'eux-mêmes, d'ailleurs : quand ils font quelque chose correctement, ils attendent leur récompense. Ils vous regardent en riant, pleins de fierté, ou attirent votre attention. Parfois, ils recommencent à plusieurs reprises, en exigeant à chaque fois une récompense.

À chaque fois qu'elle enfile un anneau sur le cône, elle me regarde, hilare, en applaudissant.

La maman d'Éva, 49e semaine

Distrayez-le avec des choses qu'il aime

Si votre bébé est frustré parce qu'il n'est pas autorisé ou ne parvient pas à faire certaines choses, vous pouvez très facilement le distraire avec un de ses jeux ou de ses jouets préférés. Chacun a les siens.

Cette semaine, il a joué au foot. Cela lui a beaucoup plu. Il donnait un bon coup de pied dans la balle, puis je le prenais par les mains et on courait très vite derrière, tous les deux. Quelquefois, cela le faisait tellement rire qu'il devait s'allonger quelques instants sur le sol pour reprendre son souffle.

La maman de Paul, 48e semaine

Il tient à m'aider. Visiblement, il n'y a rien de mieux pour lui. Quand il s'y met, il arbore un sourire jusqu'aux oreilles. Évidemment, ça ne m'avance pas, parce que ça me prend dix fois plus de temps de ranger une pile de couches dans le placard avec lui. Il me tend les couches une à une et avant, il faut qu'il les pose sur son épaule et frotte sa joue dessus.

La maman de Matthieu, 48e semaine

Joue-t-il avec les mots ?

En effectuant ce bond en avant, il se peut que votre bébé prononce ses premiers mots de sa propre initiative. Si vous remarquez cela, profitez-en. Écoutez-le et faites-lui savoir que vous le comprenez. Dites-lui qu'il est merveilleux. N'essayez pas d'améliorer sa prononciation : cela gâcherait son plaisir et ne changerait rien à sa façon de parler.

Veillez toujours à utiliser correctement les mots. Ainsi apprendra-t-il automatiquement la prononciation correcte, même si pendant un certain temps, il « traduit » ce que vous dites dans sa prononciation de bébé.

Elle commence à prononcer des mots et à montrer du doigt ce dont elle parle. En ce moment, c'est le grand amour avec les chevaux. Quand elle en voit un quelque part, elle tend le doigt vers lui et dit « ava ». Hier, au jardin public, un grand lévrier afghan est passé à côté d'elle. C'était aussi un « ava » pour elle.

La maman d'Anaïs, 48e semaine

Brusquement, il a dit « nana » à un jouet, un petit chat. Nous ne prononçons jamais ce mot. Il a énormément de jouets qui représentent des animaux. Quand je lui ai demandé « Où est nana ? », il a continué à désigner du doigt le petit chat.

La maman de Paul, 48e semaine

Essaie-t-il de vous dire quelque chose ?

Certains bébés peuvent utiliser le langage corporel ou les sons pour vous « dire » qu'ils se rappellent une certaine situation ou se souviennent d'avoir déjà vu certaines personnes. Si vous le constatez chez votre bébé, profitez-en. Parlez-lui beaucoup. Racontez-lui ce que vous voyez et réagissez quand il vous en « parlera » plus tard.

Toutes les semaines, on va à la piscine. Généralement, on y rencontre les mêmes personnes. Une fois, dans la rue, on a croisé une des mamans qui nage avec nous. Une autre fois, c'était un des bébés. Eh bien, il s'est mis aussitôt à crier « Oh, oh » et à tendre le doigt vers eux, comme s'il les reconnaissait. À la piscine, on a aussi rencontré une jeune fille qui habite près de chez nous. Il ne l'avait vue qu'une ou deux fois, mais il a réagi de la même manière.

La maman de Paul, 49e semaine

En allant faire des courses, on est tombés sur un tas de pierres. Je lui ai dit : « Regarde toutes ces pierres. » Il les a contemplées très attentivement. Le lendemain, de très loin, il a tendu le doigt vers le tas de pierres en me regardant et en criant : « Eh, eh ! ' »

La maman de Victor, 51e semaine

Ne forcez jamais votre bébé à jouer à un jeu

Si vous voyez que le jeu auquel vous jouez n'intéresse pas votre bébé, arrêtez. D'autres choses l'occupent suffisamment et pour l'instant, elles lui paraissent plus intéressantes.

Je me donne beaucoup de mal pour lui faire prononcer « Papa » et pour jouer à des jeux du genre « Où est ton nez ? » et « Mon petit chéri est grand comment ? », mais sans résultat pour le moment. Il se contente de rire et de sauter partout. Il préfère me mordre le nez ou me tirer les cheveux. Mais je suis quand même ravie qu'il soit devenu un petit bonhomme aussi plein de vie.

La maman de Hugo, 49e semaine

J'ai beau essayer de chanter des chansons avec lui, je n'ai pas l'impression que ça serve à grand chose. Il n'a pas l'air particulièrement intéressé. Ce qui l'entoure l'intéresse apparemment beaucoup plus.

La maman de David, 47e semaine

Comprenez ses peurs

Dans le processus d'apprentissage de nouvelles compétences, votre bébé risque de percevoir certaines choses qu'il ne comprend pas encore très bien. En un sens, il découvre de nouvelles sources d'angoisse – des dangers dont il ignorait jusque-là l'existence. Dès qu'il les reconnaît comme tels, il a peur. Ses craintes persisteront jusqu'à ce qu'il soit sûr que tout cela est inoffensif. Il est donc nécessaire de faire preuve avec lui d'un peu de compréhension.

Elle persiste à vouloir s'asseoir sur le pot. Même si elle n'arrive à rien, elle emporte le pot dans les toilettes pour le « vider ». Elle tire la chasse d'eau, qui la fascine, mais lui fait un peu peur en même temps. Elle n'en a pas peur, en fait, quand elle la tire elle-même. C'est seulement quand quelqu'un d'autre la tire. Elle n'aime pas ça du tout.

La maman d'Alexandra, 50e semaine

Elle est fascinée par les avions. Elle les reconnaît partout – dans le ciel, sur les images, sur les magazines. Cette semaine, des avions sont passés très bas et le bruit lui a fait peur, bien qu'elle l'ait entendu auparavant.

La maman de Loura, 46e semaine

(Suite à la page 300)

Les meilleurs jeux pour le monde des séquences

Voici quelques-uns des jeux et des activités préférés des bébés pour cette période. N'oubliez pas que chaque bébé est différent des autres et voyez à quoi le vôtre réagit le mieux.

ÊTRE UTILE

Il aime sentir qu'on a besoin de lui. Montrez-lui qu'il peut vous aider. À cet âge, il ne vous sera pas vraiment utile, mais il comprendra les actes qu'impliquent beaucoup d'activités courantes. De plus, c'est une bonne façon de le préparer au prochain bond en avant.

AIDER À LA MAISON

Montrez-lui comment vous cuisinez, nettoyez et faites le ménage. Faites-le participer et expliquez ce que vous faites. Demandez-lui de vous passer ce dont vous avez besoin. Donnez-lui un chiffon à poussière, cela l'intéressera beaucoup plus que son doudou. Si vous faites un gâteau, donnez-lui aussi un bol en plastique et une cuillère.

S'HABILLER

Cette activité sera particulièrement amusante si vous la pratiquez face à un miroir. Essayez de le déshabiller, de le sécher avec sa serviette et de le rhabiller pendant qu'il peut se voir. Nommez les parties de son corps tout en les essuyant. Si vous voyez qu'il commence à coopérer, faites-le participer. Demandez-lui de lever un bras ou de tendre la jambe quand vous allez lui enfiler sa chemise ou sa socquette. Et félicitez-le s'il le fait.

(Suite)

Les meilleurs jeux pour le monde des séquences (suite)

FAIRE TOUT SEUL SA TOILETTE

Permettez à votre bébé de faire tout seul sa toilette. C'est encore plus amusant face au miroir, de façon à ce qu'il puisse voir ce qu'il fait. Il apprendra mieux ainsi et appréciera plus. Brossez-lui les cheveux face au miroir et laissez-le essayer tout seul. Vous pouvez faire de même pour le brossage des dents. Voyez aussi s'il va se laver seul. Donnez lui un gant de toilette quand il est dans l'eau et dites-lui quelque chose comme « Vasy, lave-toi le visage ». Réagissez avec enthousiasme à chaque tentative. Il en sera particulièrement fier.

SE NOURRIR À LA CUILLÈRE

Laissez votre bébé manger seul avec une cuillère. Ou donnez-lui une fourchette de bébé qu'il puisse utiliser pour manger des petits morceaux de pain ou de fruit. Auparavant, étendez un grand plastique sous sa chaise, afin de nettoyer facilement les saletés qu'il ne manquera pas de faire.

JEUX OÙ L'ON MONTRE DU DOIGT ET OÙ L'ON NOMME

Votre bébé comprend souvent beaucoup mieux que vous ne le croyez et il aime pouvoir le prouver.

ÇA, C'EST TON NEZ !

Toucher et nommer des parties de son anatomie va aider le bébé à découvrir son propre corps. Vous pouvez jouer à ce jeu tout en l'habillant ou le déshabillant ou lorsque vous êtes assis tous les deux. Voyez aussi s'il sait où se trouve votre nez.

MONTRER DU DOIGT ET NOMMER

Pour tous les bébés, montrer quelque chose du doigt en le nommant ou en produisant les sons appropriés est un jeu amusant. Vous pouvez y jouer n'importe où – à l'extérieur, dans les magasins, en regardant ensemble des albums. Et si votre bébé se trompe en nommant les choses, appréciez ses erreurs.

JEUX OÙ L'ON CHANTE ET OÙ L'ON BOUGE

Maintenant, votre bébé veut participer activement aux chansons. Il se peut qu'il commence de même à faire seul un ou deux gestes d'accompagnement.

Des chansons comme « Ainsi font, font, font, les petites marionnettes », qui mêlent les gestes et la musique, vont se révéler très attrayantes pour lui.

(Suite)

Les meilleurs jeux pour le monde des séquences (suite)

JEUX DE CACHE-CACHE

Les bébés sont nombreux à aimer mettre au jour les jouets que vous avez fait « disparaître » complètement.

DÉFAIRE UN PAQUET

Sous ses yeux, enveloppez un de ses jouets dans un papier qu'il aime bien, ou placez-le dans un sac en papier. Puis, donnez-lui le paquet et laissez-le en sortir le jouet, comme par magie. Encouragez chacune de ses tentatives.

C'EST SOUS QUELLE TASSE ?

Placez un de ses petits jouets devant lui et recouvrez-le d'une tasse renversée. Puis, posez à côté de celle-ci une tasse identique et demandez-lui où se trouve le jouet. Félicitez-le à chaque fois qu'il cherche le jouet caché, même s'il ne le trouve pas tout de suite. Si le jeu est trop compliqué au début, remplacez les tasses par un morceau de tissu. Il pourra deviner les contours du jouet à travers le tissu. Jouez aussi à ce jeu en inversant les rôles : laissez-le dissimuler quelque chose que vous devrez découvrir.

Les meilleurs jouets pour le monde des séquences

Voici des jouets et des objets qui, à cette période, plaisent le plus à la plupart des bébés :

- les trains en bois, avec des gares, des ponts, des voies de garage ;
- les petites voitures ;
- les poupées avec leur biberon ;

(Suite)

Les meilleurs jouets pour le monde des séquences (suite)

- les tambours, les ustensiles sur lesquels il peut taper ;
- les albums avec des images représentant des animaux ;
- les bacs à sable, avec le seau et la pelle ;
- les balles de toutes tailles, des balles de ping-pong aux gros ballons de plage ;
- les perles de plastique géantes ;
- les cintres ;
- les jouets en tissu représentant des animaux, surtout ceux qui font du bruit ou jouent un air quand on appuie dessus ;
- les chansons pour enfants ou toute autre musique que vous pouvez accompagner en chantant ;
- des boîtes d'emballage de différentes formes ;
- les voitures, les camions ou les tracteurs sur lesquels il peut s'asseoir et avancer ;
- les briques en plastique ;
- les figurines de plastique représentant des personnes ou des animaux ;
- les miroirs.

IMPORTANT ! ÉLOIGNEZ OU PRENEZ TOUTES LES MESURES DE SÉCURITÉ NÉCESSAIRES AVEC CE QUI SUIT :

- prises de courant ;
- escaliers ;
- chaîne stéréo, télévision, magnétoscope ;
- aspirateur ;
- machine à laver ;
- chiens et autres animaux familiers ;
- babioles du genre aiguilles, petits morceaux de verre coloré, pierreries.

Un répit après le bond en avant

Vers 47 à 52 semaines, une autre période de calme relatif s'installe. Les bébés se font remarquer par leur joie de vivre et leur indépendance. Vous pourrez remarquer que le vôtre vous prête plus attention quand vous parlez, qu'il semble plus calme et se contrôle mieux quand il joue. Peut-être joue-t-il tout seul à nouveau. Il se peut qu'il veuille que vous le remettiez dans son parc et même qu'il ne veuille pas en sortir. En fin de compte, il semble avoir considérablement grandi et mûri.

Elle devient plus mignonne de jour en jour. Maintenant, elle sait mieux se distraire. Elle est capable de s'occuper seule. À propos, j'ai ressorti le parc cette semaine. Mais ce qui m'a le plus frappé, c'est qu'apparemment, ça ne la gêne plus du tout d'y passer une heure, alors qu'il y a quelques semaines, elle poussait des hurlements dès je l'en approchais. On dirait qu'elle redécouvre ses jouets et qu'elle apprécie le calme et la tranquillité de son parc.

La maman d'Audrey, 52e semaine

Maintenant, c'est une vraie camarade de jeu pour sa soeur aînée. Elle fait exactement ce qu'on attend d'elle, elle pousse des petits cris, elle rit. Elles font beaucoup d'autres choses ensemble. Prendre leur bain, par exemple. Chacune a l'air d'apprécier l'autre énormément.

La maman d'Anaïs, 47e semaine

Ces dernières semaines ont été formidables. C'est à nouveau un petit garçon de bonne compagnie. Avec la nourrice, ça se passe très bien. Il revient à la maison de bonne humeur et a toujours plaisir à retrouver les autres enfants. La nuit, il dort mieux. Il comprend beaucoup plus de choses. Apparemment, ses jouets le fascinent. Il recommence à aller tout seul à quatre pattes dans une autre pièce. Il rit beaucoup. Chaque minute passée auprès de lui est un vrai bonheur.

La maman de Kevin, 51e semaine

Photographie

Après le bond en avant

Âge ______________________________

Remarques ______________________________

Conclusion

Toutes les mamans ont affaire, à un moment ou à un autre, à un bébé qui pleure, fait des caprices ou se cramponne à elles ; à un bébé qui se montre difficile ; à un bébé qui, en fait, a besoin de « retourner à sa base ». Celles qui se retrouvent dans ce genre de situation ne doivent donc surtout pas penser qu'elles sont l'exception à la règle : les autres aussi doivent faire face à ce problème. Toutes leurs « camarades mamans » ont eu, ont, ou auront des soucis et des sujets d'irritation chaque fois que leur petit garçon ou leur petite fille atteint un certain âge. Et chacune oublie très vite, ou préfère oublier, ces moments éprouvants – dès que la période difficile se termine, en fait. Quand les nuages noirs ont disparu, elle en minimise l'importance.

Une fois que les mères ont compris que le comportement difficile de leur enfant, comme leurs propres inquiétudes et leur énervement, sont partie intégrante d'une interaction mère-enfant saine, normale, elles se sentent moins anxieuses, plus sûres d'elles-mêmes. Une maman sait ce qu'elle fait. Elle sait que les bébés ne viennent pas au monde avec le mode d'emploi sur la façon de les élever. Que chaque bébé va explorer chaque « nouveau monde » à sa manière propre et qu'elle n'a rien à faire de mieux que d'« écouter » son enfant, l'aider à progresser et profiter de lui. Elle n'ignore pas non plus que la personne qui le comprend le mieux est la seule capable de l'aider vraiment. Et cette personne, c'est elle. Elle connaît son bébé mieux que personne. Ce dont elle a besoin, c'est d'être informée sur ce qui se passe dans l'esprit et dans le corps de son bébé lorsqu'il effectue chaque nouveau bond en avant dans son développement, car cela va l'aider à le comprendre et à le soutenir au cours de ces périodes traumatisantes. C'est ce que tente de faire cet ouvrage.

Nous avons montré que tous les bébés passent par sept périodes de « renaissance » au cours de la première année de leur existence. À chaque fois, ce chamboulement complet de leur univers familier va tellement les perturber qu'ils feront tout pour « se cramponner à Maman ». À sept reprises, le bébé va « retourner à sa base », afin d'y trouver la sécurité et le réconfort dont il a besoin. Et à sept reprises, il va se préparer à effectuer le prochain bond en avant dans un monde nouveau.

Il est évident que votre bébé a encore un long chemin à faire. Avant qu'il ait atteint l'âge de 18 mois, il effectuera encore trois bonds en ayant ; le premier peu de temps après son premier anniversaire, le deuxième quand il aura environ 64 semaines et le troisième vers 75 semaines. Et ce ne sera pas terminé ; d'autres bonds en avant auront lieu à plusieurs reprises avant qu'il ne devienne complètement indépendant. Il semblerait même que les adultes connaissent ces mêmes phases. Comme l'écrit le romancier et journaliste colombien Gabriel Garcia Màrquez dans son roman *l'Amour au temps du choléra :*

« Les gens ne sont pas nés une fois pour toutes le jour où leur mère les a mis au monde, mais (...) de temps à autre, la vie les oblige à entrer dans un nouveau monde qui leur est propre. »

postface

Le lecteur de ce livre de Hetty van de Rijt et Frans X. Plooij aura bien compris pourquoi et quand les enfants pleurent au cours de la première année de leur vie. Pour mon compte, j'ai admiré la finesse des observations accumulées par les auteurs de ce travail et leur précision pour donner de bons conseils aux parents afin d'éviter les pleurs de leur bébé. Leur hypothèse essentielle est que chaque fois qu'apparaissent de nouvelles compétences chez l'enfant, celui-ci fait « un pas en arrière suivi d'un bond en avant ». De ce point de vue, ils définissent sept périodes au cours desquelles ces changements surviennent. Ces changements sont spécifiques et déterminent ce qu'ils appellent « une période crampon », après laquelle les bébés peuvent maîtriser de nouvelles compétences et s'ouvrir à un monde nouveau.

Le psychanalyste qui, comme moi, a étudié le développement des bébés dans le cadre des interactions se félicite que les auteurs de ce livre viennent nous dire comment éviter ces pleurs si pénibles pour les parents et probablement pour les enfants. Toutefois, il me paraît important de souligner, comme les auteurs, que les précisions concernant la date de ces crises doivent être corrigées par le fait que le développement précoce connaît « des variations de la normale ». Et aussi, comme l'ont précisé les auteurs, qu'aujourd'hui les pères tendent, dans le milieu urbain occidental, à participer aux soins et à l'éducation. Le développement de l'enfant est analogue, qu'il soit élevé par son père ou sa mère, le père tend simplement à être plus joueur avec l'enfant, à le faire sauter.

Par ailleurs tout montre que les soins donnés au bébé par du personnel spécialisé lui offrent d'aussi bonnes possibilités de développement[1].

Mais surtout j'aimerais présenter ici un certain nombre de remarques qui, dans leur ensemble, rappelleront aux parents que les *crises de développement* conduisent chaque fois à des aptitudes nouvelles à vivre dans le monde et qu'elles sont *inévitables,* même si l'on peut apaiser les pleurs, et *qu'elles s'inscrivent dans la relation enfant-parents,*

L'évolution de cet enfant est programmée. Freud avait d'ailleurs montré qu'après l'union parfaite avec son bébé la mère tend à s'en détacher pour se rapprocher de sa famille et de son conjoint. De son côté, le nouveau-né, tout à fait impuissant à subvenir à ses besoins, ne survit que grâce aux soins maternels qui lui permettent d'éviter de souffrir. Il se sent tout-puissant, c'est ce qui lui donne le sentiment continu d'exister. Ce qui n'est autre que le soi ou le je initial. Cela permet à l'enfant d'imaginer les satisfactions qu'il a reçues jusque-là, et d'« halluciner » l'objet qui les lui a fournies : quand il suce son pouce, il hallucine le plaisir qu'il a connu dans l'expérience de satisfaction de ses besoins et dont il reste la trace. Autrement dit ce souvenir est réactivé et il peut halluciner l'objet qui lui a fourni du plaisir. Tout se passe comme dans un rêve ou l'on se procure l'objet de son désir.

Cette doctrine a été mise en cause au cours des années cinquante, par le psychanalyste anglais John Bowlby qui a proposé que le développement soit mesuré à partir de la théorie généralisée de l'attachement, comme dans le modèle éthologique. Dans le monde animal, celui-ci est lié aux besoins du petit d'être proche de la mère qui l'élève pour éviter d'être la proie des prédateurs. Ce besoin s'observe chez l'enfant de l'homme qui, ne pouvant se déplacer, ne peut pas courir comme le petit primate pour s'accrocher aux poils de la poitrine de sa mère. L'attachement est ainsi organisé par des moyens génétiquement programmés. Pour qu'il se déclenche, il existe une « empreinte » maternelle : par exemple le vieux réflexe archaïque qui tend

1. N.d.E. : les auteurs ont d'ailleurs précisé qu'ils employaient par commodité le mot « mère » pour parler de la personne qui s'occupe de l'enfant.

à faire que le nourrisson approche sa bouche du sein maternel est déclenché par le fait que la mère le tient sur son ventre : il se fouit alors contre sa poitrine, ce qui déclenche un certain nombre de réactions programmées, de même que le fait de percevoir l'odeur de sa mère et de la reconnaître, dès le troisième jour de sa vie, de se sentir bercé comme dans la cavité utérine, d'entendre sa voix et de reconnaître les bruits de son coeur, etc.

C'est dans cette première interaction que l'enfant utilise un réflexe périmé, celui d'orientation buccolinguale qui fait que lorsque l'enfant voit sa mère, il lui sourit. À partir de la sixième semaine, le sourire n'est plus réflexe mais social, c'est-à-dire qu'il pourrait à ce moment-là se déclencher à la vue d'une marionnette en mouvement. Il devient un mode d'entrée en communication.

Telles seraient les interactions comportementales qui sont programmées et doivent être cohérentes. Mais pour être efficientes et déterminer le plaisir chez l'enfant, elles doivent se dérouler dans un véritable *bain affectif*, qui réalise un « accordage », comme en musique : par exemple, un bébé mis sur la table à langer peut pleurer quand on le déshabille mais se calme si on place sur sa poitrine quelques vêtements qui lui permettent de ressentir une expérience positive. Il « s'accorde » affectivement en riant et en agitant ses jambes avec une mère qui le traite gentiment de petit cochon.

Enfin et surtout, l'enfant qui pleure ou qui s'agite n'est pas seulement celui que la mère tient dans ses bras. Elle y loge aussi son enfant imaginaire, celui du désir de grossesse avec son conjoint, dont elle imagine l'avenir, pour qui elle craint accidents ou malformations, alors qu'aujourd'hui elle en connaît le sexe avant l'accouchement.

Et l'histoire de la mère elle-même est l'arrière-plan de ce bébé imaginaire. Le désir de maternité et les désirs d'enfants renvoient la mère à sa propre enfance, éveillent en elle ses fantasmes de petite fille lorsqu'elle voulait recevoir comme sa mère un enfant du père : ainsi le grand-père maternel de ce bébé qui pleure et qui s'agite est en quelque sorte un second père. Dans d'autres cas au contraire, lorsque les relations de la fille avec son père ont été difficiles, cela complique ses relations avec son bébé, voire le lui fait haïr.

Ainsi la mère fabrique-t-elle un bébé réel, imaginaire et fantasmatique :

les conflits infantiles des parents se transmettent à la génération suivante dans ce processus de filiation. Et si les modalités de l'attachement apparaissent comme transmissibles génétiquement, elles peuvent être corrigées par les événements de la vie apparente.

Mais de son côté le bébé n'est pas passif, il va développer des représentations et des fantasmes. Les soins maternels et paternels vont toucher la sensorialité du bébé qui est très différente de notre capacité à percevoir et donner lieu à des représentations, c'est-à-dire qu'il va pouvoir les imaginer. Ces représentations sensorielles des soins parentaux vont être les premières pour l'enfant. Au processus de filiation répond un processus de parentalisation : lorsqu'un enfant regarde sa mère, il voit ses prunelles en train de le regarder, tandis que la mère de son côté voit que le bébé regarde qu'elle est en train de le regarder. Ainsi s'institue un processus de miroirs qui se répondent à l'infini. La mère « fait » l'enfant, et c'est son enfant qui « fait » la mère.

À vrai dire ce jeu interactif plutôt monotone est ponctué par des éventualités banales qui vont conduire à introduire dans les échanges, de véritables scénarios. Ceux-ci permettront, grâce à la mémoire épisodique, de reconstituer l'expérience d'» avoir été avec ».

Si nous avons tenu à rappeler brièvement ici les éléments qui conduisent au développement de l'enfant, c'est pour montrer que *les compétences successives ne peuvent devenir effectives que dans la complexité des interactions.* Pour le montrer, il suffit de rappeler deux points :

– lorsque, vers quatre semaines, un enfant tend les bras vers sa mère, il ne peut se cramponner à elle comme le font les petits chimpanzés. La mère pense qu'il veut être pris dans ses bras. Il s'agit là d'une interprétation prématurée de sa part, mais qui permet, deux semaines plus tard, à l'enfant de tendre les bras quand il entend sa voix. Ainsi l'interprétation que fait la mère des compétences du bébé permet à celui-ci d'associer les représentations des soins maternels ;

– comme on a pu le lire dans ce livre, on sait que les compétences du nourrisson sont remarquablement précoces. Toutefois elles existent déjà dans la période fœtale : le fœtus entend la voix de sa mère à cinq mois et suce le liquide amniotique. Le calendrier chronobiologique n'attache pas d'importance à la naissance : par exemple, le nourrisson ne reconnaissant pas le jour de la nuit avant six mois, ses difficultés d'endormissement sont normales jusqu'à cet âge. En revanche, la naissance est un événement essentiel pour les parents. Le sens qu'ils lui donnent développe leur investissement sur le bébé qui se manifeste chez la future mère dès le troisième mois de la grossesse.

Or les compétences, que les parents peuvent observer chez l'enfant qui se réveille, ne deviennent efficientes qu'en fonction de ceux qui lui donnent des soins. C'est ici que les conseils donnés dans ce livre sont excellents, à condition que l'on comprenne que l'enfant doit développer une certaine haine contre ses parents parce qu'ils ne sont plus à sa totale disposition et ont des relations entre eux.

On sait en particulier que lorsque les parents vont dormir, le bébé perçoit la relation privilégiée entre eux. C'est le processus de « triadification ». Mais en même temps, lorsque le bébé se trouve dans les bras de sa mère, c'est sur fond de présence du père. Et réciproquement, lorsque c'est le père qui donne des soins à son enfant, c'est sur fond de présence de la mère : la richesse de ces expériences affectives ne rend que plus utile pour le bébé l'épanouissement de l'investissement narcissique et la création d'un soi continu.

Ce soi se fortifie lorsque le bébé agressif contre sa mère est consolé de sa volonté destructrice par la présence d'un objet intermédiaire, ou transitionnel, rassurant.

Nous croyons donc qu'il est essentiel pour les parents de connaître les phases décrites ici par les auteurs avec une extrême précision à partir d'observations très soigneuses. On comprendra aussi qu'ils doivent connaître les soins donnés à l'enfant et si bien décrits dans ce livre.

Mais il reste que les sentiments exprimés par l'enfant, en particulier par ses pleurs, ne sauraient être consolés immédiatement. Certes nous ne préconisons pas ici de revenir à l'expérience traditionnelle qui consistait à les laisser pleurer la nuit, « pour les fortifier », mais les réponses enseignées ne remplacent pas l'empathie des parents, c'est à dire leur capacité à sentir ce qu'il ressent, à donner un sens à ces pleurs. Ce sens, cette interprétation qu'ils font des pleurs, est généralement métaphorique ou allégorique. La capacité à être parent suppose donc la capacité à donner un sens même faux ou prématuré au mode d'expression de l'enfant qui a besoin de soins continus, enrichissant les expériences sensorielles du bébé qui peut ainsi reconnaître qu'il a des parents. Ce n'est qu'après l'âge de six mois qu'il accède au stade intersubjectif où il prête un rôle différent à ses parents et sait en même temps qu'ils ont à son égard des intentions : la pensée symbolique et le langage de la communication peuvent alors se développer.

Telles sont les raisons pour lesquelles le livre qu'on a lu est essentiel : ainsi il vaut mieux « comprendre le développement de l'enfant de la naissance à un an », que de savoir pourquoi il pleure. Nous savons que rien ne vaut « l'empathie » dans les soins parentaux. Il faut aussi comprendre qu'on ne peut lui éviter *d'indispensables frustrations*, même si on le transporte partout et toujours dans un sac kangourou. Ainsi, même si les séparations et les retrouvailles sont pénibles pour l'enfant et ses parents, les soins en crèche permettent après une bonne période d'adaptation le développement des aptitudes sociales du bébé. *Pour l'enfant, pleurer peut être parfois indispensable c'est sa manière d'appeler et de s'exprimer.* Il faut donc lui en laisser le temps, ne pas précéder sa communication, ne pas répondre obligatoirement instantanément. La mère reconnaît à la voix de son bébé la signification de ses pleurs ; elle sait, par exemple, quand il souffre ou quand il a faim. Mais les pleurs prolongés appellent évidemment la vigilance parentale : ils peuvent être un premier signal de souffrance somatique, ainsi dans les premières semaines de la vie ceux que l'on attribue avec plus ou moins de raison à des coliques.

Il me semble donc qu'on doive beaucoup remercier les auteurs de cet ouvrage. Nous avons voulu enrichir ce livre de quelques considérations qui visent à montrer essentiellement que le programme de développement de l'enfant dépend aussi des échanges interactifs dont la richesse reflète l'éducation des parents et les conflits qui l'ont marquée.

Pr Serge Lebovici

CPSIA information can be obtained at www.ICGtesting.com
Printed in the USA
BVOW062117131111

276024BV00006B/4/P